DELIUS KLASING

HANS HABECK

Mal seh'n, wie weit wir kommen

Mit dem Kleinboot um die Welt

Delius Klasing Verlag

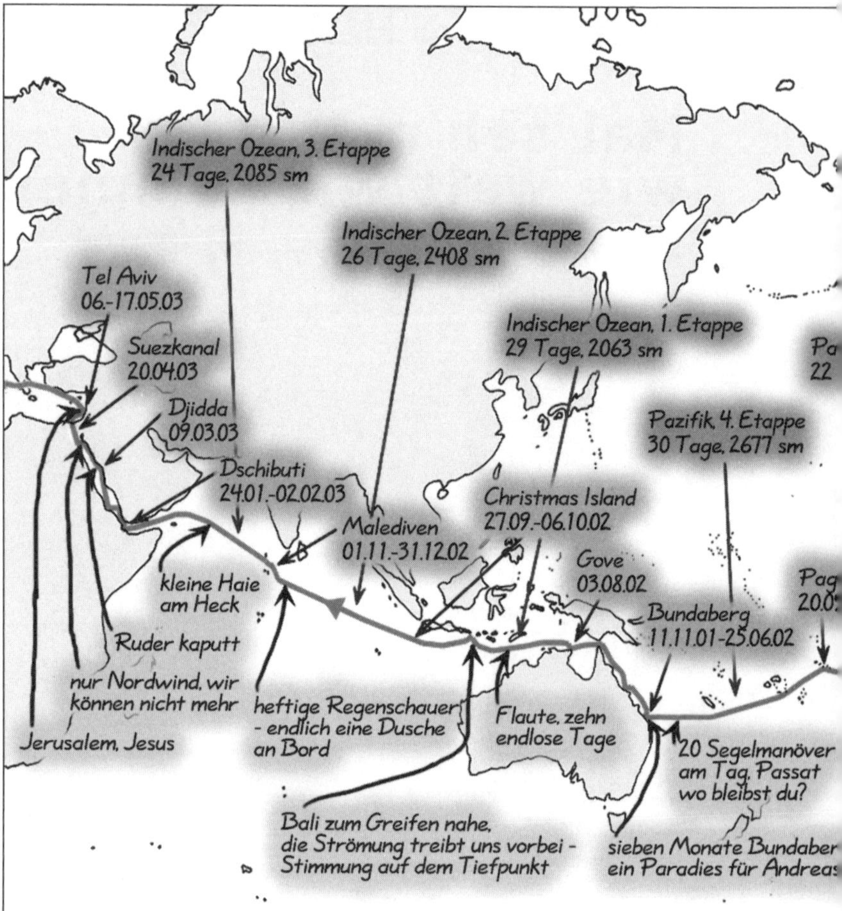

Indischer Ozean, 3. Etappe
24 Tage, 2085 sm
Indischer Ozean, 2. Etappe
26 Tage, 2408 sm
Tel Aviv
06.-17.05.03
Indischer Ozean, 1. Etappe
29 Tage, 2063 sm
Suezkanal
20.04.03
Djidda
09.03.03
Pazifik, 4. Etappe
30 Tage, 2677 sm
Dschibuti
24.01.-02.02.03
Christmas Island
27.09.-06.10.02
Malediven
01.11.-31.12.02
Gove
03.08.02
kleine Haie
am Heck
Bundaberg
11.11.01-25.06.02
Ruder kaputt
nur Nordwind, wir
können nicht mehr
heftige Regenschauer
- endlich eine Dusche
an Bord
Flaute, zehn
endlose Tage
Jerusalem, Jesus
20 Segelmanöver
am Tag, Passat
wo bleibst du?
Bali zum Greifen nahe,
die Strömung treibt uns vorbei -
Stimmung auf dem Tiefpunkt

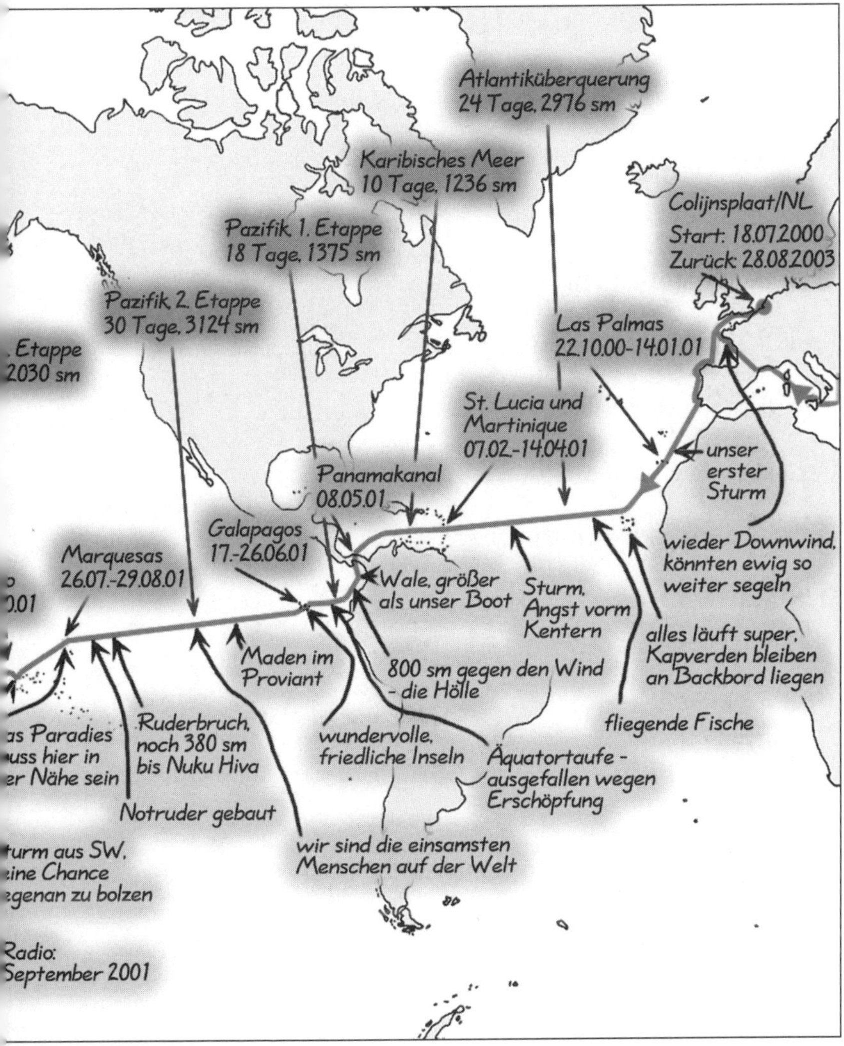

Atlantiküberquerung
24 Tage, 2976 sm
Karibisches Meer
10 Tage, 1236 sm
Colijnsplaat/NL
Start: 18.07.2000
Zurück: 28.08.2003
Pazifik, 1. Etappe
18 Tage, 1375 sm
Pazifik, 2. Etappe
30 Tage, 3124 sm
. Etappe
2030 sm
Las Palmas
22.10.00-14.01.01
St. Lucia und
Martinique
07.02.-14.04.01
unser
erster
Sturm
Panamakanal
08.05.01
Galapagos
17.-26.06.01
Marquesas
26.07.-29.08.01
wieder Downwind,
könnten ewig so
weiter segeln
Wale, größer
als unser Boot
Sturm,
Angst vorm
Kentern
alles läuft super,
Kapverden bleiben
an Backbord liegen
Maden im
Proviant
800 sm gegen den Wind
- die Hölle
fliegende Fische
as Paradies
uss hier in
er Nähe sein
Ruderbruch,
noch 380 sm
bis Nuku Hiva
wundervolle,
friedliche Inseln
Äquatortaufe -
ausgefallen wegen
Erschöpfung
Notruder gebaut
turm aus SW,
eine Chance
egenan zu bolzen
wir sind die einsamsten
Menschen auf der Welt
Radio:
September 2001

Inhalt

Hauptsache los!

Wal auf Weltreise.
Zeichnung: Andreas, 5 Jahre

Brambauer, zwanzigtausend Einwohner, zehn Kilometer außerhalb Dortmunds. Ein Ort am östlichen Rand des Ruhrgebiets, früher ein Bauerndorf, später eine große Bergarbeitersiedlung mit vier Kohlegruben. Dann wurden die Zechen geschlossen. Jetzt gibt es hier ein bisschen Dienstleistungen, ein bisschen Handwerk und vor allem viele Pendler in die Großstädte des Ruhrgebiets. Der frühe Morgen des 6. Juli 2000 erscheint mir alles andere als einladend. Am Himmel hängen noch die dunklen Wolken vom Dauerregen der vergangenen Nacht. Nass und kalt ist's draußen.

»Komm, hilf mir das Hoftor aufzuschieben«, sage ich zu Carola. »Aye aye, Käpt'n«, antwortet meine Frau frohgelaunt.

»Spar dir die dummen Witze«, gebe ich zurück.

»Papa hat schlechte Laune«, mischt sich jetzt auch noch Andreas ein, unser Sohn, bald vier Jahre alt. Ich bin nun mal kein Morgenmensch, und unseren Start ins große Abenteuer hatte ich mir irgendwie schöner, beschwingter vorgestellt. Auf diesen Tag haben wir seit vielen Monaten hingearbeitet. In der Hofeinfahrt steht der Trailer mit unserem Segelboot drauf. Vorsichtig bugsieren Carola und ich ihn aus der engen Hofeinfahrt auf die Straße und kuppeln ihn an einen geliehenen VW-Bus an, mit dem wir unser Boot heute an die Nordsee ziehen wollen.

Meine Eltern sind da. Zum Abschied nehmen. »Dann bis Oktober und passt gut auf euch auf – und ganz besonders auf Andreas«, sagt mein Vater.

Meine Mutter sagt: »Kommt bald wieder und fahrt nicht so weit.« – Meine Mutter hat ihr ganzes Leben in Brambauer gewohnt.

»Nein, Mutti«, antworte ich. »Du weißt doch, höchstens bis Zypern, wenn alles gut geht.« Auf Zypern lebt Carolas Cousine, sie ist mit einem Einheimischen verheiratet.

Wir haben uns eine Auszeit genommen. Während der letzten vier Jahre haben Carola und ich in einer Drogentherapieklinik gearbeitet. Als Sportlehrer haben wir uns um die körperliche Rehabilitation von Suchtkranken gekümmert. Ein schwieriger Job, in dem Erfolgserlebnisse rar sind. Die erwachsenen Patientinnen und Patienten sollen während ihres mehrmonatigen Aufenthalts in der Klinik an ein geregeltes, drogenfreies Leben gewöhnt werden. Das verlangt das Schaffen eines Vertrauensverhältnisses zu jedem Patienten, aber auch klare Grenzziehungen. Eine Arbeit, die mir nicht immer leicht fiel. Carola hat das deutlich geschicktere Händchen im Umgang mit den Patienten. Andererseits legte sie sich immer öfter mit der Klinikleitung an. Häufig fühlten wir uns ausgebrannt von diesem Beruf. Deshalb entschlossen wir uns irgendwann, eine Auszeit zu nehmen, den Job zu kündigen und einen Sommer lang auf Segelreise zu gehen. Meinen wahren Traum behielt ich aber für mich, nicht mal Carola erzählte ich davon: Einmal um die Welt zu segeln. Ich bin mir sicher, dass mich jeder auf der Stelle für verrückt erklärt hätte, wenn ich darüber gesprochen hätte. Denn unser Boot ist gerade mal ganze sechseinhalb Meter lang. Damit um die Welt segeln, über Ozeane? Das kleinste Boot, mit dem meines Wissens jemals eine Familie um die halbe Welt gesegelt ist, war eine Shark 24, also fast einen Meter länger als unser Boot. Mir ist klar, dass ich mit niemandem darüber zu sprechen brauchte. Als Antwort würde ich nur zu hören bekommen: »Unmöglich. Wahnsinn.« Trotzdem hatte ich ein paar Mal vorsichtig versucht, Carola darauf anzusprechen: »Was denkst du, wie weit könnten wir kommen mit der Etap?«

»Frag mich was Leichteres. Du weißt, wir sind mit dem Boot noch nie gesegelt. Wir wissen nicht, wie es sich anfühlt in den Wellen. Erinnerst du dich noch an unsere Neptun 22? Die sah so ähnlich aus.«

»Ja, ich weiß. Die sollte laut Tests durchaus seetüchtig sein. Und als wir dann zum ersten Mal bei Starkwind auf der Elbe gesegelt sind, waren wir erschrocken über die Bootsbewegungen. Wild stampfte der flache Rumpf in den aufgewühlten Wellen. Und wenn das Boot vom Wind auf die Seite gedrückt wurde, dachten wir jedes Mal: Hoffentlich richtet es sich wieder auf. Und das aufholbare Schwert klapperte so markerschütternd in seiner Halterung, dass ich immer mit dem Schlimmsten rechnete.«

»Die Etap hat einen festen Kiel, die wird ruhiger in den Wellen liegen und uns ein sichereres Gefühl geben.«

»Meinst du, wir können damit nach England segeln?«

»Ja klar, bei gutem Wetter bestimmt.«

»Dann könnten wir auch an der Küste entlang bis ins Mittelmeer segeln.«

»Ja, wenn Andreas mitmacht. Lass es uns probieren. Meine Cousine wohnt in Limassol. Vielleicht kommen wir bis dahin und dann holen wir das Boot mit dem Trailer zurück.«

»Wenn's gut läuft, könnten wir aber auch versuchen, zu den Kanarischen Inseln zu segeln.«

»Du spinnst ja. Lass uns erst mal losfahren.«

Wir steigen in den Wagen, winken noch einmal und fahren in einen grauen, regnerischen Niemandstag. Ich wünsche mir ganz fest, dass dies der Start zu unserer Weltumseglung sein möge. Aber diesen Gedanken behalte ich lieber für mich.

Sechs Kilometer bis zur Autobahnauffahrt Dortmund-Nordwest. Dann auf die A2 Richtung Oberhausen. Ich habe es nicht eilig, fahre höchstens mit 80 Stundenkilometern. Bald dösen Carola und Andreas auf dem Rücksitz. Ich lasse meine Gedanken schweifen.

Endlich unterwegs. Habe ich an alles gedacht? Wahrscheinlich schon, hab ja alle meine Listen abgehakt. Könnte unbeschwerter an die Sache rangehen, wenn unser Boot einen oder zwei Meter länger wäre. Jaja, habe mich einfach zuviel treiben lassen im Leben. Nicht zielstrebig eine Karriere geplant. Geld immer ausgegeben. Früher fürs Skifahren, dann fürs Windsurfen. Hätte einfach mehr sparen sollen. So wie Klaus, mein Bruder. Baut sich jetzt zusammen mit seiner Frau ein schönes Häuschen in Berlin, hat einen sicheren Job bei der Senatsverwaltung. Andererseits: Wäre ich dann jetzt überhaupt unterwegs, mit einem Segelboot im Schlepp? Viele Sommer wochenlang am Gardasee gelebt, morgens raus mit dem Surfbrett und abends mit dem letzten Windhauch völlig erschöpft, aber zufrieden zurück an Land. Und Zandvoort an der Nordsee: Windsurfen in der Brandung. Zwischen totaler Euphorie und der Angst vorm Ertrinken, wenn mich eine Welle voll gewaschen hat. Wie viel Nordseewasser habe ich schon geschluckt! Irgendwann habe ich beim Windsurfen Carola kennen gelernt. Ob sie noch unser Motto von damals weiß? Bestimmt! No wind, no waves, no fun, no future. Nein, ich bereue nichts. Überhaupt, Carola ...

Autobahnkreuz Oberhausen, auf die A3 Richtung Duisburg.

Ich gewöhne mich mehr und mehr an das Fahren mit dem breiten Boot im Schlepp.

Ja, Carola, meine große Liebe. Auch nach über 15 Jahren, die wir uns nun kennen. Müsste wieder öfter zärtlich mit ihr sein und öfter kuscheln. Das kam viel zu kurz in den letzten Jahren, wegen Jobs, Andreas und dann auch noch den Reisevorbereitungen. Ich mag ihre langen, dunklen Haare, ihr schmales Gesicht mit den hohen Wangenknochen, ihren sportlichen, durchtrainierten Körper. Ein echtes Jeansmädchen. Eine Frau zum Pferdestehlen, aufgewachsen mit zwei Brüdern. Wer sie zuerst sieht, denkt: ein zartes Persönchen – kein Wunder bei nur 1,60 Metern. Ging auch mir damals so, als ich sie traf. Aber als ich dann sah, wie sie im Sturm ihr Surfbrett über den Strand zerrte, immer in Gefahr, samt Surfbrett davongeweht zu werden, da merkte ich, welche Power sie hat. Sind seitdem unzertrennlich; Sportstudium, Jobs, alles haben wir zusammen gemacht. Manchmal könnte sie ein bisschen energischer ihre eigenen Ideen vertreten. Welche Träume hat sie eigentlich? Obwohl, damals, als sie ein Kind wollte, hat sie mich mit ihrer Beharrlichkeit schließlich überzeugt. Zum Glück.

Autobahnkreuz Duisburg-Kaiserberg. Hier fahre ich auf die A40. Der hektische morgendliche Berufsverkehr des Ruhrgebiets liegt nun hinter uns. Durch die rheinische Tiefebene geht es jetzt erst mal immer geradeaus Richtung Holland.

Wieder der bohrende Gedanke: *Warum habe ich nicht wenigstens meiner Frau gesagt: Ich will um die Welt segeln. Ach Unsinn, ich weiß ja selbst nicht, ob das mit unserem Bötchen überhaupt möglich ist. Carola ist am besten, wenn sie locker ist. Große Pläne sind nicht ihre Sache, lieber kleine Schritte. Recht hat sie. Lass uns erst mal losfahren. Ich werd mein Möglichstes tun, dass alles glatt läuft, Angstsituationen vermeiden, Erfolgserlebnisse vermitteln. Und dann sehen wir mal weiter. Wir können ja jederzeit umdrehen. Der kleine Anbau an ein Mietshaus, unser Zuhause, gehört meinen Eltern. Wir brauchen keine Miete zu zahlen, solange wir unterwegs sind. Tut gut, dieses Gefühl, noch ein Zuhause zu haben, auf große Fahrt gehen zu kön-*

nen, ohne alles aufgeben zu müssen. Das ist der Luxus auf unserer Reise. Wenn was schief geht, fahren wir nach Hause, schließen die Haustür auf, setzen uns aufs Sofa und sagen: »Einen Versuch war's wert.« Naiv? Na und, wenn schon, ich will naiv sein in dieser durchrationalisierten Welt. Naivität ist Freiheit.

»Papa, wo sind wir?«, fragt Andreas verschlafen von der Rücksitzbank.

»Ach, noch nicht mal in Holland. Kannst noch weiterschlafen, mein Kleiner. Ich wecke dich, wenn wir in Holland sind.«

Andreas – ihn lieb ich mehr als alles andere auf der Welt. Ist ein drahtiger, kleiner Bursche. Immer in Bewegung. Und erzählt gerne und viel. Muss er von Carola haben. Von mir auf jeden Fall nicht, bin eher introvertiert und wortkarg. Wäre auch gern extrovertierter, die haben's irgendwie leichter im Leben, diese Menschen. Nicht so viele Grübeleien. Wird ihm das Leben auf dem Boot gefallen? Was, wenn nicht? Der Abschied vom Kindergarten ist ihm jedenfalls nicht schwer gefallen. Sind ja auch noch ganz auf ihre Eltern fixiert in dem Alter. War das schön, wenn ich Spätdienst hatte und mit Andreas morgens im Bett liegen geblieben bin, ganz aneinander gekuschelt, den Kindergarten geschwänzt. Bett ist gut, auf Isomatten haben wir die vergangenen Wochen geschlafen, alle drei auf dem Fußboden in Andreas Zimmer. Carola hat uns geweckt, wenn sie mittags von der Arbeit kam. Was hat er eigentlich von mir? Vielleicht den Dickkopf? Die schnell wechselnden Launen? Himmelhoch jauchzend, im nächsten Moment zu Tode betrübt. Auch was Positives? Ja, doch, Geduld, für einen fast Vierjährigen hat er eine Engelsgeduld. Ich muss gut auf ihn aufpassen.

»Hallo, Andreas, aufwachen! Die Grenze ist in Sicht. Gleich sind wir in Holland.« Keine Reaktion.

Na, dann eben nicht. Bin sowieso lieber allein an diesem Morgen und hänge meinen Gedanken nach.

Kaum sind wir in Holland, wird das Wetter schöner, die Wolkendecke ist aufgerissen, manchmal fällt warmes rotes Sonnenlicht auf das platte Land.

Gut, dass wir unterwegs sind. Fühlt sich aufregend an. Hab viel zu lange gewartet, geträumt, geplant. Bücher gelesen. Mit 13 oder 14 fing das an, Moitessier, Henderson, Hiscock. Ja, Hiscock vor allem. Was haben mich die detaillierten Schilderungen nach dem Motto »Was mache ich, wenn ...« beschäftigt. Später auch Bobby Schenk: Antworten auf Hunderte von Fragen zur Planung einer Weltumseglung. Und jetzt? Ist alles ganz anders. Auf all die guten Ratschläge gepfiffen, Hauptsache los. Erdmann, ja, Erdmann ist gut, wie er hektisch in sechs Wochen sein Boot ausbaut, um dann sofort anschließend nonstop um die Welt zu segeln. Oder wie er mitten auf dem Pazifik Streichhölzer in die Löcher seines rotten Sperrholzrumpfes stopft. Ja, so muss man das machen. Hauptsache los. 120 000 Mark hatten Carola und ich gespart. Dann letzten Herbst zu dritt zur Bootsausstellung nach Hamburg gefahren. Maximal 30 000 wollten wir fürs Boot ausgeben, denn Zubehör kostet noch mal 20 000 bis 30 000. Das Angebot in dieser Preisklasse war sehr begrenzt. Drei, vier Schiffe. Die meisten von denen kamen wegen irgendwas nicht in Frage. Unna 20: neue Werft, Entwurf noch nicht bewährt. Jeanneau: kein richtiges Küchenteil, Kocher an Backbord, Spüle an Steuerbord, was für die Ferien, aber nicht zum drauf Wohnen. Sunbeam: eigentlich zu teuer und zu lange Lieferzeit. Waarship: zum Selberbauen, dauert zu lange. Folkeboot: eigentlich ein Traumboot, aber zu teuer. Schnell war uns klar: Wenn, dann kam nur die Etap in Frage. Bewährte Werft, Preis okay, festes Küchenteil, unsinkbar durch Ausschäumung, fester Kiel, da klappert nichts auf See. Einige Sachen gefielen uns nicht: Carola fand den Mast ausgesprochen dürr, nannte ihn spöttisch »Spargel«. Mir gefielen die Doppelruder nicht. Sind mit Beschlägen befestigt, die eher für eine kleine Segeljolle als für eine seegehende Yacht dimensioniert sind. Und vor allem können die Ruderblätter nicht nach hinten wegklappen. Was passiert, wenn so ein Ruderblatt in voller Fahrt eine Palette, einen Ast trifft? Soll ja immer mehr Unrat im Meer rumschwimmen. Wir fuhren unentschieden wieder nach Hause, überlegten noch ein paar Wochen hin und her. Anfang November fuhren wir dann zum Etap-Händler, um eine Etap 21i zu bestellen.

Ich mag keine Händler! »Übrigens, Ihre Etap wird auf der Messe in Düsseldorf als Ausstellungsboot stehen und dann von dort direkt zu Ihnen geliefert.«

Bei angemessenem Preisnachlass soll's uns recht sein. »Wie viel Rabatt gewähren Sie uns dafür?«

»Rabatt? Nein, das Boot ist doch absolut neu.«

Na super, ein im Messetrubel hektisch auf- und abgebautes Boot, auf dessen Polstern sich schon ein paar hundert Besucher niedergelassen haben, ohne jeden Preisnachlass? Das will ich nicht. Aber ich will dieses Boot.

»Ach, wissen Sie, ich brauche doch keine Fenster.« Die kosten nämlich einen beträchtlichen Aufpreis.

Also ruft der Händler bei der Werft an: »Können wir ein Boot ohne Fenster ausstellen?« Können sie natürlich nicht. »Wir schenken Ihnen die Fenster.«

»Nein danke, bei Sonnenschein machen mich die wandernden Lichtpunkte in der Kajüte ganz seekrank. Ich will keine Fenster.«

Schließlich finden sie ein anderes Exemplar als Ausstellungsstück. Unser Boot wird ohne Rabatt und ohne Fenster kommen. Liefertermin: Ende Januar.

Natürlich ist es im Januar nicht fertig. Auch im Februar nicht. Endlich, Mitte März können wir das Boot mit dem Trailer abholen und bei uns zu Hause in die Hofeinfahrt schieben.

In den folgenden Tagen stellten Carola und ich Listen auf, endlose Listen, auf denen möglichst genau stand, was am Boot zu tun war. Um Geld zu sparen, hatten wir nur die Grundausstattung bestellt mit wenigen Extras, deren Einbau uns zu kompliziert schien. In dem Boot gab es noch kein einziges Stromkabel, keine Batterie, kein Licht, kein Navigationsgerät. Und wir mussten Antworten auf Unmengen von Fragen finden. Was werden wir brauchen? Was müssen wir ändern? Was muss verstärkt oder verbessert werden? Alles war wie ein einziges großes Gedankenexperiment, denn wir hatten nie zuvor eine Etap 21i gesegelt. Je länger ich das Boot betrachtete, umso unrealistischer schien mir unser Vorhaben zu sein: Ein nagelneues Boot, das fürs

Segeln auf Binnenrevieren oder allenfalls im Küstenbereich gedacht war, innerhalb von drei Monaten hochseetüchtig ausrüsten. Dann das Boot zu Wasser lassen, Ausrüstung und Proviant einpacken, mit der Familie an Bord springen, ablegen und auf große Fahrt gehen. Ich musste das schaffen! Also fing ich einfach an. Das Wichtigste war, dass das Boot sich bei Bedarf selbst steuerte, ohne dass Carola oder ich andauernd an der Pinne sitzen mussten; denn Andreas betreuen, Segel bedienen, navigieren, Essen zubereiten und dann noch ständig Ruder gehen, das würde auf Dauer zu viel für uns. Da bliebe keine Zeit mehr zum Ausruhen. Für die Selbststeuerung kam nur ein Gerät in Frage, das keinen Strom verbrauchte, eine sogenannte Servo-Pendelruder-Anlage mit Windfahne. Weil alles so leicht wie möglich sein sollte, fiel meine Wahl auf die Windpilot Pacific Light, Gesamtgewicht zehn Kilogramm, alle anderen Anlagen wiegen das Doppelte oder mehr. Aber so eine Selbststeueranlage muss am Heck montiert werden, und genau da lag das Problem. Denn am Heck hatte die Werft auch den Platz für den Außenborder vorgesehen. Und beide gleichzeitig hatten dort unmöglich Platz. Wochenlang suchte ich nach einer Lösung, baute Modelle, lag nachts unruhig wach und dachte über eine Lösung nach. Es gab keine vorgefertigten Lösungen, auf die ich zurückgreifen konnte. Niemand hatte bisher meines Wissens an diesem Boot eine Windfahnen-Selbststeueranlage angebracht. Da waren sie wieder, die Zweifel: Hatten wir das falsche Boot gewählt? Ich musste mir eingestehen: Hans, du musst Kompromisse eingehen. Perfekte Lösungen, die alle Anforderungen erfüllen, gibt es nur auf größeren Yachten.

Schließlich hatte ich eine Idee: Ich könnte den Motor, wenn er nicht gebraucht wird, oben am Heck an der Badeleiter festklemmen. Um ihn einzusetzen, müsste ich dann das Pendelruder der Selbststeueranlage aus dem Wasser klappen, den Motor losschrauben, auf die Motorhalterung unten am Heck herunterlassen und ihn dort festschrauben. Umgekehrt, um die Selbststeueranlage in Betrieb zu nehmen: Motor losschrauben, auf die Badeleiter heben, festklemmen, Pendelruder ins Wasser lassen. Ja, so konnte das funktionieren. Um zu sehen, ob es funktionierte, musste ich es ausprobieren. Ich hing den Motor, einen 5-PS Tohatsu-Außenborder, unten auf die Motorhalterung und befestigte provisorisch einen Handgriff auf der Motorhaube. Dann stellte ich mich im Cockpit ans Heck, beugte mich außen über das Heck weit nach unten, griff den Motor mit der rechten Hand – und merkte, dass ich keine Chance hatte. Ich bekam den Motor keinen Zentimeter angehoben. Seine 20 Kilogramm waren einfach zu viel, um sie einarmig aus der tiefen Position anzuheben. Und auf See, wenn das Boot schaukeln würde und ich eine Hand zum Festhalten brauchte, wäre es aussichtslos.

Abends erklärte ich Carola das Problem: »Wir brauchen einen leichteren Motor.«

»Das heißt, einen schwächeren Motor?«

»Ja leider, ich krieg die 20 Kilo einfach nicht hochgehoben.«

»Hans, du weißt, wir brauchen mindestens fünf PS, sonst können wir nicht sicher manövrieren. Also wie viel PS?«

»Drei bis dreieinhalb.«

»Das Boot wird voll beladen 1,5 Tonnen wiegen, wir werden bei Strom und Wind manövrieren müssen. Du spinnst.«

»Wir haben keine andere Chance.«

Flehentlich bat ich den Händler, den noch nagelneuen 5-PS-Motor gegen das Modell mit 3,5 PS umzutauschen, denn der wog nur 13 Kilogramm. Kein gutes Geschäft für ihn. Aber irgendwann ließ er sich erweichen. Zu Hause startete ich gleich einen neuen Versuch. Hurra, es funktionierte! Ich bekam den Motor auf die Badeleiter gehoben und auch wieder heruntergelassen. Zwar brauchte ich dazu alle meine Kräfte, aber mit zunehmendem Training würde das auch auf See klappen, da war ich sicher!

Mit zahllosen anderen Sachen ging es uns ähnlich: Fertige und vor allem bewährte Lösungen gab es nicht. Alles mussten wir selbst austüfteln, ausprobieren. Oft saß ich im Boot und dachte stundenlang über Lösungen nach: Wo stauen wir was? Wie viel Wasser wollen wir mitnehmen? Wo ist Platz für die Kanister? Wie viel Benzin brauchen wir? Wohin damit? Wie laden wir die Batterie? Wie können wir den

Stromverbrauch auf ein Minimum beschränken? Wie und wo stauen wir unsere Kleidung? Und Werkzeug, Ersatzteile? Den sperrigen 9-Kilogramm-Anker? Die Seekarten? Das Beiboot? Die Schwimmwesten? Und das Spielzeug?

Meine Horrorvorstellung war ein total überladenes Boot, in dessen Kajüte so viele Sachen herumlagen, dass wir uns kaum noch rühren konnten. Dann würden wir drei uns schnell auf die Nerven gehen. Deshalb musste die Kajüte so leer und aufgeräumt wie möglich aussehen, am besten so, dass ein Besucher dachte, wir seien lediglich auf einem kleinen Wochenendtörn. Was wir mitnahmen, musste auf das Notwendigste beschränkt werden. Zum Glück spielten Carola und Andreas mit. So fand schließlich unsere gesamte Kleidung in zwei kleinen Reisetaschen Platz. Eine Kiste mit Legosteinen musste reichen.

Einmal fragte Carola verwundert: »Wofür packst du denn ein zweites Vorsegel ein?«

Ich suchte nach einer Begründung: »Als Reserve.« Das war eine ziemlich lahme Begründung, denn eigentlich wollten wir keine Reservesachen mitnehmen, außerdem hat ein Segelboot ohnehin zwei Segel, Fock und Großsegel, also eine gewisse Reserve. Dass man zwei Vorsegel brauchte, um Passatsegel zu setzen, traute ich mich nicht zu sagen. Denn Passatsegel sind nur sinnvoll auf langen Vor-Wind-Strecken, also zum Beispiel für eine Atlantiküberquerung. Und diese Möglichkeit ernsthaft in Erwägung zu ziehen, schien selbst mir in diesem Moment lächerlich. Trotzdem packte ich das zusätzliche Segel ein, für meine Träume.

Langsam drängte die Zeit. Halbtags arbeitete ich in der Klinik, dann kam ich schnell nach Hause, um am Boot weiterzuarbeiten. Als besonders zeitraubend erwies sich die Verlegung der Stromkabel. Selbst unser kleines Boot brauchte eine Menge davon: Für die Kajütleuchten, die Steckdosen, den Radioanschluss, um tausend Ecken herum bis zum Sicherungspaneel, zwischen Sicherungspaneel, Laderegler und Batterie, von der Außensteckdose zum Laderegler. Beim Verlegen musste ich immer im Knien, im Liegen, um die Ecke herum oder in die Backskiste gezwängt arbeiten. Nach ein paar Tagen, als die Arbeit endlich getan war, tat mir von den ungewohnten Bewegungen jeder Muskel weh und mir wurde schmerzlich klar, wie winzig unser Boot war. Zum aufrechten Herumgehen war in der Kajüte kein Raum.

Nur Andreas hatte im ganzen Boot Stehhöhe. Manchmal kletterte er an Bord, guckte mir bei der Arbeit zu und hatte tausend Fragen:

»Was ist das für'n komisches Teil?«

»Das ist der Kocher.«

»Sieht aber anders aus als der Kocher im Haus. Warum?«

»Der Kocher im Haus läuft mit Strom. Hier gibt's aber nicht genug Strom. Deshalb kochen wir mit Brennspiritus. Deshalb sieht der Kocher anders aus.«

»Warum haben wir keinen Strom hier?«

»Wir haben Strom, aber viel, viel weniger.«

»Warum?«

»An Land verbrennen sie steinalte Bäume, die viele tausend Jahre lang die Kraft von der Sonne eingefangen haben, um daraus Strom zu machen. Wir haben nur ein kleines Solarmodul, um Kraft von der Sonne einzufangen.« Dabei formte ich mit den Armen ein Quadrat von ungefähr 50 mal 50 Zentimetern. Ich hatte mir vorgenommen, ihm auf jede Frage eine Antwort zu geben.

Als die meisten Arbeiten an Bord getan und die Werkzeuge weggeräumt waren, zogen wir probehalber für ein Wochenende aufs Boot. Der Trailer mit dem Boot darauf stand nur zwei Meter neben unserer Haustür. So waren alle notwendigen Sachen schnell an Bord gebracht. Und alles fand einen Platz. Ich war zufrieden mit meiner Arbeit. Nach zwei Nächten wollte Andreas am liebsten gleich richtig an Bord einziehen: »Ist ja viel gemütlicher als an Land.« Aber noch schaukelte das Boot nicht. Und als es regnete, hatten wir uns zum Frühstück ins Haus verzogen.

Noch war unser Boot namenlos. Carola und ich waren uns einig, dass der Name möglichst kurz sein sollte, denn je weniger Buchstaben, umso preiswerter war die Folienschrift, und auf See war ein kur-

zer Name beim Anfunken anderer Schiffe schneller buchstabiert. Bei den Wörtern mit einem oder zwei Buchstaben war nichts Passendes dabei: AU, EI, DO? Lieber weiter zu Wörtern mit drei Buchstaben: MAO, EOS, HAI, WAL, ...

»WAL klingt schön«, sagte Andreas.

Ich gab zu bedenken: »Aber ‚die WAL' hört sich doch immer irgendwie verkehrt an.«

»Dann sagen wir eben einfach ›der WAL‹«, schlug Carola vor, »sieht mit dem runden Kajütaufbau doch wirklich auch aus wie ein Wal.«

Die Entscheidung für WAL fiel einstimmig.

Und jetzt soll unser WAL endlich ins Wasser kommen, wenn alles klappt. Ich spüre eine freudige Aufregung und will sie mit jemandem teilen: »Carola, Andreas, aufwachen. A - u - f - w - a - c - h - e - n, ihr beiden! Wasser in Sicht!«

Gerade haben wir die Stadt Bergen op Zoom hinter uns gelassen und sind auf das letzte Stück Autobahn Richtung Beveland eingebogen. Jetzt überqueren wir die Brücke über den Schelde-Rhein-Kanal. Rechts hinter den großen Schleusenanlagen war schon das Wasser der Oosterschelde zu sehen. Sie gehört zum Mündungsdelta des Rheins ganz im Süden der Niederlande und ist mit einem kilometerlangen Sperrdamm von der Nordsee getrennt. Große Tore, die nur bei Sturmflut geschlossen werden, erlauben den freien Wasseraustausch mit der Nordsee, sodass es hier Salzwasser und Ebbe und Flut mit entsprechenden Strömungen gibt. Und Wind wie auf der Nordsee. Nur die Nordseewellen werden von dem Damm aufgehalten. Genau das richtige Revier, um erst mal mit dem Boot vertraut zu werden.

Carola und Andreas sind jetzt hellwach.

»Wann sind wir da?«, fragt Andreas.

»Noch 40 Kilometer, also ungefähr eine halbe Stunde«, antworte ich.

»Ist da auch Wasser, wo wir hin fahren?«

»Klar, sogar noch viel, viel mehr als hier.« Unser Ziel ist Colijnsplaat, ein kleiner Ort ganz im Norden der Halbinsel Beveland.

Bald verlassen wir die Autobahn und folgen ein paar Kilometer der Landstraße. Dann kommt die Abzweigung nach Colijnsplaat, eine schmale gepflasterte Straße. Vorbei an ein paar flachen Hallen einer Fischfabrik. In zwei Kurven führt die Straße auf den Deich. Wir sind da. Ich halte oben auf dem Deich. Vor uns erstreckt sich der Hafen mit vier oder fünf großen Fischkuttern und vielen, vielen Yachten. Die helle Vormittagssonne taucht alles in ein ruhiges Licht. Ich kurbele die Scheibe herunter. Kein Lüftchen regt sich. Möwen schreien.

»Da sind wir«, sage ich und hole tief Luft.

»Schön, sehr schön,« seufzt Carola und drückt Andreas an sich.

Nach einer Weile fahren wir weiter zum Colijnsplaat Yacht Service. Hier gibt es einen Kran, der unser Boot ins Wasser setzen soll.

»Gut, dass Sie da sind«, begrüßt uns ein Werftarbeiter. »Lassen Sie uns gleich anfangen. Unser Mastenkran ist leider kaputt. Aber das macht nichts, den leichten Mast kriegen wir zusammen von Hand gestellt. Ich helfe Ihnen.«

Eigentlich wollte ich mich um das Maststellen alleine kümmern, in Ruhe, denn die Verstagung des Mastes muss mit größter Sorgfalt vorbereitet werden. Ein Splint, der nicht richtig sitzt oder eine Schraube, die sich später löst, können dazu führen, dass der Mast beispielsweise umknickt. Und jetzt schraubt jemand die Einzelteile des Riggs zusammen, über dessen Zuverlässigkeit ich nichts weiß, während ich hektisch damit beschäftigt bin, alle benötigten Einzelteile im VW-Bus zusammenzusuchen und herbeizuschaffen. Das nächste Boot mit einem Krantermin am Nachmittag wartet schon.

Nach einer knappen Stunden sind alle notwendigen Teile am Mast befestigt und das Gewirr aus Wanten, Stagen, Fallen, Rollfock soweit geordnet, dass beim Aufrichten des Mastes hoffentlich alles seinen Platz finden wird. Mit vereinten Kräften drücken wir den Mast in seine senkrechte Position und fixieren ihn.

Jetzt würde ich gerne pausieren, ich finde, das habe ich mir eigentlich verdient nach Autofahrt und Mastaufbau. Schließlich bin ich seit heute Morgen um fünf pausenlos auf den Beinen. Aber eine Pause ist nicht in Sicht, vielmehr steht nun der Höhepunkt unseres Stapellaufs bevor: Zwei Schlingen aus breitem Gurtband werden unter dem Rumpf des WAL durchgezogen und über dem Boot in den Haken am Kran eingehängt. Dann klettern Carola, Andreas und ich an Bord, der Kranfahrer nimmt seinen Platz ein und der Kran hebt unser Boot sacht vom Trailer. Langsam fährt er mit uns am Haken 20 oder 30 Meter auf den Kai, schwenkt uns übers Wasser und lässt uns ebenso langsam ins Wasser. Der WAL schwimmt! Noch hat der Kranfahrer die Schlingen aber nicht vollständig abgesenkt, sodass sie unser Bötchen auf der Stelle halten. Jetzt muss ich den Außenbordmotor starten, damit wir anschließend aus den Schlingen zu unserem Liegeplatz fahren können. Mehrmals ziehe ich an der Anlasserleine des Motors, aber er springt nicht an. Zum Teufel, warum nicht? Ich kontrolliere Benzinhahn, Gangstellung, Tankbelüftung: alles in Ordnung. Ziehe wieder an der Anlasserleine. Reiße an ihr. Aber vergebens, der Motor läuft nicht, nichts zu machen. Paddeln? Mir fällt ein, dass ich die Paddel in der Eile an Land vergessen habe. Der Kranfahrer steht mittlerweile auf dem Kai. Mir ist die ganze Situation so peinlich, dass ich am liebsten ganz weit weg wäre. Überall, nur nicht hier. Aber es hilft ja nichts. Hilflos blicke ich zu ihm herauf und hebe ratlos die Arme. Auf seinem Gesicht sehe ich ein breites Grinsen. Ich ahne, was er gerade denkt: ›Fährt mit seinem nagelneuen Bötchen hier an die Nordsee. Und jetzt kommt er nicht mal aus dem Kran rausgefahren.‹ Ich fühle mich einfach nur jämmerlich in diesem Augenblick. Aber ich habe mich getäuscht. Gutmütig ruft der Kranfahrer etwas ganz anderes:

»Schauen Sie, die Sicherungsleine fehlt, deshalb läuft er nicht.«

Tatsächlich, an dem Stoppknopf fehlte die Reißleine. Sie wird unter den Stoppknopf geklemmt und sollte der Bootsfahrer über Bord fallen, reißt er sie dort los und der Motor stoppt das Boot. Ich hab vergessen, sie zu montieren. In den unendlichen Tiefen seiner Hosentasche findet Andreas glücklicherweise einen Bindfaden. Ich wickele den Faden mehrmals um den Stoppknopf, ziehe sanft an der Starterleine – und der Motor läuft. Heilfroh beeile ich mich, dass wir hier wegkommen und zu unserem Liegeplatz tuckern.

Ich bin viel zu sehr beschäftigt, als dass ich unsere erste Fahrt mit dem WAL genießen könnte. Alles ist ungewohnt, die Bedienung des Motors, das Steuern mit der Pinne. So atme ich auf, als ich uns endlich in die Liegeplatzbox hineinmanövriert habe und auf den Steg springen kann. Festmacher bereitzulegen haben wir vergessen. Carola hält das Boot am Bug fest, ich an der Seite. Im Cockpit liegen ein paar aufgeschossene Leinen.

»Andreas, gib mir bitte mal die Leine«, sage ich. Eifrig greift Andreas die Leine – und lässt sie über Bord fallen. Natürlich geht sie sofort unter.

»Ich dachte, die schwimmt«, meint er unbekümmert. Ich sage gar nichts mehr. Das war unsere Fockschot, die Andreas da gerade versenkt hat. Wir haben noch viel zu lernen.

Das Umräumen der Ausrüstungsgegenstände vom VW-Bus aufs Boot ist schnell erledigt, es gibt ja nicht viel: drei Reisetaschen, drei oder vier Klappboxen mit Kleinkram, Küchenutensilien und Navigation, eine Box mit Spielzeug, dazu Segel, Anker, einen Sack mit Leinen, drei Schwimmwesten, Selbststeueranlage, Werkzeugkoffer, eine Box mit Ersatzteilen, eine Handvoll Bücher und ein paar Seekarten, schließlich Schlauchboot und Bettzeug, und damit hat sich's auch schon. Ohne große Gefühle ziehen wir in unser neues Zuhause ein.

Es ist ein ruhiger, warmer Sommerabend. Wir sind todmüde. Jeder kuschelt sich in seine Koje, und schnell fallen wir in festen Schlaf.

Aber in dieser Nacht träume ich schlecht. *Von einer Gegend nicht weit weg vom Meer. Carola und ich sind mit dem Auto unterwegs, Carola fährt. Wir wissen nicht genau, wo wir sind, suchen einfach eine schöne Bucht zum Segeln. Auf einem Parkplatz neben der Straße hält Carola an. Hier wollen wir vorbeikommende Autofahrer stop-*

pen und fragen, wo eine schöne Bucht ist. Wir warten lange, doch niemand kommt vorbei. Ich bekomme Angst, sage zu Carola: »Die sind schon alle weg, jeder hat schon seine Traumbucht gefunden. Wir müssen weiter.« Carola fährt wieder los, direkt aufs Meer zu. Dann tut sich vor uns eine Bucht auf. Zwar ist sie nur klein, sehr klein, aber sie besteht aus weißem Sand. Die Sonne bringt die vom heftigen Wind aufgeworfenen Wellen zum Funkeln. Carola fährt auf den Strand, bis der Wagen im weichen Sand stecken bleibt. Ich springe begeistert aus dem Auto: Hier müssen wir segeln! Aber wo ist unser Segelboot? Und was ist das im seichten Wasser, ein paar dutzend Schritte entfernt? Habe ich von dort ein Atmen gehört? Ich laufe ein paar Schritte weiter. Da, wieder, diesmal erkenne ich es deutlich: Es ist die Atemfontäne eines Wals, der dort im flachen Wasser gestrandet ist. Erschrocken laufe ich wieder weiter, blicke mich um und sehe, dass der ganze Strand voll von gestrandeten Walen ist. Einige sind schon tot und vom Sand halb begraben, andere atmen noch. Zwar stehe ich mit meinen Füßen auf Sand, aber darunter muss ebenfalls ein toter Walkörper liegen, denn ein paar Meter neben mir schaut ein Walkopf noch aus dem Sand hervor. Ich erstarre vor Schreck, will Carola irgendwas zurufen, bringe aber keinen Ton raus – und wache auf. Ich liege lange wach, bevor ich wieder einschlafen kann. Halb wach, halb noch dem Traum verhaftet wühlen mich bohrende Fragen auf: Warum sind in der Bucht keine Segelboote, sondern nur tote und sterbende Wale? Bin ich auf dem richtigen Weg? Darf ich meine Familie auf diesem Weg mitnehmen?

Am nächsten Morgen setzen wir unsere Vorbereitungen wie geplant fort. Carola bringt den geliehenen VW-Bus und den Trailer zurück nach Brambauer und wird erst gegen Abend per Zug und Linienbus zurückkommen.

»Und was machen wir beide?«, frage ich Andreas.

»Zum Wasser gehen, an den Strand. Ich will im Sand spielen.«

Okay. Wir spazieren den Deich entlang und finden ein kleines Stück Sandstrand. Das Wasser der Oosterschelde sieht heute ganz anders aus als gestern, bleigrau und voller Schaumkronen. Das

Wetter ist umgeschlagen. Dunkle Wolken sind aufgezogen, ein kräftiger Westwind treibt die ersten Regenwolken heran, uns beiden wird schnell kalt.

»Lass uns ins Dorf gehen, bei einer heißen Schokolade aufwärmen«, schlage ich vor. Andreas ist einverstanden, und wir marschieren am Yacht- und Fischerhafen vorbei auf dem Deich entlang in Richtung Dorf. Nach hundert Metern erreichen wir die Hauptstraße, die schnurgerade vom Meer weg auf eine kleine Kirche zuführt. Drumherum gibt es noch ein paar Straßen mit kleinen Wohnhäusern. Die mit dunkelroten Klinkersteinen gepflasterte Hauptstraße ist ungefähr 200 Meter lang. Rechts und links ist sie mit Linden gesäumt, große, alte Bäume mit heller Rinde und einem dichten grünen Blätterdach. Selbst jetzt, wo draußen der Wind übers Wasser fegt, rascheln hier die Blätter nur leise vor sich hin. Nur wenige Menschen sind auf den breiten Gehwegen unterwegs, gehen schnell von Laden zu Laden, um sich vor dem nächsten Regenschauer in Sicherheit zu bringen. Ein Auto fährt im Schritttempo die Straße entlang, ein paar Radfahrer treten kräftig in die Pedale. Hier scheint die Zeit stehen geblieben zu sein, dieses Städtchen strahlt eine Gemütlichkeit und Geborgenheit aus, die mich jetzt wieder genauso anzieht wie damals, als Carola und ich mit unserer NOORDERZON hier landeten. Andreas und ich setzen uns in ein Café, bestellen zwei Kakao, und während Andreas sich die Bilder in einer älteren Ausgabe des »Stern« anschaut, wandern meine Gedanken ein paar Jahre zurück.

Fünf Jahre ist es jetzt her. Carola und ich wohnten zusammen in Berlin, hatten beide dort einen interessanten Job als Sportlehrer. Und wir hatten ein kleines Segelboot an der Havel liegen, eine alte Neptun 22, sieben Meter lang, Kunststoff, Kielschwerter. Wir träumten vom Segeln, richtig unterwegs sein, wochen-, monatelang, nicht nur für ein paar Stunden am Wochenende. Wohin? Keine Ahnung, Hauptsache los. Wir heirateten, nachdem wir zehn Jahre so zusammengelebt hatten, kündigten unsere Jobs, lösten die Wohnung auf, stellten ein paar Umzugskartons bei meinen Eltern unter und zogen aufs Boot.

Im Mai fuhren wir von Berlin los, die Havel entlang bis zur Elbe. Dann die Elbe stromab nach Hamburg. In Finkenwerder stellten wir den Mast und segelten weiter bis Cuxhaven. Dann raus auf die Nordsee. Keiner von uns beiden war zuvor jemals auf dem Meer gesegelt. Wir hatten ein bisschen angelesenes Wissen, eine Seekarte und ein GPS-Gerät. Dank des GPS bekamen wir Helgoland in Sicht, aber dann drehte der Wind gegen uns. Die Neptun mit ihren alten, ausgeleierten Segeln lief kaum Höhe und der Strom versetzte uns seitlich von der Hafeneinfahrt weg. Aber mit Hilfe des Außenbordmotors schafften wir es nach mehreren Stunden des Aufkreuzens doch noch in den Hafen. Wir fühlten uns als die Größten, waren eines der kleinsten Boote im Hafen, heil auf einer richtigen Hochseeinsel gelandet, als Greenhorns!

Unser nächstes Ziel war Borkum. Bei drei bis vier Windstärken liefen wir aus. Das heißt, wir fuhren unter Motor aus dem Hafen, um »draußen« die Segel zu setzen, so, wie wir das auf der Havel auch immer gemacht hatten. Als ich die Segel endlich oben hatte, war ich völlig seekrank. Natürlich war es Schwachsinn, außerhalb des Hafens bei zwei bis drei Meter hohen Wellen die Segel zu setzen statt im ruhigen Vorhafen wie alle anderen Segler. Aber das dämmerte mir erst, als ich seekrank in der Kajüte auf den Bodenbrettern lag.

Ich konnte nicht mehr, von nun an steuerte Carola ununterbrochen, den ganzen Tag und die folgende Nacht. Eine Selbststeueranlage hatten wir nicht. Die Wellen erschienen uns riesig hoch, wild wurde das Boot hin- und hergeworfen. Das aus dem Kiel heruntergelassene Schwert hämmerte wie verrückt in seinem Kasten. Ich lag direkt darüber auf dem Kajütboden, der bei jeder Bewegung des Schwertes bebte. Es war fürchterlich. Im Morgengrauen riss Carola mich aus dem Halbschlaf: »Ich höre lautes Wasserrauschen. Aber zu sehen ist nichts.« Ich schoss ins Cockpit. Tatsächlich, ich hörte das auch, irgendwo an Backbord mussten sich die Wellen brechen. Ein Echolot hatten wir nicht. Wir hielten wieder auf See hinaus, und das Rauschen wurde leiser. Erst als wir mittags sicher im Borkumer Hafen festgemacht hatten, wurde mir klar, was für ein unglaubliches Glück wir gehabt hatten, wie nah wir daran waren, bei auflandigem Wind auf einer Sandbank zu stranden.

Durch die holländischen Kanäle fuhren wir noch bis Harlingen, nahe am Ijsselmeer. Dort sahen wir uns nach einem neuen Boot um. Natürlich drängte die Zeit, wir wollten weiter nach Süden und es war schon Juli. So nahmen wir das erstbeste Angebot, eine dreißig Jahre alte holländische Segelyacht aus Stahl, die NOORDERZON, acht Meter lang. Sie kam uns wie eine richtige Hochseeyacht vor, immerhin war ihr Vorbesitzer mit ihr angeblich ein paar Mal bis Gibraltar und zurück gesegelt. Jetzt würde ich sie eher als abgetakelten Rosteimer bezeichnen. Die Selbststeueranlage war abmontiert, die Segel müssen noch von der Erstausstattung gewesen sein. Immerhin lief der Einbaudiesel zuverlässig, er war kurz zuvor überholt worden. Wir wollten weiter, verschleuderten die Neptun 22 auf die Schnelle für 'n Appel und 'n Ei, zogen auf die NOORDERZON um, ließen noch ein neues Großsegel anfertigen und dichteten das durchgerostete Kajütdach mit Unmengen von Sikaflex ab. Ich enterte in den Mast auf, denn oben im Masttopp gingen die Leimfugen des Holzmastes auseinander. Ich drückte neuen Leim in die Fugen und presste alles mit ein paar Schraubzwingen zusammen, in luftiger Höhe, zehn Meter über dem Wasser. So ein Boot mit Schraubzwingen am Masttopp sieht wirklich ungewöhnlich aus. Ein distinguierter älterer Herr auf einer stolzen Aluminiumyacht ein paar Plätze weiter kommentierte das unüberhörbar gegenüber seiner Frau: »Ein Arme-Leute-Boot ist das.« Das ließ Carola nicht auf sich sitzen. Ebenso unüberhörbar rief sie mir im Mast zu: »Lieber ein Arme-Leute-Boot als ein Alte-Leute-Boot.« Danach hatten wir nicht mehr viele Freunde in dem Yachthafen und sahen zu, dass wir weiterkamen.

Wir kamen bis Falmouth, ganz im Südwesten Englands. Falmouth ist eine legendäre Hafenstadt, weil sie Ausgangs- und Zielpunkt vieler berühmter Segelreisen war. Hier startete Robin Knox-Johnston zur ersten Non-Stop-Weltumseglung, Gerry Spiess kam hier mit seiner nur drei Meter langen YANKEE GIRL aus Amerika an. Nach wie vor ist Falmouth der Treffpunkt unzähliger Fahrtenyachten vor dem Sprung über die Biskaya oder nach einer Atlantiküberquerung. Und wir waren jetzt mitten drin, fühlten uns zugehörig zu der Szene der angehenden Blauwassersegler, zu den »Wandervögeln der Ozeane«. Die täglichen Gespräche kreisten nur um ein Thema: »Wann geht's los? Wann fahrt ihr? Ist das Wetter günstig für den Sprung über die Biskaya? Oder lieber noch warten?« Nur zu gerne ließen wir uns anstecken von dieser Atmosphäre.

»Was, ihr wollt nur bis La Coruña? Da seid ihr ja immer noch nicht ums gefürchtete Kap Finisterre rum. Warum macht ihr's nicht wie wir? Wir fahren gleich bis Bayona durch, oder wenn's gut läuft auch bis Madeira, da ist es dann richtig warm und die Tiefdruckgebiete liegen hinter uns.«

»Ja, ihr habt Recht, warum eigentlich nicht?« Denn vom warmen Süden, von der Sonne träumten wir alle.

Ungeduldig warteten wir auf eine Schön-Wetter-Periode. Täglich pilgerten wir mehrmals zum Büro des Hafenmeisters, wo die neusten Wetterkarten aushingen. Als diese Wetterkarte endlich ein großes Hoch über Europa zeigte, hieß es: Nichts wie los, Kurs Spanien. Nur hatte ich leider in der Eile übersehen, dass die Isobaren auf der Wetterkarte im Bereich der Biskaya ganz weit auseinander lagen. Und das bedeutete: kein Wind. Aber das wurde uns erst klar, als wir die Küste hinter uns gelassen hatten, der Wind immer schwächer wurde und wir schließlich auf dem offenen Atlantik in der Flaute dümpelten, eine Nacht, einen ganzen Tag. Trotzdem fanden wir kaum Zeit uns auszuruhen. Ständig musste einer von uns an der Pinne sitzen. Jede Stunde war mindestens ein Segelmanöver fällig, um den leisesten Windhauch zum Vorwärtskommen zu nutzen. Die NOORDERZON *wurde von einer alten Dünung durchgeschüttelt, die uns zu allem Übel schwer seekrank machte. In der zweiten Nacht kam dann auch noch dichter Nebel auf.*

Mich verließ der Mut. »Carola, wollen wir wirklich hier treiben und auf Süd-West-Wind warten? Lass uns abdrehen nach Brest.«

Carola hatten offenbar ähnliche Befürchtungen geplagt, denn sie stimmte sofort zu: »Ja, das wird nichts mit der Biskaya.«

Wir nahmen Kurs auf die Île d'Ouessant vor der französischen Küste. Nach 72 Stunden auf See erreichten wir mit dem letzten Tropfen Diesel die Ankerbucht der Insel. Statt in den warmen Süden hatten wir es gerade mal auf die andere Seite des Ärmelkanals geschafft. Wir waren froh, wieder festen Boden unter den Füßen zu haben, die Seekrankheit und die Ungewissheit auf See hatten uns völlig zermürbt. Auf einem Campingplatz setzten wir uns in den Windschutz einer alten Mauer, und ich küsste – den Erdboden. Nie wieder wollte ich aufs Meer rausfahren.

Zwei Wochen Pause in dem idyllischen Dörfchen L'Aberildut brachten uns dann etwas von den trüben Gedanken ab, und wir segelten die NOORDERZON *in Tagesetappen entlang der französischen und belgischen Küste zurück nach Holland. Durch die Roompotschleuse verließen wir die Nordsee und erreichten am 5. Oktober 1995 Colijnsplaat an der Oosterschelde. Nachdem wir mit unseren großen Plänen so kläglich gescheitert waren, erschien mir dieses idyllische Colijnsplaat als der schönste Ort auf der Welt.*

Jetzt sind wir wieder hier. Diesmal werde ich alles ganz anders machen. Gegen die schlechten Träume kann ich vielleicht nicht viel machen, sie werden wiederkommen. Aber ich werde mich von ihnen nicht einschüchtern lassen, von ihnen nicht und überhaupt von nichts und niemandem. Respekt vor dem Meer, ja, den habe ich, alles immer bestens vorbereiten, bevor wir auf See hinausfahren. Und Geduld werde ich aufbringen, viel Geduld, um auf den richtigen Moment zu warten. Und schließlich: Mut. »Das Geheimnis der Freiheit ist der Mut«, dieses Perikles-Zitat hatte jemand außen an den großen Hörsaal der Sporthochschule gesprayt, es stand dort während meiner ganzen Studienzeit. Ja, ohne Mut geht nichts.

Doch bevor ich meinen Mut beweisen kann, wird erst mal unsere Geduld auf die Probe gestellt, denn an den ersten Testtörn ist nicht zu denken. Das Wetter ist einfach zu schlecht dafür, starker Wind und Schauerböen. Wenn wir das erste Mal mit dem WAL rausfahren, brauche ich Schwachwind, nicht mehr als ein bis zwei Windstärken, und eine ruhige See, um alles in Ruhe auszuprobieren und mich mit der Bedienung des Bootes vertraut zu machen. Stattdessen stürmt es, oft heult der Wind im Rigg, und der Regen prasselt auf das Deck. Tag für Tag geht das so.

Wenigstens ist es in der Kajüte richtig gemütlich. Wir richten uns ein, bis alles seinen festen Platz hat – auch wir. Jeder hat sein kleines Reich. Andreas gehört das Vorschiff, dort schläft er. Zwei große Stautaschen, die rechts und links von seiner Koje an die Bordwand geschraubt sind, wurden mit seinem Spielzeug gefüllt. Weiter nach achtern folgt das Pumpklo, das aber abgedeckt ist, wenn die Vorschiffskoje zur vollen Länge ausgebaut ist. Dann folgt der Küchenblock an Backbord, der quer in den Raum gebaut ist und nur an Steuerbord einen schmalen Durchgang zur Vorschiffskoje lässt. Im Anschluss an den Küchenblock befindet sich an Backbord und an Steuerbord jeweils eine Längskoje. Backbord schlafe ich, Carolas Reich ist die Steuerbordkoje. Diese Kojen sind an ihrer breitesten Stelle zirka 60 Zentimeter breit, ihr letztes Drittel ragt unter die Sitzbänke des Cockpits, deshalb haben sie dort nur knapp 70 Zentimeter Kopffreiheit.

Ansonsten ist die maximale Höhe in der Kajüte zirka 140 Zentimeter – direkt unter dem Schiebeluk, zu den Seiten hin wird es aufgrund des gewölbten Kajütdachs schnell weniger. Die Größe der freien Bodenfläche beträgt ungefähr einen Quadratmeter, rechts und links durch die Kojen, vorne durch den Küchenblock und achtern durch die Treppenstufe ins Cockpit begrenzt. Werftseitig war hier eigentlich ein Tisch vorgesehen, aber den haben wir zu Hause gelassen, er hätte den Platz in der Kajüte unnötig eingeschränkt. Wozu brauchen wir auch einen Tisch? Zum Essen benutzt jeder von uns eine kleine Schüssel mit langem Handgriff, um sie in der Hand zu halten. Brote oder so werden auf der Arbeitsfläche des Küchenblocks geschmiert. Zum Schreiben gibt es ein Klemmbrett als Unterlage, und wenn Andreas auf einer der Kojen mit seinen Legosteinen spielt, kniet er sich einfach auf den Fußboden vor die Koje.

Uns gefällt unser neues kleines Zuhause. Nach der Unrast der vergangenen Monate finden wir hier Nähe und Geborgenheit. Ich habe endlich Raum für Gedanken und Gefühle, die ich in Brambauer immer schnell beiseite geschoben hatte.

Eines Abends, wir bereiten gerade das Essen vor, sage ich: »Ich finde, wir könnten vor dem Essen beten.«

Zuerst schauen Carola und Andreas mich groß an. Dann sagt Carola: »Ja, du hast Recht. Wir gehen zwar hin und wieder in die Kirche. Aber in unserem täglichen Leben kommt Gott praktisch nicht vor. Lass uns das ändern.«

Seitdem sprechen wir jeden Tag einmal, egal ob im Hafen oder auf See vor dem Essen ein gemeinsames Gebet.

Ein anderes Mal, wir sitzen bei strömendem Regen mal wieder in der Kajüte, Carola und ich auf der Backbordkoje, Andreas mit seinen Legosteinen auf der Steuerbordkoje, sage ich unvermittelt zu Carola: »Du siehst schön aus.«

Sie sagt nichts, nimmt stattdessen meinen Kopf mit ihren Händen, führte meinen Mund an ihre Lippen und gibt mir einen leidenschaftlichen Kuss. Abends, als Andreas schon schläft, holt sie eine Flasche Wein hervor, die wir auf ein gutes Gelingen der Reise austrinken.

Nach einer Woche bessert sich das Wetter endlich. Die dunklen Wolken sind abgezogen und der Wind lässt soweit nach, dass wir wieder ans Segeln denken.

»Heute Nachmittag machen wir den Probetörn«, verkünde ich.

Carola ist vorsichtiger: »Sind aber immer noch mehr als ein oder zwei Windstärken draußen.«

Sie hat Recht, aber es ist schon Mitte Juli, und wir sind noch kein einziges Mal mit unserem WAL gesegelt. Und der Wetterbericht sagt für die nächsten Tage schon wieder Starkwind voraus.

»Wir warten bis zum Abend, dann flaut es bestimmt noch ein bisschen ab«, versuche ich sie zu überzeugen.

Am späten Nachmittag ziehen wir alle unsere Wetterkleidung an, Regenjacke, Latzhose, Gummistiefel. Andreas muss seinen

Platz in der Kajüte einnehmen. Auf der Stufe des Niedergangs stehend, das Schiebeluk geöffnet, hat er einen perfekten Rundumblick auf das Geschehen draußen, lässt aber gleichzeitig das Cockpit für Carola und mich zum Hantieren und Steuern frei. Wir sind alle drei fürchterlich aufgeregt. Die nächste Stunde wird darüber entscheiden, wohin unsere Reise geht: auf die Nordsee oder doch lieber wieder nach Hause. Wir werfen die Leinen los und tuckern aus dem Hafen. Kaum haben wir den Schutz der Hafenmole verlassen, beginnt der WAL wild zu schaukeln. Mir wird schlagartig klar, dass an ein Ausprobieren in aller Ruhe nicht zu denken ist. Umdrehen!, ist mein erster Gedanke. Jetzt, da der Boden unter mir heftig tanzt, sieht die eben noch recht freundliche Welt ganz anders aus. Ich spüre, wie Panik in mir hochkommt. Aber ich zwinge mich, ein paarmal langsam und tief durchzuatmen, bevor ich eine Entscheidung treffe.

»Er liegt gut in den Wellen«, bemerkt Carola ganz ruhig. Also weiter. Carola übernimmt das Ruder und hält den Bug des Bootes genau gegen den Wind. Ich hole das Großsegel auf, aber nur bis zum zweiten Reff. Mehr Segelfläche zu setzen traue ich mich nicht. In Böen erreicht der Wind bestimmt vier Beaufort. Carola fällt etwas ab und der WAL nimmt Fahrt auf. Ich mache den Motor aus – wir segeln!

»Steuer ruhig weiter«, sage ich zu Carola. »Du machst das sehr gut.« Ich kann in diesem Augenblick gar nicht steuern, denn vor Aufregung, Anstrengung und weil ich viel zu warm angezogen bin, ist meine Brille total beschlagen.

Nach dem Brillenputz rolle ich die Fock auf ihre halbe Größe aus und belege die Schot. Dann hangele ich mich zum Heck, schraube den Motor los, hebe ihn auf die Badeleiter und klemme ihn dort fest. Ich atme tief durch. Wunderbar, bis jetzt habe ich alles ohne größere Probleme geschafft. Mein Selbstvertrauen wächst. Ich lasse das Pendelruder der Selbststeueranlage ins Wasser und stelle die Windfahne zum Wind ein. Dann hänge ich die Steuerleine in dem Beschlag auf der Pinne ein und bitte Carola, die Pinne loszulassen. Tatsächlich, der WAL hält seinen Kurs. Sobald er zur einen oder anderen Seite etwas ausbricht, bringt ihn die Selbststeueranlage sofort wieder auf den eingestellten Kurs zurück. Carolas Gesicht strahlt vor Begeisterung, und auch ich jubele leise. Noch will ich das alles nicht ganz glauben. Hin und wieder wird sich einer von uns ein bisschen um Segel, Kurs und Selbststeueranlage kümmern, aber ansonsten werden wir frei sein, Zeit haben, um mit Andreas zu spielen, zu faulenzen, zu kochen oder zu schlafen. So können wir ewig weitersegeln.

»Da kommen schon wieder dunkle Wolken, die bringen bestimmt noch mehr Wind«, holt mich Carola aus meinen Träumereien zurück.

»Ja, du hast Recht. Lass uns sehen, dass wir in den Hafen kommen. Für heute reicht's«

Wir segeln fast bis vor die Hafeneinfahrt von Colijnsplaat. Dann klappe ich das Pendelruder der Selbststeueranlage aus dem Wasser und befestige den Motor wieder an dem Motorbrett, um ihn zu starten. Aber so oft ich auch an der Anlasserleine ziehe, gibt er nur ein kurzes Husten von sich, mehr nicht. Ich kontrolliere Stoppleine, Tankbelüftung, Benzinhahn, Leerlaufstellung: alles okay. Diesmal habe ich an alles gedacht – und trotzdem springt dieses Miststück nicht an. Am liebsten würde ich ihn losschrauben und auf der Stelle versenken.

»Probier's weiter«, ruft Carola mir zu. »Ohne Motor kommen wir bei dem Strom nie in den Hafen!«

Verzweifelt ziehe und reiße ich wieder und wieder an der Anlasserleine, meine Brille ist schon völlig beschlagen. Ganz unerwartet springt der Motor an. Keine Ahnung, warum. Egal. Segel runter und schnell in den Hafen, bevor er es sich wieder anders überlegt.

Als wir an unserem Liegeplatz festgemacht haben, winkt Carola mich sanft lächelnd neben sich an den Niedergang und weist behutsam in die Kajüte. Ich schaue hinein. Da liegt Andreas zusammengerollt auf seiner Koje und schläft tief und fest.

Der Zauber der ersten Meilen

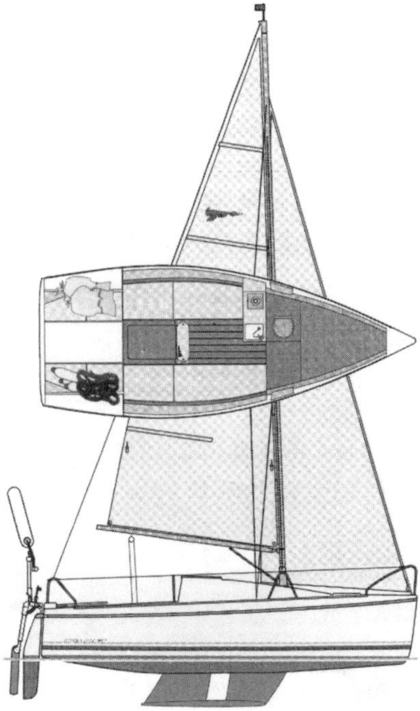

***Etap 21i* Wal**	
Länge ü. A.	*6,56 m*
Rumpflänge	*6,26 m*
Länge Wasserlinie	*6,10 m*
Breite ü. A.	*2,49 m*
Tiefgang	*0,70 m*
Höhe überWasserlinie	*10,60 m*
Segelfläche	*23,90 m²*
Verdrängung netto	*1,15 t*
Ballast	*350 kg*
Ballastanteil	*30 %*
Freibordhöhe	*0,70 m*
max. Höhe in der Kajüte	*1,40 m*
Wohnfläche	*6 m²*
Kojen	*4*
Stauraum	*2 m³*
max. Zuladung	*600 kg*

Die Etap 21i wurde 1995 von Mortain & Mavrikios konstruiert und seit 1996 über fünfhundert Mal gebaut.

Der 18. Juli 2000, ein Dienstag, beginnt wie die Tage vorher. »Eine Milch«, bestellt Andreas, als er gegen halb sieben aufwacht. Carola zündet den Kocher an, um Milch warm zu machen. Ich nehme ein Steckschott heraus, schiebe das Luk auf, das wegen des Regens die ganze Nacht geschlossen war, und strecke den Kopf aus der Kajüte. Dunkle Wolken bedecken den Himmel, aber es regnet nicht mehr. Immerhin. Ich lasse das Schiebeluk geöffnet und wische in der Kajüte das Kondenswasser mit einem Handtuch von Decke und Wänden. Nach dem Frühstück gehe ich in den Ort, um in einem Internetladen die Wettervorhersage für die nächsten Tage abzurufen. Beim Scrollen durch die Seiten spüre ich, wie ich immer aufgeregter werde: Noch ein oder zwei Tage, dann soll der Wind auf nördliche Richtung drehen. Darauf habe ich seit zehn Tagen gewartet. Aber jetzt, da unser Start in greifbare Nähe rückt, bin ich mir meiner Sache nicht mehr so sicher. Mit Wehmut streune ich durch die Straßen zurück zum Hafen, vorbei an vielen kleinen Reihenhäusern ohne Gardinen vor den Fenstern, sodass man im Vorbeigehen bis in die Wohnstuben blicken kann. Alles scheint mir jetzt mehr Geborgenheit auszustrahlen als jemals zuvor.

»Wir müssen los«, verkünde ich, kaum dass ich zurück an Bord bin.

Andreas ist gerade dabei, seinen zwei neuen Freunden vom Nachbarboot, Maarten und Juriaan, unsere Kajüte zu zeigen.

»Wann?«, fragt Carola.

»Am besten noch heute.«

»Ist das nicht ein bisschen überstürzt?«

Ich bin hin- und hergerissen. Da mischt sich Juriaan ein: »Ja, wir fahren auch heute Mittag, Richtung Veerse Meer. Fahrt ihr auch dahin? Dann können wir zusammen fahren.«

Ich antworte: »Nein, wir wollen in die andere Richtung, nach Westen.«

Kurz nach Mittag sind wir fertig zur Abfahrt. Carola geht mit Andreas zum Hafenmeister, um die Liegegebühren zu bezahlen, ich lasse schon mal den Motor warmlaufen. Als die beiden zurückkommen, werfen wir die Festmacher los, schieben den Wal aus der Box, springen an Bord und tuckern aus dem Hafen. Vor uns liegen sechs Seemeilen bis zum nächsten Hafen. Auf der Oosterschelde setzen wir Segel, stellen die Selbststeueranlage ein – und sind begeistert.

»Mensch, Hans, wir sind unterwegs. Endlich unterwegs! Ist das nicht irre?«, jubelt Carola.

»Ja, wirklich Wahnsinn. Ich hab's oft nicht geglaubt, dass das klappt. Einfach so lossegeln«, antwortete ich.

Auf den Tag genau vor vier Monaten hatten wir die nagelneue Etap beim Händler abgeholt.

»Und guck dir die Oosterschelde heute an, platt und ruhig wie ein Ententeich, ganz anders als beim Probetörn. Wie schön die kleinen Wellen an den Rumpf plätschern. Dazu Sonne, blauer Himmel und eine leichte Brise. Ich könnte ewig so weitersegeln«, sprudelt es aus mir heraus.

Problemlos erreichen wir Roompot Haven. Die Plätze für Gastlieger sind alle viel zu groß für unser Boot. Wir kommen uns irgendwie fehl am Platz vor. Da entdeckt Carola eine Dehler Rotkäppchen, ein Boot ähnlich klein wie das unsrige, noch dazu mit deutscher Flagge. Ich bin erleichtert, wenigstens noch ein Kleiner. Bestimmt gibt es viel zu erzählen, so unter Kleinbootseglern.

»Wir nehmen den freien Platz daneben«, entscheide ich. Während wir anlegen, kommt aus der Kajüte der Dehler ein jüngeres Paar gekrabbelt.

Kaum haben wir unsere Festmacher sicher am Steg belegt, fragt mich der Mann: »Na, wo wollen Sie denn hin?«

Was soll ich antworten? Nach England? Ins Mittelmeer? Nach Australien? Um die Welt? Ich bin mir ja selbst noch nicht so sicher. Außerdem gefällt mir der strenge Unterton nicht, den er in seine Frage legt. Deshalb entscheide ich mich für die vorsichtigste Variante: »Ach, wir wollen hier nur 'n bisschen auf der Oosterschelde segeln.«

»Ganz schön mutig, im Gezeitenrevier mit so 'nem winzigen Außenborder ... und noch dazu mit Kind«, meint er missbilligend und beendet das Gespräch.

Am nächsten Tag bleiben wir im Hafen und nutzen die Zeit, um alles seefest zu verstauen. Dann endlich ist das Hoch über Europa da und mit ihm günstiger Wind aus nordöstlicher Richtung. Trotzdem beginnen wir den 20. Juli mit gemischten Gefühlen: Zwar verspricht die sich aus dem Morgendunst über der Oosterschelde erhebende Sonne einen schönen warmen Sommertag – ideale Bedingungen also, um raus auf die Nordsee zu fahren –, aber was wird uns da draußen erwarten? Wie sicher werden wir uns mit der Etap fühlen? Und vor allem: Wird uns die Seekrankheit wieder zu schaffen machen? Denn sie ist bisher immer ein großes Problem für Carola und mich gewesen. Mit Schaudern erinnere ich mich an einen Törn mit meinem Bruder von Englands Ostküste nach Holland. Kurz nach dem Auslaufen frischte der Wind auf und ich musste aufs Vorschiff, um die Fock zu bergen. Dabei war mir so fürchterlich schlecht geworden, dass ich die restlichen 36 Stunden der Überfahrt in der Hundekoje lag, immer wieder in eine Plastiktüte kotzte und mir geschworen hatte, nie mehr aufs Meer rauszufahren. Selbst auf dem geschützten Ijsselmeer, einem Binnenrevier, war mir auf einer Zehn-Meter-Yacht bei gerade mal sechs Windstärken schlecht geworden. In der Fachzeitschrift »Yacht« hatte ich später einen Testbericht über Mittel gegen Seekrankheit gefunden. Während einer Kap-Hoorn-Umrundung waren auf einem Segelschulschiff alle möglichen Mittel getestet worden. Als nützlichste hatten sich die beiden Wirkstoffe Dimenhydrinat und Metoclopramid erwiesen. Seitdem war ich fest davon überzeugt: Was für Kap Hoorn gut war, musste auch Carola und mir helfen.

Doch noch geht's uns gut, speziell wenn man von dem Reisefieber absieht, das uns zunehmend packt. Etwas zögerlich verlassen wir den Hafen. Nur noch die Roompotschleuse trennt uns von der Freiheit der Meere. Doch so einfach ist die Schleusung nicht. Mit uns warten bereits einige andere Yachten auf die Öffnung der großen Tore. Wir fahren als eins der letzten Boote in die Schleuse und peilen einen Platz an der Schleusenwand an, um dort festzumachen. Um rechtzeitig hinter dem Vordermann zum Stehen zu kommen, kann man beim Boot anders als beim Auto nicht einfach auf die Bremse treten, sondern muss nach dem Gaswegnehmen den Rückwärtsgang einlegen und dann mit dosiertem Gasgeben abbremsen. Gleichzeitig muss man ständig den Kurs im Auge behalten, um so nah an der Wand zu stoppen, dass man die Leinen um die Poller legen kann. Was in der Theorie einigermaßen verständlich klingt und uns vertraut ist, wird in der Praxis allerdings dadurch erschwert, dass unser Außenborder keinen Rückwärtsgang hat. Um zu bremsen muss ich stattdessen nach dem Einlegen des Leerlaufs den ganzen Motor in seiner Halterung um 180 Grad drehen, wieder den Vorwärtsgang einlegen und Gas geben. Auch das hört sich einfacher an als es ist, denn nachdem ich den Motor gedreht habe, liegen die Bedienungshebel auf der »falschen« Seite, was mich total durcheinander bringt. Statt des Ganghebels erwische ich den Gashebel und jubel den Motor im Leerlauf auf höchste Drehzahl, aber ohne jeden Bremseffekt. Dann hab ich endlich den Gang drin, verstelle aber statt des Gashebels nun den Choke-Hebel und der Motor stirbt ab. Um nicht in den Vordermann zu krachen, fällt mir schließlich nichts Besseres mehr ein, als direkt auf die Schleusenwand zuzusteuern und Carola zuzurufen: »Brems uns ab!« – Und Carola schafft es tatsächlich, im richtigen Moment den Bug von der Wand wegzudrücken, blitzschnell eine Leine um den Poller zu legen und durch dosiertes Nachgeben die Restfahrt aus dem Boot zu nehmen. Jetzt stürze ich zur Heckklampe, um auch achtern an der Wand festzumachen. Im selben Moment höre ich ein hässliches Knirschen. Ich schaue übers Boot, kann den Grund aber nicht entdecken. Da meldet sich Andreas, der in der Kajüte auf der Treppenstufe stehend alles beobachtet: »Papa, der Mast schlägt an die Wand!« Ich blicke nach oben. Tatsächlich, jetzt wo Carola und ich auf der gleichen Seite des Bootes stehen, legt es sich soweit auf die Seite, dass zwar nicht der Mast, aber die ihn stützende Saling gegen die hohe Schleusenwand schlägt. Die einzige Lösung des Problems: Carola muss auf die andere Decksseite gehen, bevor ich mich weit genug außenbords lehnen kann, um die Leine um den Poller zu legen. Puh, geschafft! Mit dem Leinenende in der Hand hocke ich mich auf den Süllrand unseres Bootes und atme erst mal tief durch, während das Wasser in der Schleusenkammer langsam steigt. Die Zweifel beginnen wieder zu nagen: Wie weit werden wir überhaupt kommen?

Nach der Schleusung lassen wir erst alle anderen Schiffe losfahren, bevor wir die Leinen loswerfen. Eine Autobahnbrücke überspannt die Schleuse in hohem Bogen. Endlich tuckern wir unter der Brücke hindurch ins freie Wasser.

Noch im geschützten Vorhafen nehmen Carola und ich die Mittel gegen Seekrankheit ein. Dann geht's raus auf die Nordsee. Rau ist der Empfang. Wild tanzt der WAL in den Wellen auf und ab. Der Wind hat aufgefrischt. Aber solche Bedingungen kenne ich schon von unserem Probetörn. Diesmal lasse ich mich nicht aus der Ruhe bringen. Schnell setze ich mit Carolas Hilfe die Segel, mit einem Reff. Sofort beruhigen sich die Bewegungen des Bootes. Während Carola steuert, klemme ich den Motor an der Badeleiter fest und stelle die Selbststeueranlage ein. Auf Raumschotkurs stürmt der WAL Richtung belgische Küste. Es ist neun Uhr morgens. Carola und ich bleiben im Cockpit, um Ausschau nach den Tonnen zu halten, die uns den Weg weisen. Andreas spielt in der Kajüte.

Mir geht es hervorragend, nicht die geringsten Anzeichen von Seekrankheit. Auch Carola bemerkt keine Anzeichen. Vielleicht spüre sie ein bisschen Müdigkeit als Nebenwirkung, meint sie. Ich hingegen bin viel zu aufgeregt, um auch nur die geringste Müdigkeit zu bemerken.

»Carola, willst du unbedingt nach Blankenberge?«, frage ich.

»Ich? Du wolltest dahin! Das Wetter ist doch viel zu schön, um die Nacht im Hafen zu verschlafen. Lass uns durchfahren«, kommt ihre Antwort. Na bitte, auf den Sportsgeist meiner Frau ist Verlass. Mit fünf bis sechs Knoten Fahrt und Schaum vorm Bug lasse ich den WAL weiterstürmen, Kurs Englischer Kanal. Als die Dunkelheit hereinbricht, haben wir schon die französische Küste querab. An Calais rauschen wir mit acht Knoten Fahrt über Grund vorbei, dank mitlaufendem Strom, nachts um zwei Uhr, kein Fährschiff weit und breit.

Am nächsten Morgen frischt der Wind weiter auf, Schaumkronen überall, vielleicht sieben Windstärken. Ich rolle die Fock ganz weg und binde das dritte Reff ins Großsegel. Gut, dass ich noch eine zusätzliche dritte Reffreihe beim Segelmacher hab einnähen lassen. Wir sind weiter schnell, unglaublich schnell für so ein kleines Boot. Von achtern kommen drei Küstenfrachter auf, die uns nur ganz langsam überholen. Ich gehe bis an die Grenzen: mit dem neuen, noch wenig vertrauten Boot, aber auch mit unserer Leistungsfähigkeit. Trotzdem spüre ich weder Angst noch Unsicherheit, lebe völlig in dem Augenblick. Erst später im Hafen wird mir das Geheimnis meiner Konzentration klar werden: Es ist meine hellblaue Pudelmütze, die ich schon die ganze Zeit trage. Um die Augen gegen die Sonne zu schützen, habe ich sie so weit heruntergezogen, dass ich ständig ihren unteren Rand im Blickfeld habe. Aber im Unterbewusstsein ist das gar kein Mützenrand, sondern eine Brücke, unter der wir gerade durchsegeln. Die Brücke über die Roompotschleuse. Sie segelt mit uns. Sie gibt mir das Gefühl, dass wir die schützende Oosterschelde eben erst verlassen haben.

»Papa, komm schnell! Hier ist Wasser im Boot«, schreit Andreas. Ich stürze in die Kajüte. Wasser schwappt über das Bodenbrett. Mein erster Gedanke: Ich habe zuviel riskiert, dem Boot zuviel zugemutet. Mein zweiter Gedanke: Salzwasser oder Süßwasser? Ich tauche einen Finger ein und leckte. Süßwasser. Mir fällt ein Stein vom Herzen. Im Vorschiff unter der Koje hatte ich einen zusätzlichen, flexiblen Wassertank eingebaut, weil die zwei serienmäßigen Kanister zu klein sind. Und tatsächlich: Der neue Tank ist platt, 50 Liter Trinkwasser schwappen im Boot.

»Carola, ist das ein schlechtes Zeichen? Sollen wir in den nächsten Hafen?«

»Ach Unsinn, ich hab dir gleich gesagt, nimm nicht diesen Tank, nur weil er so schön billig ist.« Die beiden Kanister sind noch voll.

Wir segeln auch die zweite Nacht durch, die englische Kanalküste entlang. Am nächsten Morgen sind wir doch ein bisschen groggy, eine Pause würde uns gut tun. Wir entscheiden uns für Gosport, einen großen Yachthafen am Osteingang zum Solent, den wir von einem früheren Törn kennen. Ich werde leichtsinnig.

»Wir brauchen keine neuen Wegpunkte«, beharre ich, als Carola mich darauf anspricht. »Die Ansteuerung ist total gut betonnt, der richtige Weg ist gar nicht zu verfehlen.« Aber dann sieht alles doch anders aus, als ich es in Erinnerung habe. Wir verpassen den richtigen Abzweig an einer Tonne und müssen einen Umweg nehmen, der uns fünf Seemeilen, zwei Stunden und einige Nerven kostet. Nach einer Patenthalse schwöre ich mir, zukünftig vor jeder Ansteuerung Wegpunkte für jede nur denkbare Situation zu erstellen.

Als wir im Hafen festgemacht sind, fallen Carola und ich uns in die Arme. Hinter uns liegt das längste Stück, das wir bisher in unserem Seglerleben nonstop zurückgelegt haben: 200 Seemeilen. Das ist einen langen Kuss wert – und an Land ein großes Eis für Andreas.

Ansonsten hält uns nicht viel in Gosport. Der Yachthafen ist überfüllt, wir bekommen einen Liegeplatz längsseits am Hauptsteg zugewiesen. Hier müssen alle vorbei, die auf die anderen Stege wollen. Sobald ich mich im Cockpit aufhalte, dauert es nicht lange, bis jemand neben dem WAL stehen bleibt. Bald kenne ich das unweigerlich ablaufende Ritual.

»Entschuldigung, mein Herr, ihr Boot sieht wirklich sehr interessant aus. Was ist denn das für eine Konstruktion am Heck?«

»Das ist die Windpilot-Selbststeueranlage.«

»Sehr interessant. Was haben Sie denn mit dem Boot vor?«

Die Begeisterung der Fragenden wächst, wahrscheinlich halten sie mich für einen Einhand-Weltumsegler.

»Ach nur ’n bisschen hier auf dem schönen Solent segeln.«

»Und Sie sind wirklich vom Festland hierher gesegelt? Mit dem kleinen Boot?«

»Ja, mit meiner Frau und unserem dreijährigen Sohn.«

Kaum habe ich erwähnt, dass wir mit Kind unterwegs sind, ist die Unterhaltung beendet. Ein Mechanismus, auf den ich hätte wetten können. Der Gesichtsausdruck meines Gegenübers verfinstert sich schlagartig. Bei einigen fürchte ich, dass sie augenblicklich »Polizei« rufen werden. Meist machen sie sich aber nur schnellstmöglich davon.

Zum Glück bleibt das Wetter günstig, und so segeln wir am übernächsten Tag weiter. Wieder sind wir zwei Tage und zwei Nächte unterwegs, dann erreichen wir Plymouth an Englands Südwest-Zipfel. Wir verkriechen uns in die hinterste Ecke des Hafens. Ich will in Ruhe und ohne mich neugierigen Fragen stellen zu müssen die nächste Etappe vorbereiten: die Überquerung der Biskaya. 500 Seemeilen bis Spanien. Das bedeutet Segeln auf dem offenen Atlantik, fern vom Land. Wenn Sturm käme, wäre ein schützender Hafen 200 oder mehr Seemeilen weit weg, zwei bis drei Tagesetappen. Immer wieder habe ich Berichte über durchgekenterte Yachten gelesen und vom tagelang andauernden Südweststurm, der auch im Sommer die Wellen bis zu zehn Metern Höhe aufpeitscht. Mir ist klar, dass die Etap für solche Bedingungen nicht gebaut ist. Wenn sie breitseits von einer hohen brechenden Welle getroffen würde, könnte sie schnell kentern. Ich bezweifle, dass sie sich dann wieder selbst aufrichten würde. Nach der EG-Einstufung ist sie für die Seekategorie C geeignet, das heißt, bis zu 20 Seemeilen von der Küste entfernt, bei höchstens sechs Windstärken und nicht mehr als zwei Metern Wellenhöhe.

Andererseits ist im August die Wahrscheinlichkeit von gutem Wetter auf der Biskaya am größten. Wenn sich das Azorenhoch bis nach Europa ausbreitet, kann es wochenlang mäßige nördliche Winde bringen. Jetzt haben wir den 26. Juli. Wir müssn Geduld haben und abwarten. Zur Not können wir immer noch nach Frankreich rüber und dann an der Küste lang nach Süden segeln.

Eine andere Frage bereitet mir vorerst mehr Kopfzerbrechen: Was machen wir, wenn unterwegs irgendetwas Wichtiges kaputt geht? Wir können unmöglich Unmengen von Ersatzteilen einpacken. Mit drei Personen an Bord, dazu Wasser und Proviant für drei Wochen, ist die Etap schon schwer genug beladen. Jedes Kilogramm mehr an Bord kostet Geschwindigkeit und mindert die Seetüchtigkeit. Zwei kleine Kisten mit Ersatzteilen, nicht viel größer als Schuhkartons, mussten reichen. Dazu meine Werkzeugkiste, ebenfalls in Schuhkartongröße, und eine Akku-Bohrmaschine, die ich notfalls auch ans Bordnetz anschließen kann, wenn der Akku leer ist.

Außerdem lege ich mir eine Sturmtaktik zurecht, zumindest in der Theorie. Ich würde vor Wind und Wellen ablaufen, die Fock auf Handtuchgröße gerefft. Die beiden 12 Millimeter dicken Ankerleinen, jede 40 Meter lang, würde ich übers Heck ausbringen und hinterherschleppen, um ein Querschlagen des Bootes zu verhindern.

Dann kaufe ich einen neuen, stabileren Wassertank, montiere endlich einen Pinnenausleger, klettere den Mast hoch, um alles zu kontrollieren. Und schließlich springe ich sogar mit Taucherbrille, Schnorchel und Bürste ins kalte Hafenwasser und schrubbe auch den letzten Bewuchs vom Unterwasserschiff.

»Papa, hast du auch noch Zeit für mich?«, fragt Andreas eines Abends. Nein, verdammt, die ganzen Vorbereitungen beanspruchen mich seit Tagen von morgens bis abends, und selbst vor dem Einschlafen grüble ich noch über Problemlösungen nach.

»Du hast Recht, mein Kleiner. Wir müssen wieder mehr zusammen machen.« In den nächsten Tage zeigt Andreas mir seine Welt, die er in den vergangenen Tagen mit Carola entdeckt hat. Wir fahren für ein britisches Pfund mit einer schaukeligen Barkasse rüber in die Stadt, stehen stundenlang an der alten Stadtschleuse und beobachten die ein- und ausfahrenden Fischkutter. Wir bummeln über das Gelände, wo sich die Opti-Segler aus ganz England auf die Meisterschaftsregatten vorbereiten. Wir steigen im Ortsteil Turnchapel die steilen, von alten Fischer- und Lotsenhäusern gesäumten Gassen hoch. Diese kleinen, dicht aneinander gebauten Häuschen haben es mir besonders angetan. Nirgendwo sonst habe ich Häuser gesehen, die eine so große Geborgenheit ausstrahlen wie diese hier, hoch über den weiten Wasser- und Wattflächen des River Plym.

Am Sonntag, den 6. August frühmorgens um sechs Uhr verlassen wir Plymouth. Mit Sicherheit die schrecklichste vorstellbare Zeit um loszufahren. Die meisten Menschen in der Stadt schlafen noch. Später, nach einem gemütlichen Frühstück, werden sie sorglos den heiteren Sommertag genießen. Viele werden wieder am Wasser langbummeln und den Segelbooten in der Bucht zuschauen. Ich kann mir das lebhaft ausmalen, weil wir das am vergangenen Sonntag selbst gemacht haben. Aber jetzt werfen wir die Leinen los zu einer Reise ins Ungewisse.

»Vorleine los.«

»Ist los.«

»Abdrücken.«

Carola und ich wechseln nur die notwendigsten Worte. Nicht mal einen Kuss geben wir uns wie sonst, bevor es losgeht. Keine Frage, wir sind aufgeregt, ja schlimmer, wir haben Angst! Die Biskaya kann unser Ende sein, wenn was schief geht. Wortlos, in Gedanken versunken, werfe ich noch mal einen Blick zurück zur Stadt. Los geht's! Der WAL segelt mit einer leichten Morgenbrise raus aufs Meer. Carola sitzt neben mir im Cockpit. Immer wieder sehe ich zu ihr hin, versuche ihren Blick aufzufangen, aber sie weicht meinem Blick aus. Meistens starrt sie wortlos zum Bug. Wären die Törns bis Plymouth nicht so gut gelaufen, hätten wir wohl nie den Mut gefunden, die Biskayaüberquerung zu wagen. Immerhin ist die Wettervorhersage für die nächsten sechs bis sieben Tage günstig. Vielleicht reicht das für die vor uns liegenden 500 Seemeilen.

Nach ein paar Stunden verschwindet auch die letzte Landmarke achteraus, der mächtige Leuchtturm von Eddystone, auf ein paar Felsen mitten ins Meer gebaut. Carola verzieht sich mit Andreas in die Kajüte. Sie legen sich aneinander gekuschelt in die Steuerbord-Koje, ziehen sich die Decke fast ganz über den Kopf und schlafen. Es ist, als wäre ich ab jetzt alleine an Bord. Ich bediene die Segel, regle die Selbststeueranlage, kümmere mich um die Navigation und halte nach Schiffen Ausschau. Zwei Tage und zwei Nächte geht das so. Carola und Andreas bleiben die ganze Zeit in der Koje, dösen oder schlafen die meiste Zeit, hin und wieder essen sie ein paar Kekse oder Müsliriegel. Manchmal liest sie ihm leise aus seinen Pixi-Büchern vor. Wenn Carola aufsteht, merke ich, dass sie zittert. Sie ist nicht seekrank, sie hat Angst, aber sie sagt nichts. Auch ich sage nichts, denn ich habe ebenfalls Angst. Zeitweise gelingt es mir, die Angst zu verdrängen, indem ich mich aufs Segeln konzentriere. Ich lebe von Schokoriegeln und Wasser. Nachts schlafe ich im 20-Minuten-Rhythmus, um regelmäßig Ausschau nach Schiffen zu halten. Einmal am Tag höre ich die Wettervorhersage von BBC4 für die nächsten 24 Stunden. Sobald ich das Radio einschalte, sind meine Hände klitschnass vor Aufregung. Aber das Wetter bleibt gut und der Wind günstig.

In der dritten Nacht bin ich so erschöpft, dass ich den Wecker nicht höre und weiterschlafe. Ich weiß nicht, wie lange ich schon geschlafen habe, als Carola mich aufgeregt weckt: »Hans, aufwachen. Komm mal gucken, da vorne brechen sich totale Wellen.«

Verschlafen stehe ich auf und recke den Kopf aus dem Schiebeluk. Was ich draußen im Mondlicht sehe, lässt mir den Atem stocken: Voraus brodelt das Meer, Wellen türmen sich meterhoch auf und brechen sich scheinbar minutenlang. So was habe ich noch nie gesehen. Bevor ich irgendwas machen kann, sind wir schon mittendrin. »Festhalten!«, schreie ich Carola zu. Der WAL tanzt wie irre. Wasser knallt von allen Seiten gegen den Rumpf, Wellen brechen übers Deck. Es ist, als ob wir mit einem Affenzahn eine Stromschnelle runterschießen würden. Vielleicht fünf Minuten geht das so, dann beruhigt sich das Meer wieder. Erst jetzt merke ich, dass der Wind sich nicht geändert hat, er weht nach wie vor mit einer leichten Brise von achtern. Als ich wieder in der Koje liege, fällt mir endlich eine Erklärung für die Wellen ein. In einem Biskaya-Handbuch hatte ich von sogenannten Stromkenterungen gelesen, die durch die Gezeiten hervorgerufen werden. Was wir gerade erlebt haben, muss so eine Stromkenterung gewesen sein. Gewaltig. Und das, obwohl wir nur so wenig Wind hatten! Bei Starkwind oder Sturm möchte ich da nicht reingeraten!

Carola kniet sich neben meine Koje und sagt: »Schlaf noch ein bisschen. Ich kann die nächsten drei Stunden Wache gehen. Kein Problem.«

Ich nehme ihre Hand und spüre, dass sie warm und ganz ruhig ist. »Geht's dir wieder besser?«, frage ich.

»Ja. Ich weiß auch nicht, was mit mir los war. Aber vorhin, bevor die Wellen kamen, hatte ich schon eine ganze Weile am Niedergang gestanden. War einfach schön das Mondlicht auf dem Wasser, dazu der leichte, warme Wind. Sehr schön.« Sie seufzt. »Wir dürfen uns nicht verrückt machen lassen. Wir müssen's nehmen, wie's kommt.«

»Ja«, stimme ich ihr zu, »das habe ich heute auch irgendwann gedacht. Das Leben kann immer plötzlich zu Ende sein, egal wo man ist und was man tut. Wir haben alles getan, um kein unnötiges Risiko einzugehen.«

»Und ohne Risiko geht eben nichts«, sagt Carola mit einem kleinen Seufzer. Sie drückt meine Hand.

Als ich aufwache, ist es schon hell, und die Sonne scheint in die Kajüte. So gefällt mir die Welt schon besser. Ich fühle mich erholt. Andreas spielt im Vorschiff mit seinen Legosteinen, Carola sitzt auf ihrer Koje und lässt sich eine Portion Müsli zum Frühstück schmecken. Ich rühre mir ebenfalls einen Pott Müsli an und setze mich dicht neben sie. Wir kauen weiter unser Müsli, beide schweigen wir. Aber die körperliche Nähe tut mir gut, ich spüre eine Geborgenheit wie nie zuvor in der Kajüte, in unserer kleinen Welt. Carola empfindet das offensichtlich auch so, denn sie rückt noch näher an mich ran.

Nach dem Frühstück krabble ich zu Andreas ins Vorschiff. »Was baust du denn da?«, frage ich.

»Das wird ein Frachter«, verkündet er.

»Wieso ein Frachter? Bisher hast du doch immer Segelboote gebaut.«

»Aber heute morgen haben wir zwei Frachter gesehen, ganz nah. Die waren riesig. Und viel schneller als wir.«

Ich helfe ihm, die richtigen Steine für sein Vorhaben aus der Legokiste zu kramen.

Carola, die sich ins Cockpit gesetzt hat, beugt sich zu uns in die

Kajüte und ruft begeistert: »Kommt mal gucken. Ganz viele Delfine.«

Als ich meinen Kopf aus der Kajüte strecke, traue ich meinen Augen nicht: Rund um den WAL wimmelt es von Delfinen. In Gruppen zu dritt oder viert tauchen sie unter dem Boot durch; manche kommen von links, andere von rechts und wieder andere von achtern. Sie schwimmen schnell und müssen aufpassen, dass sie nicht zusammenstoßen. Ihre Ausweichmanöver und plötzlichen Richtungsänderungen kann man schon von weitem sehen, denn das Wasser ist glasklar. Erst jetzt fällt mir auf, wie wunderbar blau das Meer schimmert, so was habe ich nie zuvor gesehen. Und würde ich es nicht mit eigenen Augen genießen, hätte ich es nie für möglich gehalten, dass das Meer tatsächlich diese Farbe haben kann. Die Delfine scheinen ebenso begeistert zu sein wie wir. Einige machen nun sogar kleine Sprünge. Andreas jauchzt vor Freude. Fast eine halbe Stunde halten uns die Delphine in Atem, dann verschwinden sie.

»Die hätten wir fotografieren müssen«, sagt Carola zu mir.

»Ach, dann bist du doch nur mit dem Fotografieren beschäftigt. Ohne Fotoapparat können wir solche Augenblicke viel intensiver erleben«, gebe ich zu bedenken. Ich hatte nämlich zu Hause beim Packen durchgesetzt, dass wir keinen Fotoapparat mitnehmen. Lieber will ich ganz für den Augenblick leben. Ein Fotoapparat würde dabei nur stören, hatte ich erklärt.

»Jaja, ich weiß«, lästert Carola, »du mit deinem ›Leben ganz im Hier und Jetzt‹. Aber solche Momente für später festzuhalten hat doch auch einen Wert.«

»Bitte, Papa, ich will ein Foto von den Fischen«, schaltet sich nun auch Andreas ein. Vielleicht haben sie Recht, denke ich nach kurzer Überlegung.

»Also gut, in der nächsten großen Stadt werde ich einen Fotoapparat kaufen«, verspreche ich. Das mit den Fischen aber kann ich natürlich nicht auf sich beruhen lassen und erkläre: »Delfine sind keine Fische, sondern Säugetiere. Die Delfin-Babys wachsen genau wie du zuerst im Bauch ihrer Mutter, bis sie geboren werden.« Gutmütig lacht Carola über meinen schulmeisterlichen Tonfall, doch das ist mir egal. Es ist ein traumhafter Tag. Besser geht's vermutlich nicht.

Die nächste Nacht bringt Nebel, wenig Wind und eine ruhige See. Ich setze mich nach draußen, um andere Schiffe möglichst frühzeitig sehen oder hören zu können. Aber außer einem leisen Gurgeln des Kielwassers höre ich nichts. Die Kompass-Beleuchtung sorgt für ein bisschen Licht im Cockpit. Meine Gedanken wandern: Wenn wir die Biskaya schaffen, können wir uns mehr zutrauen. Richtung Kanarische Inseln. Ob Carola und Andreas das mitmachen würden? Nach der Angst, die Carola hatte? Lass uns erst mal bis Lissabon kommen, dann sehen wir weiter. Ein lautes Atmen durchbricht die Stille. Im ersten Moment denke ich, es käme aus der Kajüte, denn es hört sich genauso an, als wenn jemand im Schlaf plötzlich ganz tief durchatmet. Doch dann vernehme ich ein leises Plätschern. Ich beuge mich über die Bordwand und erkenne einen Delfin ganz nah neben dem WAL. Er schwimmt mit langsamen, fast behutsamen Bewegungen, so als suche er die Nähe zu unserem Boot. In diesem Moment scheint mir der Glaube alter Seefahrer gar nicht so abwegig, dass die Seelen der auf See gestorbenen Seeleute in den Delfinen weiterleben.

Am Donnerstag sagt BBC für den nächsten Tag auf Südwest drehenden Wind voraus. Gegenwind! In mir kriecht wieder die Angst hoch. Bisher habe ich die Segel immer mehr gerefft als eigentlich nötig, um das Material zu schonen. Aber jetzt muss ich alles riskieren. Ich rolle die Segel ganz aus. Dann hänge ich die Selbststeuerung aus und steuere von Hand. Das Boot fühlt sich gut an. Mein Selbstvertrauen kommt zurück. Noch 60 Seemeilen bis La Coruna. Was sind schon 60 Seemeilen?! Die werden wir locker schaffen! Aber ich bin so erschöpft, dass ich in meinen Gedankenspielen Seemeilen für Kilometer halte. Außerdem werde ich bald daran erinnert, dass der Wind normalerweise, bevor er aus der entgegengesetzten Richtung kommt, erst mal für einige Zeit einschläft. Mit anderen Worten: Wir werden immer langsamer, und die noch vor uns liegende Strecke scheint länger und länger zu werden. Ich montiere den Motor und lasse ihn mit viel Gas mitschieben. So können wir unser Tempo von vier bis fünf Knoten halten. Es ist jetzt ohrenbetäubend laut an Bord, wir müssen schreien, um uns zu verständigen.

Carola protestiert: »Ich dachte, wir sind ein Segelboot.«

Doch mir ist das jetzt völlig egal: »Meinst du, ich lass mich auf der Biskaya treiben und warte auf Südwest-Wind? Nichts wie weg hier.«

Die letzten 20 Seemeilen sind ein Kampf gegen den immer stärker werdenden Gegenwind. Mit dreifach gerefftem Großsegel und laufendem Motor knüppeln wir gegenan. Zum Glück sind wir schon ziemlich nah an der Küste, sodass die Wellen nicht mehr so hoch werden. Frühmorgens am Freitag erreichen wir La Coruna und machen an einer Boje des Real Club Nautico fest. Mein Plan ist aufgegangen, wir haben die Biskaya sicher überquert. Ich hätte gerne gejubelt, wenn da nicht auf den letzten Meilen das Gefühl gewesen wäre, nur ganz knapp noch mal davongekommen zu sein. Jetzt brauche ich erst mal eine Pause. Bevor ich einschlafe, träume ich von endlosen Sandstränden mit Palmen und warmem Wasser.

Zum ersten Mal in unserem Leben sind wir »im Süden«. Bisher sind Carola und ich nur bis zum nördlichen Rand des Gardasees gekommen. Und Andreas gerade mal bis Frankfurt. Staunend stehen wir unter den riesigen Palmen auf dem Rathausplatz von La Coruña.

»Papa, die sind fünf Seemeilen hoch.«

»Ach Blödsinn. Ich würde sagen, 20 Meter.«

Carola wirft mir einen strengen Blick zu. Ja, ich bin manchmal zu ungeduldig mit meinem Sohn. Wir setzen uns im Stadtpark in den Schatten alter, mächtiger Bäume und schlecken ein Eis, bummeln durch die Gassen der Altstadt, reihen uns in die Schar der Touristen ein, die auf eine Fahrt mit der Straßenbahn zum alten

Leuchtturm warten. Wir wundern uns darüber, dass die Stadt abends zu quirligem Leben erwacht. Und darüber, dass im Internetladen mitten in der Altstadt schicke, moderne Macs stehen.

Für unseren WAL haben wir einen Platz am Steg bekommen, für 5 Euro die Nacht, einschließlich der Benutzung von Dusche und Waschmaschine. Damit befinden wir uns in enger Nachbarschaft mit vielen anderen Fahrtenseglern. Und wir genießen das. Alle sind guter Laune, freundlich und entspannt – kein Wunder, haben doch die meisten mehrere Jahre Ferien vor sich. Alle haben viel zu erzählen, denn jeder hat große Pläne. Ich bin immer wieder verwundert, wie selbstsicher die anderen von ihren Vorhaben erzählen. Wenn dann auf uns die Rede kommt, spreche ich vage von »eventuell ins Mittelmeer« oder »möglicherweise bis zur Algarve«. Mir fehlt die Selbstsicherheit der anderen. Das muss daher kommen, dass unser Boot so viel kleiner ist. Nur manchmal, wenn ich abends in der Koje liege, beschäftigt mich die Frage, ob es vielleicht umgekehrt ist: Dass unser Boot gerade deshalb so viel kleiner ist, weil mir diese Selbstsicherheit fehlt? Ich komme zu dem Ergebnis, dass da vielleicht etwas Wahres dran ist.

Allerdings sind wir keineswegs das einzige kleine Boot. Drei andere Boote von ähnlicher Größe interessieren mich besonders. Da war Frédéric, ein junger Franzose, mit seinem siebeneinhalb Meter langen Sperrholzboot PLAISE A DIEU. Er hatte einige Jahre in Berlin als Lehrer gearbeitet und spricht fließend deutsch. Sein Boot hat er in jahrelanger harter Arbeit aufgemöbelt und will nun Richtung Afrika. Er erzählt: »Als ich in La Rochelle losfuhr, musste ich mich regelrecht an der Küste nach Süden schleichen. In Frankreich werden alle Schiffe in eine Seegängigkeitskategorie eingeteilt und mit meinem Boot sind keine Hochseefahrten erlaubt.« Carola witzelt, dass er wohl deshalb sein Boot ganz in Grau angestrichen hat.

Besonders oft müssen wir Stephanie und Gilbert auf ihrem Fünfeinhalb-Meter-Bötchen AUTUM besuchen. Das junge Paar hat nämlich zwei Katzen an Bord, mit denen Andreas gerne spielt. Die beiden Franzosen sind unterwegs zum Mittelmeer, um sich dort irgendwo einen neuen Job zu suchen. Gilbert ist viele Jahre erfolgreich Regatten gesegelt. Das merkt man. Alles auf dem Minikreuzer ist bis ins Kleinste durchdacht, um trotz einfacher Bedienung jederzeit das Maximum an Geschwindigkeit herausholen zu können. Bei jedem Besuch an Bord fällt mir eine pfiffige Detaillösung auf, die ich für unser Boot übernehmen kann.

Am meisten jedoch bin ich von John, einem Dänen, beeindruckt. Er kommt ein paar Tage nach uns in La Coruña an. Ich entdecke die TROIKA am Steg, ein stäbiges Kunststoffboot, das genauso lang wie der WAL ist. Übers ganze Boot sind nasse Sachen zum Trocknen verteilt, alle Luken stehen offen, überm Großbaum hängen zwei komplette Garnituren Ölzeug. Während ich am Steg stehe und das Boot betrachte, kommt ein großer, schlanker Mann, ungefähr in meinem Alter, frisch geduscht, mit einer Bierdose in der Hand auf mich zu. Mit rauer Stimme sagte er: »Hi, ich bin John von der TROIKA.«

»Witziger Name«, bemerke ich und frage: »Dann seid ihr wahrscheinlich zu dritt unterwegs?«

»Schön wär's. Nein, ich bin alleine, das heißt zu zweit, meine TROIKA und ich.« Er lädt mich ins Cockpit ein und erzählt weiter: »Ich hatte Sturm auf der Biskaya, tagelang Sturm. Die Wellen waren bestimmt zehn Meter hoch, manche noch höher. Alles wurde nass. Schließlich war ich vom Steuern so erschöpft, dass ich nicht mehr konnte. Ich hab dann beigedreht, TROIKA eine Stunde lang beobachtet, wie sie sich alleine verhielt und mich dann beruhigt schlafen gelegt. War kein Problem.« Er hat nicht mal eine Selbststeueranlage – aber immer eine Dose Bier zur Hand für sich und seine Gäste.

Wir schwatzen eine Weile und die ganze Zeit über geht mir der Bootsname nicht aus dem Kopf. Er und sein Boot, das sind doch nur zwei. Schließlich sage ich:

»Ich hab immer noch nicht verstanden, warum dein Boot TROIKA heißt.«

»Ganz einfach«, antwortet er, »ich will um die Welt segeln und unterwegs eine hübsche, nette Frau finden. Dann wären wir zu dritt.«

Nachdem ich ein bisschen beschwipst zurück auf den WAL gekommen bin und Carola die Geschichte von John erzählt habe, stelle ich fest: »Eigentlich kann ich ganz zufrieden sein. Unser Boot ist vielleicht nicht ganz so seetüchtig wie die TROIKA. Aber dafür habe ich schon die richtige Frau.«

In einer E-Mail schreibt mein Bruder: »Etwas verwundert war ich ja über deine Mitteilung, dass du immer etwas an Bord zu werkeln hast. Was macht man denn so auf einem nagelneuen Boot?« Anfangs hatte auch ich die Vorstellung, das neue Boot brauchte ich nur einmal auszurüsten, um dann sorgenfrei herumsegeln zu können. Mittlerweile ist mir klar geworden, dass das eine Illusion ist. Für die Ausrüstung an Bord bin ich zuständig und meine To-Do-Liste reicht aus, um mich wochenlang zu beschäftigen. An Deck montiere ich zusätzliche Beschläge; das Großsegel bekommt Lazy Jacks; am Achterstag muss ein Antennendraht befestigt werden, um den Radioempfang zu verbessern. Ich besorge Tautaschen, die ich in der Kajüte zur Aufnahme von Kleinkram anbringe. Im Vorschiff unter dem Kajütdach befestige ich ein großes Netz, sodass auch das Ölzeug endlich einen Platz findet. Die Schapps im Küchenblock kleide ich mit dünnen Schaumplatten aus, um das nervtötende Geschirrklappern zu beseitigen. Von anderen Seglern höre ich immer wieder die aufmunternd gemeinten Worte: »Kleines Boot, kleine Sorgen, großes Boot, große Sorgen.« Aber das ist nur ein schwacher Trost, wenn Carola und Andreas ein paar Yachten weiter im Cockpit zum Abendessen sitzen, während ich bei uns an Bord noch arbeite.

Richtig frustriert bin ich, als ich nach gerade mal elf Segeltagen und nicht mehr als 900 Seemeilen Schäden am Boot entdecke. Das Unterwasserschiff ist schon wieder mit Seegras bewachsen. Das Antifouling, das uns 1000 Euro Aufpreis gekostet hat, taugt nicht viel. Beim Tauchen sind mir außerdem Roststellen am Kiel aufgefallen. Am schlimmsten aber ist, dass einer der beiden Aluwinkel, mit denen das Motorbrett am Heckspiegel befestigt ist, einen Riss hat. Nur weil ich jedes Detail am Boot ganz genau kontrolliere, fällt er mir überhaupt auf. Sonst wären wir vielleicht weiter gefahren, bis plötzlich das Motorbrett mit angeklemmtem Außenborder im Meer versunken wäre. Ich schreibe eine E-Mail an den Hersteller unseres Bootes, die Firma Etap in Belgien, und frage nach dem Preis für das Ersatzteil und nach der Höhe der Versandkosten. Keine Antwort. Ich schicke die gleiche Anfrage noch mal als Fax. Keine Antwort. Schließlich muss ich ein paar Mal in Belgien anrufen, bis ich eine Auskunft bekomme. Als ich den Preis für das Teil und für den Versand höre, verschlägt es mir die Sprache. Das geht nicht, das ist astronomisch! Ich muss eine andere Lösung finden. Die Befestigung ist lediglich aus vier Millimeter dickem Alublech hergestellt, und das Ersatzteil würde auch nicht haltbarer sein. Schließlich kaufe ich im Baumarkt einen stabilen feuerverzinkten Möbelwinkel, säge, feile, bohre, bis er passt, und montiere ihn als Verstärkung. Das Ganze sieht äußerst provisorisch aus – wird aber letztendlich bis Australien halten.

»Morgen ist Pause mit der Bastelei«, bestimmt Carola am 23. August.

»Na klar«, gebe ich zurück, »ich vergesse doch nicht den Geburtstag von unserem kleinen, süßen Jungen. Ich habe sogar schon ein Geschenk besorgt.«

Am nächsten Tag wird Andreas vier Jahre alt. Als Geschenk bekommt er eine richtige Angel mit Schnurrolle. Die müssen wir natürlich sofort ausprobieren. Leider will kein Fisch anbeißen. Erst als seine kleine Freundin Sanne von der ULMA die Angel in die Hand nimmt, beißt ein Fischlein an. Alle haben Mitleid mit dem kleinen Geschöpf und so entferne ich vorsichtig den Haken aus seinem Maul und werfe es wieder ins Meer zurück.

Andreas hat zum Abendessen Frédéric, John und Sanne mit ihren Eltern eingeladen. Als wir alle im Cockpit sitzen, wird es doch ein bisschen eng. Und das Heck liegt so tief im Wasser, dass manchmal eine Welle ins hinten offene Cockpit schwappt. Erst als Andreas mit Sanne, Frédéric und John in der Kajüte spielt, bessert sich der Gewichtstrimm, und wir bekommen im Cockpit keine nassen Füße mehr. Die Essenszubereitung für alle erfordert größtes Organisationsgeschick, denn es gibt an Bord nur den einflammigen Spirituskocher und einen einzigen Topf. Ich bewundere Carola, wie sie virtuos mit Schüsseln als Zwischenlager hantiert und schließlich Reis, Salat und Fischstäbchen in ausreichender Menge fertig sind. Andreas übernimmt mit großem Vergnügen das Servieren. Als er zum Abschluss der Geburtstagsfeier noch ein kleines Liedchen auf seiner Mundharmonika spielt, sind alle begeistert. Nur Sanne hat Einwände: »Ist aber alles klein bei euch an Bord.« Kein Wunder, die ULMA ist stattliche 13 Meter lang, und Sanne hat eine eigene Kabine. »Mein Zimmer ist ja viel größer als eure Kajüte«, stellt sie fest.

Die Tage werden spürbar kürzer, mittlerweile ist der Hochsommer vorbei. Wir müssen sehen, dass wir weiter nach Süden kommen, bevor die ersten Herbststürme schlechtes Wetter bringen. Am 31. August verlassen wir La Coruña und segeln in kurzen Etappen die spanische und portugiesische Atlantikküste entlang. Anfangs sind die Törns meistens sehr rau, denn die hohe, steile Felsenküste reflektiert die anlaufenden Wellen und sorgt so auch noch ein paar Meilen weiter draußen für eine chaotische See. Weiter im Süden wird die Küste dann immer flacher und die See beruhigt sich. Am 12. September runden wir Cabo da Roca, den westlichsten Punkt des europäischen Festlandes, fahren dann noch ein paar Meilen den Tejo hoch und machen im Stadthafen von Lissabon fest. Wir haben unser erstes großes Etappenziel erreicht.

Hier können wir uns entscheiden, ob wir weiter der Küste folgen wollen Richtung Mittelmeer. Oder ob wir Kurs auf die Kanarischen Inseln nehmen wollen als Ausgangspunkt für eine Atlantiküberquerung. Doch diese Entscheidung hat Zeit, vor Mitte Oktober brauchen wir nicht weiter. Erst mal stürzen wir uns in den Trubel dieser Weltstadt. Nach kurzer Zeit wird die Colombo-Mall unser Lieblingsort, ein riesiges, modernes Einkaufszentrum, komplett überdacht und klimatisiert. Hier ist man perfekt vor der Hitze des Tages geschützt, und es gibt alles zu kaufen, was das Herz begehrt: deutsche Zeitungen und Zeitschriften für Carola und mich, Spielzeug und Süßigkeiten für Andreas, dazu hin und wieder einen Hamburger oder eine leckere Pizza. Wie damals auf der Biskaya versprochen, kaufe ich eine Spiegelreflexkamera mit zwei Wechselobjektiven und außerdem noch einen Kassettenrecorder, um fremdsprachige Wetterberichte aufnehmen zu können. Es kommt uns ein bisschen vor wie Urlaub vom Boot und von dem im Vergleich entbehrungsreichen Leben auf See.

Dieses Urlaubsgefühl verschwindet genau in dem Moment, als ich im Internet unseren Kontostand checke. Zurück an Bord, rücke ich sofort mit der Sprache heraus: »Wir müssen sparsamer sein. Wenn wir unser Geld weiter so ausgeben wie bisher, sind wir in acht Monaten pleite.«

Carola ist entsetzt: »Oh nein, das darf einfach nicht wahr sein. Wir dachten doch, dass wir von unseren Ersparnissen zwei oder drei Jahre leben könnten. Ich könnte mich an so ein Vagabundenleben gewöhnen.«

»Ja«, stimme ich ihr zu, »es ist ein wunderbares Leben, trotz aller Entbehrungen, so frei, und immer Zeit für Andreas.« Wir überlegen, wo wir in Zukunft sparen können. Auch Andreas hat offensichtlich den Ernst der Lage verstanden, denn er folgert: »Keine Hamburger, keine Pizza mehr.«

»Und weniger Süß- und Knabberzeug«, ergänzt Carola. Sie weiß genau, dass das vor allem mich trifft, denn ich schleppe Unmengen von Weingummis, Schokolade und Salzstangen an, um sie abends in meiner Koje liegend und Radio hörend zu mümmeln. Das war ihr schon immer ein Dorn im Auge. Trotzdem hat sie natürlich Recht und so stimme ich ihr zu.

Später machen wir eine Liste mit Einsparmöglichkeiten. Ganz oben auf die Liste kommen unsere Versicherungen: die Kaskoversicherung fürs Boot, die Familien-Haftpflicht und nach langem Für und Wider auch unsere Krankenversicherung. Noch von Lissabon aus kündigen wir alle Versicherungen. Lange diskutieren wir dann über die Hafengebühren.

»Wir könnten oft ankern, statt in Marinas zu fahren. Dann brauchen wir kein Liegegeld zu bezahlen«, schlage ich vor.

Carola ist dagegen: »Aber du weißt, wie umständlich mit dem Beiboot das An-Land-Kommen ist. Jedes Mal eine riesige Aktion, das Teil im Cockpit aufzupumpen. Irgendwann haben wir dazu keine Lust mehr und dann sitzt Andreas nur noch hier an Bord. Am Steg dagegen kann er jederzeit rumlaufen, Kontakte knüpfen, mit anderen spielen, und wir können ihn von Bord aus im Auge behalten.«

Das leuchtet mir ein. Gestrichen werden dagegen neue Seekarten. Seit unserem Start in Colijnsplaat hatten wir mehr als 1000 Euro für Seekarten und Handbücher ausgegeben. Ab jetzt wollen wir uns Kopien besorgen. Dann fällt mir noch ein: »Ich könnte versuchen, Arbeit zu finden, wenigstens hin und wieder.«

Carola ist skeptisch: »Wer gibt einem dahergelaufenen Segler mit langen Haaren und struppigem Bart schon Arbeit?«

»Ich kann's ja mal versuchen.«

Nachdem Carola mir im Cockpit Haare und Bart geschnitten hat, mache ich mich gleich in den nächsten Tagen auf die Suche. Ich frage im Hafen bei den Frachtschiffen, aber ohne Erfolg. »Kein Wunder«, kommentiert Carola, »wer gibt schon jemandem Arbeit, der kein Wort Portugiesisch versteht.« Ich klappere ein paar Baustellen ab, mit dem gleichen frustrierenden Ergebnis. Dann fallen mir die anderen Yachten im Hafen ein. Also gehe ich zu den größeren Yachten und biete dort meine Dienste an. Tatsächlich, bei einigen habe ich Erfolg. Mal ist das Deck zu schrubben, mal muss eine Yacht poliert werden, dann wieder schleppe ich Segelsäcke zum Segelmacher. Es sind nur kleine Jobs, aber so verdiene ich manchen Tag zehn bis zwanzig Euro. Das ist nicht viel und reicht längst nicht für alle Ausgaben. Aber ich rechne mir aus, dass vielleicht 100 bis 150 Euro im Monat zusammenkommem. Plus 150 Euro Kindergeld wird das schon ausreichen, um unser Essen zu bezahlen. Immer wenn eine neue Yacht im Hafen festmacht, stehe ich nun am Steg und frage nach »daywork«.

Eines Morgens poltert ein Ruderboot an unser Heck. Verärgert will ich aus der Kajüte rufen, was das soll, da sehe ich in dem Boot eine junge Frau mit einem kleinem Jungen sitzen. Mit gewinnendem Lächeln fragte sie mich: »Ist dies das Boot mit Andreas?« Ich bitte die beiden an Bord. Die Frau heißt Bela und ihr vier Jahre alter Sohn Adam. Von irgendwem hat sie gehört, dass hier ein Boot mit einem kleinen Kind liegt, und da hat sie gedacht, die beiden könnten mal zusammen spielen. Andreas ist glücklich, denn bisher hat er auf den Stegen keine Kinder zum Spielen gefunden. Er kramt alle seine Englisch-Brocken hervor, die er mittlerweile gelernt hat, um Adam sein Spielzeug zu zeigen: »This digger. This ship. Look, look.«

Während die beiden sich anfreunden, erzählt Bela von sich. Sie ist Portugiesin, aus einem kleinen Ort hier in der Nähe. Zusammen mit ihrem Mann Martin, einem Engländer, lebt sie auf der Segelyacht MOONDANCE weiter flussaufwärts in einem Hafen. Martin, von Beruf Zimmermann, restauriert dort ein altes Holzboot, das sie verkaufen wollten, sobald es fertig ist. Dann wollen sie wieder auf große Fahrt gehen, so wie sie es gemacht haben, bevor Adam geboren wurde. Sie sind zwei Jahre lang in der Karibik gekreuzt, und Bela erzählt begeistert von dem fast immer schönen, warmen Wetter dort, den endlosen einsamen Sandstränden mit badewannenwarmem Wasser und der entspannten Lebensweise. Als wir die drei am nächsten Tag auf ihrer MOONDANCE besuchen, hören wir wieder gebannt zu, wenn sie von ihren Erlebnissen erzählt. Besonders bewegend ist die Geschichte von Belas Schwangerschaft. Als sie im siebten Monat war, wollten sie aus der Karibik über den Atlantik zurück nach Lissabon. Bis zu den Azoren kamen sie ohne Probleme. Aber ein paar Tage, nachdem sie die Azoren verlassen hatten, bekamen sie Gegenwind. Tagelang knüppelten sie gegenan, Martin segelte, Bela lag hochschwanger in der Koje. Doch mit ihrem Boot machten sie gegen den stürmischen Wind keine Meile gut. Fünf Tage hielt Bela das aus, dann drehten sie um und Adam kam auf den Azoren zur Welt.

Mich faszinieren Bela und Martin. Mit Beharrlichkeit, Gelassenheit und Mut leben sie für ihre Träume. Zurück auf unserem WAL, sprechen wir in dieser Nacht noch lange über unsere Eindrücke. Carola ist genauso beeindruckt wie ich: »Als ich neben Bela saß, musste ich mich unwillkürlich mit ihr vergleichen. Mir fiel auf, dass sie noch etwas kleiner ist als ich und auch zierlicher aussieht. Da dachte ich: Was die kann, kann ich auch. Ich glaube, manchmal sollte ich mutiger sein.«

Vorsichtig frage ich: »Heißt das, du willst weiter?«

Meine beste Frau der Welt antwortet: »Ja, vergiss das Mittelmeer. Lass uns wenigstens versuchen, in die Karibik zu kommen.«

Von Bela und Martin bleibt uns nur eine Handy-Nummer, die schon bald nicht mehr stimmt. Ich hoffe, dass wir sie irgendwann und irgendwo noch mal wiedersehen, um zu hören, wie ihre Geschichte weiterging. Und um ihnen von unserer Reise zu erzählen, die ohne sie vielleicht ganz anders verlaufen wäre. Denn nach dieser Begegnung hat uns das Seefieber endgültig gepackt.

Über den Atlantik in die Karibik

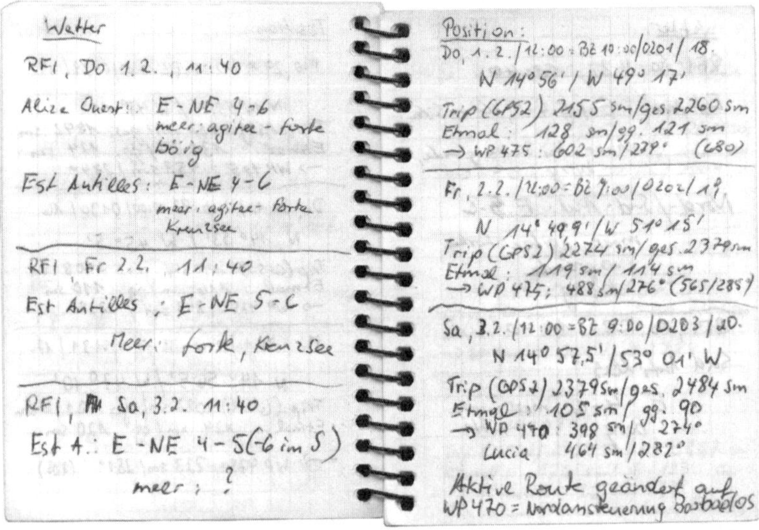

Logbuchauszug Atlantiküberquerung 2001:
Der größte Teil ist geschafft, aber es wird noch mal rau.

Nach vier Wochen verlassen wir Lissabon und segeln mit dem Tidenstrom den Tejo hinunter. Zu Dutzenden ankern kleine offene Fischerkähne in der Strömung, und einen sicheren Weg durch das Gewirr von Booten, Anker- und Fischerleinen zu finden, erfordert höchste Konzentration von Carola und mir, denn die Strömung schiebt uns unaufhaltsam weiter. Andreas winkt den Fischern zu, aber nie erhebt einer von ihnen die Hand zum Gegengruß. Ich erinnere mich, dass Bela erzählt hat, dass die meisten dieser Fischer in Hütten am Tejoufer leben. Die S-Bahnlinie nach Cascais führt einige Kilometer lang unmittelbar hinter diesen Siedlungen entlang. Ein paar Mal bin ich diese Strecke gefahren und immer habe ich aus dem fahrenden Zug fasziniert diese einfachen Fischerhütten betrachtet. Bei Hochwasser liegen sie nur zehn oder zwanzig Meter vom Wasser weg, einfache Holzhütten, direkt auf dem Sandstrand errichtet, dazu Feuerstellen, Wäscheleinen, Hunde, Katzen, auch mal ein paar Hühner, davor die auf den Strand gezogenen oder an einer kleinen Boje vertäuten Fischerkähne mit Außenbordern. Warum lebte ich nicht so? Aber jetzt, als ich die Männer zu sechst oder mehr in ihren kleinen, schaukelnden Nussschalen sehe, wird mir klar, dass ihr Leben keine Idylle ist. Sie kämpfen hier um das tägliche Brot für sich und ihre Familien, während wir an ihnen vorbeitreiben, mit einem Boot, zwar nicht größer als ihres, aber in makellosem Weiß glänzend und unter weißen Segeln. Müßiggänger in ihren Augen. Warum sollten sie winken?

Im Yachthafen von Cascais, zehn Seemeilen von Lissabon entfernt, suchen wir uns einen Liegeplatz. Dieser Hafen ist gerade erst mit großem Aufwand fertig gestellt worden. Riesige aufgeschüttete Steinwälle schützen ihn vor den anrollenden Wellen des offenen Atlantiks. Unser Hafenhandbuch warnt vor astronomisch hohen Liegegebühren, angeblich den höchsten der ganzen spanisch-portugiesischen Halbinsel. Wie immer geht Carola mit Andreas ins Hafenbüro zur Anmeldung. Zurück an Bord erzählt sie:

»Ein Wahnsinn! Ein Empfang, wie ich ihn mir in einem Luxushotel vorstellen würde. Die Empfangsdame sprach sogar fließend deutsch.«

Ich befürchte das Schlimmste und frage: »Nun sag schon, was soll der Spaß kosten?«

»Ich hab ein bisschen geschummelt«, antwortet Carola. »Die kleinste Bootskategorie geht bis sechs Meter Länge und ist total billig. Da hab ich den WAL einfach etwas kürzer gemacht. Kostet drei Euro pro Nacht.«

Ich bin zufrieden, nur Andreas nicht: »Ihr sagt, man darf nicht lügen. Warum hast du nicht die richtige Länge gesagt, Mama?« – Carola und ich gucken uns groß an. Eine schlüssige Antwort fällt uns nicht ein und wir fühlen uns ertappt.

Am liebsten klettere ich alleine auf der großen äußeren Hafenmole herum, denn von dort habe ich einen weiten Blick auf den Atlantik. Oft sitze ich dort auf einem Stein und hänge meinen Gedanken nach. Auf dem Weg zu den Kanarischen Inseln macht man üblicherweise einen Zwischenstopp auf Madeira, denn so kann man die fast 800 Seemeilen lange Strecke in zwei kürzere Seestücke aufteilen. Ich will aber versuchen, direkt zu den Kanaren zu segeln, als Test für eine Atlantiküberquerung. Ich beschließe, vom Ausgang dieses Tests abhängig zu machen, ob wir später die Überquerung des Atlantiks wagen können.

Mittlerweile treffen eine ganze Reihe anderer Yachten in Cascais ein. Nach kurzem Aufenthalt segeln sie dann weiter Richtung Madeira. Ungeduldig fragt Carola mich jeden Abend:

»Warum segeln wir denn nicht? Die anderen sind schon wieder unterwegs und wir liegen immer noch hier.«

»Zuviel Wind für uns«, winke ich ab, nachdem ich jeden Tag im Internetcafé die neueste Windvorhersage geholt habe. »Wenn die anderen Yachten trotz vorhergesagtem Wind in Sturmstärke losfahren, sollen sie das machen. Wir brauchen Geduld.«

Natürlich ist mir klar, dass eine Wettervorhersage über den zweiten oder dritten Tag hinaus nicht mehr besonders zuverlässig sein kann. Aber ich glaube, dass sie zumindest einen Trend angibt. Wenn sie drei oder vier Windstärken ankündigt, ist es doch unwahrscheinlicher, dass ein Sturm kommt, als wenn sechs oder sieben Windstärken vorhergesagt werden. Denn die beiden einzigen Ereignisse, vor denen ich wirklich Angst habe, wenn wir aufs Meer hinausfahren, sind ein Sturm oder eine Blinddarmentzündung. Alle anderen denkbaren Notlagen haben wir entweder selbst in der Hand oder uns würde genug Zeit bleiben, um auf Hilfe zu warten oder ihr Eintritt ist extrem unwahrscheinlich.

In Cascais gibt es einen großen Park, einer seiner Zugänge liegt nur 200 oder 300 Meter vom Yachthafen entfernt. Carola ist mit Andreas ein paar Mal dort gewesen, beide sind begeistert von den Aufenthalten dort. Carola wegen der angenehmen Kühle, die selbst um die Mittagszeit in dem Park zu finden ist, wenn die Marina von der Sonne in eine glühende Stein- und Betonwüste verwandelt wird, Andreas wegen der vielen schönen Spielplätze mit Sandkästen, Schaukeln, Klettergerüsten, Wippen. Schon seit Tagen liegt er mir in den Ohren mit dem Wunsch, dass ich unbedingt mal mitkommen müsse. Sobald ich alle Vorbereitungsarbeiten am WAL für die nächste Etappe abgeschlossen habe, gibt es keinen Grund mehr, seinen Wunsch abzuschlagen. Zu dritt machen wir uns auf den Weg. Es ist ein wunderbarer Ausflug. Im Schatten riesiger alter Bäume bummeln wir die Wege entlang. Obwohl die Sonne fast senkrecht vom Himmel scheint, ist es hier angenehm kühl. Ein stetiger Wind weht vom Meer her. Spielplätze laden zum Verweilen ein. Mir geht es, wie schon einige Male zuvor: Ich sauge diese Idylle in mich auf und genieße jeden Augenblick. Andere Menschen beobachten, Hand-in-Hand-Gehen mit Carola, schaukeln mit Andreas vor meinem Bauch. Ich nehme Abschied vom Land. Wenn unsere Pläne wahr werden, dann liegen für lange Zeit nur noch Inseln vor uns: die Kanaren, die Kapverden, die Karibik. Ich war noch nie auf solchen küstenfernen Inseln. Wie groß sind diese Inseln? Gibt es dort überhaupt genug Schutz vor dem Meer? Empfinde ich sie als richtiges festes Land? Klar, mein Verstand hat die richtigen Antworten parat, aber mein Gefühl kann sie noch nicht glauben. Vor mir liegt der Abschied von Europa, der Abschied von einer vertrauten Welt, eine Reise ins Ungewisse. Vielleicht spüren Carola und Andreas diesen bevorstehenden Einschnitt ja auch und fühlen sich deshalb so hingezogen zu diesem Park? Ich mache keinen Versuch, mit Carola darüber zu sprechen. Wer weiß, wohin der Wind uns treiben wird?

In E-Mails an meine Eltern und an meinen Bruder schreibe ich nichts von unseren Plänen und lasse sie in dem Glauben, dass wir weiter an der Küste entlang Richtung Mittelmeer segeln wollen. Um Gewicht zu sparen, packen wir Seekarten und Handbücher, die wir für die Strecke von Colijnsplaat bis Lissabon gebraucht haben, in ein Paket und schicken sie nach Hause. Außerdem treffen wir eine

Entscheidung, die wir so lange wie möglich hinausgeschoben haben: Wir kündigen den Kindergartenplatz von Andreas.

Am 14. Oktober, einem Samstag, geht's los. Eigentlich hätten wir schon einen Tag früher lossegeln können, ja müssen, denn die Wettervorhersage war günstig. Aber am Freitag, dem 13. starten? Dazu war ich zu abergläubisch. Bei Carola treffe ich damit auf kein Verständnis: »So 'n Aberglaube ist doch kompletter Quatsch. Ich hab an einem 13. Geburtstag, manchmal auch an einem Freitag. Hat das mir oder dir jemals Unglück gebracht? Nein.« Natürlich hat sie Recht, trotzdem finde ich alle möglichen Ausflüchte, um unsere Abreise auf Samstag zu verschieben. Ich habe nämlich mal von dem Glauben der Seeleute früherer Zeiten gelesen, an einem Freitag in See zu stechen, bringe Unglück. Vielleicht ist da ja was Wahres dran? Ich will es nicht heraufbeschwören und deshalb während unserer gesamten Reise dabei bleiben, nie an einem Freitag loszusegeln. Zum Glück ist Carola nachsichtig genug, meine Dickköpfigkeit ohne weitere Proteste hinzunehmen.

Wie zum Hohn werde ich aber während des ganzen Törns das Gefühl nicht los, dass wir besser schon einen Tag früher abgefahren wären. Denn während am Freitag den ganzen Vormittag eine frische Brise aus der richtigen Richtung geweht hatte, dümpeln wir nun, nachdem wir den Molenkopf der Cascais-Marina gerundet haben, in einer Fast-Flaute mit ein bis zwei Knoten und schlagenden Segeln dahin. Noch die ganze Nacht lang sehen wir die Lichter der Küste. Am nächsten Vormittag kommt etwas mehr Wind auf, aber von vorne! Statt wie geplant mit Kurs Südwest Richtung Madeira zu segeln, sind wir nun froh, hoch am Wind genug Abstand zur Küste halten zu können. Hätten wir den günstigen Wind am Freitag genutzt, wären wir längst weit weg von der Küste gewesen. Der Wind bleibt noch zwei Tage so ungünstig, damit kommt ein Zwischenstopp auf Madeira nicht mehr in Frage. Als der Wind endlich mehr auf nördliche Richtung dreht, nehmen wir Kurs auf die Kanarischen Inseln.

Die folgenden drei Tage kommen wir mit mäßigem achterlichen

Wind gut voran. Die Windpilotanlage steuert, und wir haben viel Zeit, um mit Andreas zu spielen oder ihm Geschichten vorzulesen. Und um uns an die Einsamkeit auf See zu gewöhnen. Carola schreibt in ihr Tagebuch: »Da sind nur wir und unser Boot.« Manche Ereignisse machen mich richtig wehmütig. Einmal überholen uns in weitem Abstand zwei große Containerfrachter. Mit Kurs Südafrika scheinen sie dicht nebeneinander zu fahren. Ich stelle mir vor, wie schön es wäre, immer ein anderes Schiff in der Nähe zu wissen. Als die Abgasschwaden ihrer Maschinen unser Boot erreichen, sauge ich den typischen Schwerölgeruch tief ein und kann gar nicht genug davon kriegen. Es ist, als würde ich in menschenleerer Wildnis ein Lagerfeuer riechen. Einige Zeit später, als die Containerschiffe längst außer Sicht waren, treibt am WAL ein leerer Getränkekarton vorbei. Vielleicht von der Besatzung eines Frachters über Bord geworfen? Die haben alles an Bord, aber bei uns gibt es nur klares Wasser. Wenn die Dämmerung heraufzieht und die Sonne schon im Meer untergegangen ist, sehe ich hoch am Himmel hin und wieder ein Flugzeug, das noch im Sonnenlicht fliegt. Ich stelle mir vor, wie in diesen Flugzeugen wohlgelaunte Urlauber sitzen, die kurze Zeit später auf einer der Inseln landen und noch am selben Abend in einem weichen Hotelbett schlafen werden. Keiner von uns dreien ist bisher in seinem Leben jemals mit einem Flugzeug geflogen, nicht die kleinste Strecke. Ich habe keine Ahnung, wie Fliegen sich anfühlt. Je näher wir den Kanarischen Inseln kommen, um so mehr Flugzeuge werden es, und bald habe ich nur noch Verachtung für sie übrig. In diesen Momenten schwöre ich mir, dass ich alles tun will, damit wir drei die Welt in unserem Segelboot entdecken können.

Die schwerste Prüfung auf diesem Törn steht uns noch bevor, denn das Wetter verschlechtert sich zusehends. Dunkle Wolken ziehen auf und der Wind nimmt zu. Noch zwei Tage bis Las Palmas auf Gran Canaria. Wären wir doch nur eher los gefahren ... In einer Wolkenformation meine ich plötzlich einen Totenkopf zu erkennen. Ich bekomme Angst vor einem Sturm. Tatsächlich heult der Wind bald im Rigg, und die Wellen werden immer höher. Ich berge das Großsegel und rolle die Fock bis auf Handtuchgröße ein. So geht es eine Zeitlang ganz gut. Aber die Wellen werden immer höher und höher. Einige von ihnen brechen und krachen dabei schäumend ans Heck. Solche Wellen habe ich noch nie gesehen. Jetzt muss sich meine Sturmtaktik bewähren. Ich bringe die beiden Ankertrossen übers Heck aus: eine harte, nasse Arbeit auf dem kleinen, tanzenden Boot. Immer wieder werde ich von Gischt eingehüllt, meine Brillengläser sind schmierig vom Salznebel. Völlig fertig krieche ich schließlich in die Kajüte zu Carola und Andreas. Und bin überrascht, wie ruhig es hier drinnen ist. In gleichmäßigem Rhythmus hebt und senkt sich das Boot, die brechenden Wellen sind nur als Plätschern an der Bordwand zu hören. Während ich in tiefen Schlaf falle, übernimmt Carola die Wache.

In der folgenden Nacht kommen die Lichter von Las Palmas in Sicht und der Wind nimmt ab. Aber am nächsten Morgen legt er wieder zu und bald heult er mit schätzungsweise 8 Beaufort im Rigg, dazu sorgen Schauerböen für schlechte Sicht. Ich fühle mich total erschöpft und denke nur noch an einen ruhigen Liegeplatz im Hafen. Kurz vor der Einfahrt zum Yachthafen berge ich die Segel. Aber die dreieinhalb PS unseres Außenborders reichen kaum, um mit dem WAL sicher im Hafen zu manövrieren. Immer wieder fegen Böen mit solcher Wucht durch den Hafen, dass wir hilflos umhertreiben. Alles scheint fürchterlich eng zu sein in diesem Hafen. In Luv entdeckt Carola ein paar freie Plätze, aber der WAL kommt einfach nicht gegen den Wind an, trotz Vollgas. Wir treiben immer weiter in den überfüllten hinteren Teil der Marina. Es ist Sonntagmorgen, Hilfe ist nicht zu erwarten. Plötzlich beginnt der Motor zu stottern. Ich reiße den Gashebel auf Vollgas, aber das hilft nichts mehr. Der Motor stirbt ab. Panik an Bord, Carola versucht durch Winken andere auf unsere Notlage aufmerksam zu machen. Ich weiß nicht, was ich tun soll, der Anker ist tief in der Backskiste verstaut und zum Segelsetzen ist keine Zeit mehr. Auf der einen Seite der Gasse, auf deren Ende wir zutreiben, befinden

1 *Blick in die Kajüte: Stehhöhe nur für Andreas.*

2 *Der Wal: Unser Zuhause für drei Jahre.*

3 *Dezember 2000 in Las Palmas (Kanarische Inseln): Andreas (4), Carola (35) und Hans (41) glücklich im warmen Süden.*

4 Der Windpilot steuert: Kontrollblick aus dem Schiebeluk.

5 Vor Anker: Das geöffnete Vorluk sorgt für einen kühlenden Luftzug in der Kajüte.

6 Kurs West: Unter Passatsegeln auf dem Atlantik.

7 Nadelöhr im Panamakanal: Der Galliard Cut, 26 Meter über dem Meeresspiegel.

4

5

6

7

8

9

8 Galapagos: Fischerboote in der Wreck Bay.

9 Ein faszinierendes Spiel: Stundenlang folgen uns die Pilotwale.

10 Ab ins Wasser, um das Unterwasserschiff zu reinigen.

11 Hüttenbau in der Vorpiek: Eine Bettdecke über die zusammengeschobenen Spinnakerbäume sorgt für allen Spaß der Welt.

10

11

12

13

14

12 Galapagos: Seelöwe, der sich an Bord eingeladen hat.

13 In Äquatornähe: Der kalte Humboldt-Strom sorgt für angenehme Frische.

14 Auf dem Weg in die Südsee. Noch über 2000 Seemeilen bis Nuku Hiva.

15 Am Strand von Nuku Hiva (Französisch-Polynesien): Schwimmen lernen ist ein Kinderspiel.

16 Das Paradies muss hier in der Nähe sein: Bananen in einem Garten auf Nuku Hiva.

15

17

18

19

17 Pause in Down Under: Nach 15 400 Seemeilen überholen wir den WAL komplett.

18 Kein Tisch an Bord: Navigation im Knien.

19 Vor Anker bei schönem Wetter ideal: Viel Platz im Cockpit für Beiboot, Abwasch und Solarmodul.

sich voll belegte Stege, auf der anderen Seite haben große Yachten mit Heckleinen an Bojen und Bug zum Pier festgemacht. Wie verrückt wrigge ich mit dem Ruder und schaffe es, dass wir in diese lang ausgebrachten Heckleinen treiben. Sie fangen den WAL weich auf und halten uns erst mal fest. Nun untersuche ich den Motor, kann aber keinen Fehler finden. Nachdem ich die Zündkerze abgetrocknet habe, tuckert er anscheinend wieder einwandfrei vor sich hin. Mittlerweile hat der Wind etwas abgenommen, sodass wir es wagen können, einen der freien Liegeplätze in Luv anzusteuern. Mühsam befreien wir uns aus dem Leinengewirr, dann kupple ich ein und gehe mit Vollgas gegen den Wind. Doch just als wir um das Heck einer großen Segelyacht steuern, um an den Steg zu fahren, bleibt der Motor erneut ohne Vorwarnung stehen. Sofort drückt der Wind den WAL auf die andere Yacht. Ich kann nichts mehr tun und muss mit ansehen, wie die Halterung unserer Selbststeueranlage knirschend verbogen wird. Irgendwie schaffen wir es, uns an den Steg zu hangeln und dort festzumachen. Ich bin völlig fertig. Unter nicht einfachen Bedingungen haben wir das bisher längste Stück unserer Reise geschafft und dann hätte es beinahe Schiffbruch im Hafen gegeben. Die Krönung des Schrecklichen aber kommt ausgerechnet von Carola. Als wir uns endlich im Cockpit unseres Ölzeugs entledigen, entscheidet sie mit fester Stimme: »Über den Atlantik fahre ich aber nicht.«

Ich bin viel zu erschöpft, um wirklich zu verstehen, was sie da gesagt hat. Erst am nächsten Tag wird mir langsam klar, was das bedeutet: Schluss, aus, unsere Reise ist zu Ende. Alleine würde ich nie weitersegeln. Ich beginne, mit meinem Schicksal zu hadern. Warum musste ich unbedingt sofort in die Marina fahren? Warum bin ich nicht erst mal im Hafen vor Anker gegangen, um dort auf besseres Wetter fürs Anlegemanöver zu warten? Warum musste dieser sch... Motor immer wieder Ärger machen? Den ganzen Tag bleibe ich in meiner Koje liegen und spreche kaum ein Wort mit Carola und Andreas. Dass auch Carola keinen Versuch unternimmt, mit mir über ihre Äußerung zu sprechen, macht mir klar, wie ernst es ihr ist. Sie will nichts zurücknehmen oder relativieren. In mir macht sich das Gefühl von Leere und Hoffnungslosigkeit breit. Und die bohrenden Fragen und alten Zweifel kommen zurück: Warum habe ich es nicht geschafft, genug Geld für eine schöne große Yacht zu verdienen? Will ich das Unmögliche? Ist der Versuch einer Atlantiküberquerung zu dritt mit unserem Boot Selbstmord, nein schlimmer, Mord? Bin ich verrückt? Auch in den nächsten Tage komme ich kaum aus der Koje. Mit Kopf und Oberkörper krieche ich unter die Cockpitbank, dann ziehe ich mir meine Decke bis vors Gesicht, sodass ich nur noch einen kleinen Teil der Kajüte und nichts mehr von draußen sehe. Wie zuvor für Carola bei der Biskaya-Querung wird so die Koje mein Zufluchtsort in dieser verfluchten Welt. Ich weiß nicht mehr weiter.

»Darf ich mir mal dein Bötchen ansehen? Würde mich interessieren.« Am Steg steht ein älterer Herr in Shorts und lächelt freundlich, während er mich auf Deutsch anspricht. Carola und Andreas sind unterwegs, und nachdem es mehrmals energisch am Rumpf geklopft hat, bin ich aus meiner Koje gekrochen und habe den Kopf aus dem Schiebeluk gereckt.

»Meinetwegen. Kommen Sie an Bord«, antworte ich verschlafen. Flink klettert der andere an Bord und hangelt sich ins Cockpit.

»Danke«, sagt er und stellt sich vor, »mein Name ist Wolfgang Quix.«

Mit einem Mal bin ich hellwach. »Sind Sie nicht damals mit 'ner 5,70 Meter langen Waarship über den Atlantik gesegelt?«, frage ich etwas unsicher.

»Das weißt du noch?«, freut er sich, »ist doch schon über zwanzig Jahre her, mein Junge.«

Ich erzähle ihm, dass ich damals die Berichte in der Fachzeitschrift »Yacht« über seine Teilnahme an einer Transatlantik-Regatta für Boote bis 6,50 Meter Länge regelrecht verschlungen hatte. 32 Tage war er einhand unterwegs gewesen.

Während er sich jetzt interessiert an Bord umsieht, kommen Carola und Andreas zurück. Kaum habe ich sie miteinander bekannt gemacht, schießt Carola mit ihrer Frage heraus: »Sag mal ehrlich, würdest du mit diesem Boot über den Atlantik segeln?«

Ohne Zögern erwidert er: »Klar, sofort. Gegen meine Sperrholzkiste damals ist das hier ja fast 'ne Luxusyacht. Und mein Freund Wilfried Erdmann ist mit 'nem alten Siebenmeterfünfzig-Boot um die ganze Welt gesegelt. Wisst ihr überhaupt, was das Wichtigste ist?« Etwas eingeschüchtert schütteln wir die Köpfe. »Jeden Tag auf See 50 Kniebeugen, damit ihr auf der anderen Seite des großen Teiches sicher an Land springen könnt.«

Die Begegnung mit dem erfahrenen Hochsee- und Regattasegler macht uns wieder Mut. Bis tief in die Nacht diskutieren Carola und ich über eine Atlantiküberquerung. Am nächsten Morgen beim Frühstück sagt sie schließlich: »Okay, lass uns alles vorbereiten für den Atlantik.« Mein Trübsinn der vergangenen Zeit ist mit einem Schlag vergessen. Ich habe das große Los gezogen!

Ab sofort beschäftigt uns nur noch ein Thema: die Vorbereitungen für den großen Törn. In Holland sind wir mit einem Boot losgefahren, dass maximal für ein bis zwei Wochen auf See gerüstet war. Nun müssen wir es für vier oder noch mehr Wochen auf See ausrüsten. Am wichtigsten ist Trinkwasser. 200 Liter davon wollen wir mitnehmen. Der Tank und die beiden Reservekanister im Vorschiff fassen aber höchstens 100 Liter. Einfach ein paar zusätzliche Kanister einpacken? So leicht ist das nicht. Um den Trimm des Bootes nicht zu sehr zu verändern, kommt als Stauraum nur der Platz unter dem Cockpitboden in Frage. Aber wohin dann mit den Taschen mit Kleidung, die dort bisher gut zugänglich gestaut waren? Nur wenn die Kanister perfekt passen würden, bliebe noch genug Platz für unsere Kleidung. Doch die eine Sorte Kanister ist zu hoch, die nächste nicht stabil genug und die dritte leckt. Eine Woche lang klappere ich sämtliche in Frage kommenden Läden von Las Palmas und Umgebung ab, bis ich vier stabile, schwarze 25-Liter-Kanister finde, die perfekt passen. Das führt zur nächsten Frage: Wie werde ich auf See das Wasser in unseren Haupttank kriegen? Das kostbare Nass einfach mit einem Trichter umzugießen, scheint mir auf dem schaukelnden Boot zu gefährlich. Also lasse ich mir ein Umfüllsystem mit Schläuchen einfallen, für das ich wieder einige Läden abklappere.

Die nächste Frage: Wie viel Proviant brauchen wir? Und wie viel können wir einpacken? Großzügige Reserven einzukalkulieren, können wir uns nicht leisten, denn das Ergebnis wäre ein total überladenes und damit langsames Boot – mindestens genauso schlimm, wie von irgendwas unterwegs zu wenig zu haben. Morgens, wenn Andreas noch schläft, stellen Carola und ich Proviantlisten zusammen. Nach dem Frühstück geht Carola dann mit Andreas in die Stadt zum Einkaufen. Von den Sachen auf der Liste kauft sie erst mal kleine Mengen, die wir in den folgenden Tagen an Bord ausprobieren: Die erste Sorte Reis muss zu lange kochen und verbraucht damit zu viel Spiritus. Also eine andere Reissorte testen. Die leckeren Thunfischdosen sind leider zu groß, davon können wir unmöglich 30 Stück unterbringen. Also Thunfisch in kleineren Dosen suchen. Was sich bewährt und uns gut schmeckt, setzen wir auf eine zweite Liste. Diese Sachen kommen dann für eine Woche auf unseren Speiseplan, und wir notieren genau, welche Menge wir in der Zeit verbrauchen. Dann kalkulieren wir, wie viel wir für sechs Wochen mitnehmen müssen. Als die Liste schließlich fast komplett ist, müssen wir uns eingestehen, dass wir diese Mengen niemals in den Stauräumen unter den Kojen unterbringen können. Also reduzieren wir die Mengen auf fünf Wochen. Aber auch das ist immer noch zuviel. Schließlich beschließen wir, nur die Hauptnahrungsmittel für fünf Wochen zu bunkern, also Haferflocken, Reis, Ketchup, Milchpulver und Wasser. Von den »Luxus«-Nahrungsmitteln wie Fisch- und Fleischkonserven, Zucker, Nudeln und Keksen nehmen wir nur genug für drei bis höchsten vier Wochen mit. So schaffen wir es, fast den ganzen Proviant unterhalb der Wasserlinie und damit günstig für die Seetüchtigkeit des Bootes zu stauen. Nur die große Kiste mit frischen Zwiebeln und Äpfeln muss auf Carolas Koje am Fußende Platz finden. Ein paar Angelhaken packe ich nur für den absoluten Notfall ein, denn nach unseren bisherigen Erfahrungen kostet das Ausnehmen und Zubereiten von frisch gefangenem Fisch auf einem kleinen, wild auf den Wellen tanzenden Boot viel zu viel Kraft. Und wenn die See ruhig ist, also bei Flaute, können wir ohnehin faul in unseren Kojen liegen und brauchen nicht viel zu essen. Schließlich lassen wir den WAL noch an Land setzen, schleifen das von der Werft aufgetragene Antifouling, das nicht lange gehalten hat, komplett ab und streichen drei neue Lagen aufs Unterwasserschiff.

Bis wir mit unseren Vorbereitungen fertig sind, ist es schon Anfang Januar. Nur noch wenige Yachten liegen an den Stegen, die meisten sind längst aufgebrochen oder sogar schon in der Karibik angekommen. John mit seiner TROIKA schreibt uns eine begeisterte E-Mail aus Barbados. Nachdem er sich die gleiche Selbststeueranlage gekauft hat wie die unsrige, ist sein Törn über den Atlantik kein Problem gewesen. Eine weibliche Begleiterin hat er allerdings noch nicht gefunden. Wo Frédéric mit seiner PLAISE A DIEU ist, wissen wir nicht, seit Lissabon haben wir nichts mehr von ihm gehört. Und die ULMA mit Sanne und ihren Eltern wird wohl nicht mehr kommen. Nachdem Sannes Mutter schwanger geworden ist, haben sie ihre Pläne von einer Weltumseglung vorerst aufgegeben und sind ins Mittelmeer abgedreht. Trotzdem hat Andreas während unserer Zeit in Las Palmas immer Kinder von den anderen Booten zum Spielen.

Am 6. Januar 2001 sind wir abreisebereit. Der Wetterbericht für die nächsten Tage ist günstig, Carola und ich stehen schon in Ölzeug im Cockpit. Nur noch den Motor ins Wasser und dann die Leinen los. Ich ziehe zweimal an der Starterleine, dann läuft unser Außenborder ... aber nur ein paar Sekunden, dann bleibt er stehen. Aus dem Vergaser tropft Benzin, alles stinkt danach. Genau wie vor drei Monaten, als wir hier ankamen. Ich habe den Fehler noch nicht gefunden.

»Mit kaputtem Motor fahre ich nicht los«, stelle ich lapidar fest. Carola ist alles nur noch peinlich, denn auf den Nachbarbooten haben sich einige Freunde schon bereit gestellt, um uns zum

Abschied zu winken. So schnell wie möglich verschwindet meine Frau in der Kajüte.

In den nächsten Tagen ziehe ich mit dem Vergaser in der Hand von Boot zu Boot, um mir Ratschläge für eine Reparatur zu holen. Johannes, ein Ingenieur, hat schließlich den richtigen Tipp: »Reinige doch mal das Schwimmergehäuse, das ist wahrscheinlich verdreckt und dann klemmt der Schwimmer und der Motor ersäuft.« Genau so ist es. Und das hätte uns beinahe um die Weiterreise gebracht.

Am 14. Januar werfen wir endlich die Leinen los zur Atlantiküberquerung, alles klappt tadellos. Als wir mit unserem WAL Kurs auf die Hafenausfahrt nehmen, tönen die Schiffshörner von den Freunden auf den anderen Yachten zum Abschied. Andreas ist begeistert und winkt eifrig. Ich denke: »Nichts wie weg hier.«

Was uns erwartet, ist ein einziges großes Abenteuer, das zum Alltag wird. Carola schreibt unterwegs in ihr Tagebuch: »Es ist der ganz normale Wahnsinn.« Zunächst schaukeln wir bei leichtem, böigem Wind in sicherem Abstand die Küste von Gran Canaria entlang nach Süden. Als es dunkel wird, haben wir den südöstlichsten Punkt der Insel gerundet und gehen auf Südwestkurs, Ziel: unser Wegpunkt »Passat« auf 20 Grad Nord, 25 Grad West, Entfernung: 690 Seemeilen. Das Handbuch »Segelrouten der Weltmeere« verspricht südlich von diesem Punkt das Einsetzen des stetigen Passatwindes, mit dem wir dann nach Westen segeln wollen. Sollte es irgendwelche Probleme an Bord geben, könnten wir von diesem Punkt aber auch noch die Kapverdischen Inseln anlaufen, die 180 Seemeilen weiter südlich liegen.

Die erste Nacht bringt Regenschauer und der Wind bleibt böig. Carola und Andreas verziehen sich früh in die Kojen. Ich halte die ganze Nacht alleine Wache, denn ich muss Carola Zeit geben, um sich an die Abgeschiedenheit auf See zu gewöhnen. Sobald die Regenwolken sich ein bisschen verziehen, kann ich die Lichter von Teneriffa erkennen. Mit dem Morgengrauen verschwinden sie am Horizont und mit ihnen auch die Regenwolken. Die Sonne geht über dem Meer auf und von Teneriffa ist nur noch der über 3000 Meter hohe Berg Pico de Teide zu sehen. Der Wind frischt schnell auf und die See wird rauer. Ich binde das dritte Reff ins Großsegel und rolle die Fock ganz weg. Aber trotz der kleinen Segelfläche stürmt der WAL mit fünf bis sechs Knoten Fahrt voran, wenn die Wellen ihn anschieben, machen wir sogar sieben oder acht Knoten. Ab jetzt haben wir keine ruhige Minute mehr, alles ist in Bewegung, ständig rollt das Boot von einer Seite auf die andere. Die Wellen schieben sich von achtern heran, erreichen das Heck, heben es an, beschleunigen den WAL, laufen unter dem Rumpf durch, heben dann den Bug an, bremsen das Boot dabei ab. Und es rauscht, überall an Bord ist dieses Rauschen zu hören, im Cockpit das Rauschen des Kielwassers, in der Kajüte das Rauschen des vorbeiströmenden Wassers, sich zu einem Zischen steigernd, wenn der WAL eine Welle hinabschießt, ein lautes Gurgeln, wenn eine Welle unter dem Boot bricht. Alles andere an Bord ordnet sich dem Schaukeln und dem Rauschen unter. Der Großbaum ist mit einem Bullenstander gesichert, damit er nicht herumschlagen kann. Wenn wir uns bewegen, müssen wir uns irgendwo festhalten. An der Fußreling, an der Großschot, an der Reling, an den Winschen auf dem Kajütdach, am Rahmen des Niedergangs, am Süllrand der Kojenbänke, am Küchenteil. Dort befindet sich der einzige Handgriff des ganzen Bootes, aber mehr brauchen wir auch nicht. Oft halten wir uns einfach am anderen fest. Auch unsere Sprache ordnet sich unter. Einzelne Wörter oder kurze Sätze sind alles, was wir hervorbringen.

Als Carola mich morgens nach der ersten Nacht ablöst, fallen nicht viele Worte:

»Übernimm du.« – »Ja, okay. Viel Wind, was?« – »Geht so.« – »Schokoriegel sind im Küchenteil.«

Ich lege mich auf meine Koje. Verkeile meinen Körper mit der Decke, damit er nicht hin- und herrollt. Das Wasser rauscht draußen an der Bordwand entlang. Zwanzig Zentimeter von meinem linken Ohr. Ruhe finden nur die Gedanken, kurz vorm Einschlafen.

Kurz vor zwölf weckt Carola mich: »Zeit für die Position.« Das Schaukeln und das Rauschen sind wieder da. Ich schiebe die Decke beiseite, erhebe mich, knie mich vor die Koje. Vom GPS-Gerät lese ich die Position ab und schreibe sie ins Logbuch. Das habe ich neu in Las Palmas gekauft, einen Spiralblock in DIN-A7-Größe. Vorher haben wir kein Logbuch geführt. Ich rechne das Etmal aus, also die in 24 Stunden von Mittag bis Mittag zurückgelegte Strecke: 107 Seemeilen. Nicht schlecht. Dann falte ich auf der Koje die Kopie einer US-Karte auseinander, »Great Circle Sailing Chart of the North Atlantic Ocean« heißt sie, trage unsere Position ein – ein Kreuz ganz nah bei den Kanarischen Inseln – und sage zu Carola und Andreas: »Da sind wir.« Die beiden rutschen heran und blicken auf die Karte.

»Puh, noch ein verdammt langer Weg«, rutscht Carola raus. Ich spüre, dass sie geschockt ist. Bin ich auch. Nicht über das Kreuz so nah bei den Kanaren, das war nicht anders zu erwarten nach einem Tag. Aber wenn man den Blick über die Karte bis zu den Inseln der Karibik wandern lässt, sind die geradezu beängstigend weit weg.

Am zweiten Tag fällt mir in der Kajüte ein fast voller Fünf-Liter-Wasserkanister runter, einfach so, das ist mir bisher noch nie passiert. Der Kanister zerplatzt, Wasser schwappt im Boot herum. Über eine Stunde wische ich, bis das Wasser weg ist. In der zweiten Nacht verliere ich meine Stirnlampe. Ich mache irgendwas am Mast, blicke nach oben, die Lampe rutscht mir vom Kopf, fällt aufs Seitendeck, von dort ins Wasser, ehe ich zufassen kann. Noch leuchtend verschwindet sie in der Tiefe. Sieht aus wie ein kleiner Menschenkopf, ein gespenstischer Anblick, der mich zutiefst erschreckt. Spätestens jetzt wäre ich rechts rangefahren, hätte angehalten, mal in Ruhe durchgeatmet, überlegt, wie es weitergehen soll, wenn ich auf einer Straße unterwegs gewesen wäre. Es war unsere einzige Stirnlampe, Salingleuchten haben wir nicht. Jetzt muss ich mir immer eine Taschenlampe zwischen die Zähne klemmen, wenn ich nachts beide Hände brauche. Wieder einen Tag später verliere ich meinen Sonnenhut. Ich musste schnell raus, Segel reffen, vergaß, den Hut zu sichern. Eine Bö wehte ihn über Bord, er versank im Kielwasser. Nun haben wir nur noch einen einzigen Sonnenhut. Sonst ist höchstens mal eine Wäscheklammer über Bord gegangen, jetzt in kurzer Zeit zwei wichtige Ausrüstungsteile. Ich muss mir eingestehen, dass ich angespannter und nervöser bin, als ich vor mir und vor Carola und Andreas zugeben will.

Bisher haben wir noch keinen Wachrhythmus gefunden, ebenfalls ein Zeichen ständiger Anspannung und tiefer Erschöpfung. Oft schlafen wir drei den ganzen Vormittag, ohne einmal Ausschau nach anderen Schiffen zu halten. Auch nachts klappt die Ablösung meistens nicht. Carola soll in der ersten Nachthälfte Wache gehen, ich in der Zeit von Mitternacht bis zum Morgengrauen. Aber meistens verschläft Carola die Übergabe, weckt mich erst um zwei oder drei Uhr. Im Halbschlaf brumme ich dann »Okay, ich übernehme«, um kurz darauf bis zum Morgen wieder in festen Schlaf zu fallen.

Damit ich nicht dauernd an die noch vor uns liegende Strecke denken muss, suche ich nach Beschäftigungen, die mich ablenken. Zuerst bastele ich tagelang an der Einstellung der Ruderblätter herum. Die Bewegungen der Pinne werden von einem raffinierten System von Schubstangen und Kugelgelenken auf die beiden Ruder am Heck übertragen. Werden wir schneller als sieben Knoten, beginnen die Ruderblätter, wie wild zu vibrieren. Der Bootsrumpf verstärkt dieses Geräusch noch, sodass es in der Kajüte jedes Mal bedrohlich dröhnt, wenn wir eine Welle runtersurfen. Ich versuche, die Vibrationen durch eine Veränderung der Ruderblätter abzustellen, habe aber keinen Erfolg. Dann widme ich mich dem Müllproblem. Mittlerweile hat sich nämlich erstaunlich viel Müll angesammelt, für den sich kein richtiger Platz findet. Immer ist er im Weg, ob in den Backskisten oder in den Kojenbänken. Schon seit Tagen bin ich deswegen genervt: Will ich eine Packung Kekse aus der Bank nehmen, muss ich erst den Müll zur Seite räumen. Brauche ich was aus der Backskiste, fällt mir zuerst der Müll entgegen. Nach einigem Nachdenken habe ich schließlich eine Idee:

Aus dem Werkzeugkasten nehme ich die stabile Blechschere und zerschneide damit sämtlichen Plastikmüll in kleinste Schnipsel. Diese lassen sich dann in einer Plastiktüte platzsparend zusammendrücken. Von nun an sitzt jeden Tag abwechselnd einer von uns auf der Koje und zerschnipselt Müll. Allerdings hat der herumliegende Müll Carola viel weniger gestört als mich, deshalb sieht sie in dieser Arbeit auch weniger Sinn und stopft alles oft unzerschnitten in die Tüte. Ich protestiere jedoch nicht, sondern zerschneide die Sachen am nächsten Tag, wenn ich an der Reihe bin. Mir gefällt diese Beschäftigung, sie hat fast etwas Meditatives. Was übrig bleibt, weil es nicht zerschnitten werden kann, staue ich in einem Plastikbeutel in der Backskiste, mit Ausnahme von Papier, Weißblechbüchsen und Grünzeug. Das werfen wir über Bord.

Am liebsten lenke ich mich aber ab, indem ich mich mit Andreas beschäftige. Stundenlang liegen wir in der Koje und kuscheln uns aneinander. Dann lese ich ihm aus seinen Kinderbüchern vor, vom Siebenschläfer Piezke, der gerne fliegen können würde, aber immer einschläft oder von der Raupe Valentin, die auf der Suche nach einem Zuhause durch die ganze Welt zieht. Manchmal erfinden wir auch selbst Geschichten. Andreas erzählt am liebsten von seiner Schwester, mit der er gerade, je nach Laune, im Flugzeug, im Raumschiff oder in der Segeljolle neues Land entdeckt. Oder er kümmert sich um die Navigation: »Papa, mein Rückensager meldet, dass es noch tausend Seemeilen sind, bis wir ankommen.«

»So? Woher weiß dein Rückensager das denn?«

»Von meinem eingebauten GPS.«

Am Mittag des sechsten Tages haben wir beinahe unseren Wegpunkt »Passat« erreicht. Wir sind schnell gewesen bisher, pro Tag haben wir zwischen 120 und 130 Seemeilen geschafft. Der Wind ist unser treuester Begleiter. Nun müssen wir entscheiden, ob wir die Kapverdischen Inseln für einen Zwischenstopp anlaufen wollen. Leichten Herzens kommen Carola und ich zu der Überzeugung, dass das nicht nötig ist, im Gegenteil, ein Anlanden würde uns nur unnötig Kraft, Zeit und Geld kosten. Diese Entscheidung ist wohl das sichere Zeichen dafür, dass sich unsere Verfassung bessert. Froh ändere ich den Kurs auf West-Süd-West. Von nun an segeln wir vom Land weg, die nächste erreichbare Insel ist Barbados, 1900 Seemeilen entfernt. Zurück können wir nicht, gegen den kräftigen Passatwind aus Ost-Nord-Ost haben wir mit unserem Bötchen keine Chance.

Die folgenden Tagen verbummeln wir irgendwie, schlafen lange, gehen unregelmäßig Wache, haben nur wenig Segelfläche gesetzt, meistens das zweite oder dritte Reff im Großsegel und zwei oder drei Quadratmeter der Fock. Weil fast ununterbrochen starker Wind weht, kommen wir trotzdem gut voran, 120 bis 130 Seemeilen jeden Tag. Als die Kapverden schon zweihundert Seemeilen achteraus liegen, sehen wir die ersten fliegenden Fische. Ich sitze gerade im Cockpit, als ich einen ungewohnten Geruch bemerke, Fischgeruch. Mit den Augen suche ich die Wasserfläche rund um den WAL ab. An Steuerbord, vier oder fünf Bootslängen entfernt, entdecke ich dann einen ganzen Schwarm kleiner Fische, die aus dem Wasser schnellen, dicht über der Wasseroberfläche einige Meter durch die Luft gleiten und dann in den Vorderhang einer Welle platschen. Fliegende Fische! Sehen irgendwie hilflos aus, und ich bin zunächst enttäuscht, wie klein sie sind. Nach Beschreibungen, die ich gelesen hatte, hatte ich Exemplare groß wie ausgewachsene Heringe erwartet. Aber die hier sind allerhöchstens fünf Zentimeter lang. »Fliegende Fische«, rufe ich dennoch enthusiastisch in die Kajüte. Carola und Andreas strecken den Kopf aus dem Schiebeluk. Sie sind begeistert, Andreas juchzt vor Freude. »Wir haben die Subtropen erreicht, darauf gebe ich einen aus«, ruft Carola und holt eine Riesentüte Weingummis hervor, die Andreas und ich binnen kürzester Zeit verputzen. Von nun an sehen wir regelmäßig fliegende Fische, auch größere Exemplare. Während sie am Tage immer deutlichen Abstand vom Boot halten, klatschen nachts zahlreiche von ihnen in die Segel und an Deck. Morgens sammle ich die halbvertrockneten Körper dann ein und werfe sie ins Meer. Wenn ich einen in den Tautaschen oder im gerefften

Großsegel übersehe, werde ich nach ein paar Tagen durch den penetranten Fischgestank auf ihn aufmerksam. Einmal verirrt sich ein stattliches Exemplar in unsere Kajüte und landet wild zappelnd direkt auf meiner Koje. Ich schreie »Iiiii« und ziehe mir die Decke über den Kopf. Carola und Andreas werden wach und beobachten kichernd, was ich nun machen werde. Hilfe ist von ihnen offensichtlich nicht zu erwarten. Mit dem Mut der Verzweiflung schlage ich die Bettdecke zurück und halte so den Fisch erst mal gefangen. Dann nehme ich mir den Küchenlappen und versuche damit, den glitschigen Körper unter der Bettdecke zu fassen. Endlich, als ich mindestens schon genauso außer Atem bin wie der arme Fisch, bekomme ich ihn unter Kontrolle und werfe ihn über Bord. Tagelang neckt Andreas mich: »Papa, du stinkst nach Fisch.« Ich hingegen behaupte ausdauernd, dass das nur meine Bettdecke sei.

Mittlerweile geht die Sonne morgens immer später auf und abends ist es ungewohnt lange hell. Als Nachtmensch gefällt mir das, bis Carola am zehnten Tag der Reise energisch protestiert: »So geht's nicht weiter. Ich stelle meine Uhr jetzt um eine Stunde zurück.« Natürlich hat sie Recht, und ich folge ihrem Beispiel. Dieser kleine mechanische Akt kommt mir vor wie der endgültige Abschied von dem Land, das wir verlassen haben. Von nun an liegt es hinter mir, nichts verbindet mich mehr mit ihm. Nicht mal mehr die Tageszeiten. Meine Gedanken beschäftigen sich nicht mehr mit dem Land, sondern nur noch mit dem Boot, dem Meer, dem Wind und mit uns dreien. Es gibt nichts anderes mehr, das hier eine Bedeutung hat. Ich fange an, diesen Zustand zu genießen. In mein Tagebuch schreibe ich am nächsten Tag: »Wir sind frei! Frei! Frei!« Als ich Carola von meinen Gefühlen erzähle, greift sie ihr Tagebuch und zeigt mir einen Eintrag vom neunten Tag. Da hatte sie geschrieben: »Spüre, dass ich anfange, mir selbst zu genügen. Schönes Gefühl. Brauche kein Land mehr.«

Ich nehme Carola in den Arm, streichle über ihre Haut, wir küssen uns lange. Andreas kommt dazu, umarmt uns beide und drückt sich an uns. Ich streichle ihm über den Kopf und bin total glücklich. Sicher geht es den beiden auch so; denn von nun an fällt uns alles leichter.

Tags darauf rümpft Carola lachend die Nase und schimpft: »Seit elf Tagen haben wir uns nicht mehr gewaschen. Wir fangen an zu stinken. Raus ins Cockpit und waschen.« Kichernd klettern wir alle drei ins Cockpit, ich krame den Eimer aus der Backskiste, hocke mich aufs Seitendeck und hole Eimer um Eimer Seewasser an Bord, das wir uns über die Körper schütten. Dann seifen wir uns von Kopf bis Fuß ein und spülen uns schließlich mit neuem Seewasser ab. Anschließend reiben wir uns mit einem Lappen ab, damit das Salz nicht auf der Haut antrocknet. Schließlich putzen wir uns ausgiebig die Zähne, denn auch das hatten wir seit unserer Abfahrt versäumt. Danach bleiben wir, nackt wie wir sind, eine ganze Zeit lang im Cockpit sitzen, lassen uns die Sonne auf die Haut brennen und die Haare trocknen von dem warmen, aber kühlenden Wind. Als wir genug haben, klettern wir in die Kajüte und ziehen frische T-Shirts und Shorts an und fühlen uns wie neu geboren. Am späten Nachmittag, als die Sonne schon im Westen steht und die Segel der Kajüte und dem Cockpit Schatten spenden, weicht die Hitze des Tages einer angenehmen Kühle, denn der Wind bringt von achtern Frische bis in die Kajüte. Genau der richtige Zeitpunkt für den Start unseres lange geplanten Fitnessprogramms. Ich stelle mich in der Kajüte vor den Niedergang, halte mich mit den Händen am unteren Steckschott fest und mache 25 Kniebeugen. Dann drei Minuten Pause, wieder 25 Kniebeugen, Pause, noch mal 25 Kniebeugen. Carola absolviert das gleiche Pensum, Andreas zweimal zwölf Kniebeugen. Beim letzten Intervall zittern uns schon heftig die Knie. Aber weil wir das Programm ab jetzt jeden Nachmittag durchziehen, fühlen wir uns nach ein paar Tagen wieder fit und stark. Am dreizehnten Tag haben wir über die Hälfte der gesamten Strecke geschafft, Anlass für eine weitere große Tüte Weingummis.

In den kommenden Tagen flaut der Wind etwas ab, sodass die See nicht mehr so aufgewühlt ist. Aber nie schläft der Wind ganz ein, selbst über Nacht weht er beständig. Ununterbrochen hält die Selbststeueranlage Kurs. Carola und ich finden sogar die Kraft, ausgiebig zu fotografieren. Bisher haben wir uns das gespart, weil es auf dem schaukelnden Boot ziemlich anstrengend ist, uns aber keine einzige Meile voranbringt. Dann wieder sitze ich einfach so im Cockpit, stundenlang, mit dem Rücken an das Kajütschott gelehnt, die Beine auf die Sitzbank gelegt, eine Hand zum Festhalten an der Fußreling, schaue ins Kielwasser und lasse meine Gedanken schweifen. So kann es ewig weitergehen.

Geht es aber natürlich nicht. Am neunzehnten Tag frischt der Wind auf. Übel wird die Situation dadurch, dass die Windsee aus Ost mit einer hohe Dünung aus Nord zusammentrifft. So entsteht eine Kreuzsee, die den WAL unberechenbar über die Wellen torkeln lässt. Nachts machen Carola und ich kaum ein Auge zu, weil wir in unseren Kojen hin- und hergeworfen werden. Für Andreas haben wir auf der Steuerbordkoje unter der Cockpitbank ein Nest aus Kissen und Decken gebaut, in dem wenigstens er wie ein Murmeltier schläft. Meine Hoffnung ist, dass der Wind am Morgen wieder abflauen wird. Aber kaum wird es hell, geht der Tanz erst richtig los. Sturmböen heulen im Rigg, der Himmel ist bezogen mit dunklen, tief ziehenden Wolken. Das Meer sieht schwarz und bedrohlich aus. Die Wellen werden riesig hoch, die höchsten schätze ich auf zehn Meter. Deutlich spüre ich, wie der Wind in den Wellentälern nachlässt und uns mit voller Wucht trifft, sobald wir auf einem Wellenkamm sind. Das sind bestimmt sieben bis acht Windstärken. Sturm für unseren kleinen WAL. Davor habe ich mich immer gefürchtet, und jetzt hat es uns erwischt, mitten auf dem Ozean. Ja, ich habe Angst. Ich muss mich mit aller Kraft zwingen, einen kühlen Kopf zu bewahren. Ruhig atmen. Warm anziehen, die Lifeline sicher befestigen. Immer mehr Wellen brechen, knallen, hauen gegen das Heck, spülen ins Cockpit. Schnell das zweite Steckschott rein und das Schiebeluk zu. Dann bringe ich alle Leinen übers Heck aus, die wir an Bord haben. Als das erledigt ist, bin ich total erschöpft. Aber die Arbeit lohnt sich, der WAL wird nun nicht mehr von den Brechern quer gedreht. Physisch und psychisch erschöpft krieche ich in die Kajüte und schlafe sofort ein. Carola übernimmt den ganzen Tag die Wache. Sie lässt mich schlafen, bis es schon dunkelt. Als sie mich wecken will, bin ich schon halb wach, ein fürchterlicher Schlag ans Boot hat mich hochschrecken lassen.

»Hans, es wird wieder schlimmer«, sagt sie, ihre Stimme klingt besorgt, »wir müssen was tun.«

Ich habe immer noch mein Ölzeug an und kann deshalb unverzüglich ins Cockpit klettern. Die Nacht ist pechschwarz, nichts ist zu sehen, nur das Heulen des Windes ist zu hören und das Rauschen der Wellen. Das hier ist zuviel für uns, schießt es mir durch den Kopf. Aber ich kann absolut nichts tun. Um mich zu beruhigen, rolle ich auch noch den handtuchgroßen Rest der Fock weg. Vor Topp und Takel machen wir immer noch vier Knoten Fahrt, trotz nachgeschleppter Leinen. Plötzlich bemerke ich einen Brecher von der Seite kommen, er bäumt sich kurz auf und knallt dann mit voller Wucht gegen den WAL. Das Boot legt sich weit, sehr weit auf die Seite, ich kralle mich an der Winsch auf dem Kajütdach fest. Wasser rinnt mir den Rücken runter. Gleichzeitig kriecht eine noch nie gefühlte Furcht den Rücken hinauf, nistet sich in meinem Kopf ein, droht mich zu lähmen. Zum Glück richtet sich unser WAL wieder auf. Ich flüchte in die Kajüte. »Das ist zuviel für uns«, sage ich zu Carola, »lass uns das Notwendigste zusammenpacken.« Carola sieht mich entsetzt an. »Was besseres fällt mir nicht ein«, sage ich nur. Wir fangen an, was uns gerade einfällt, zusammenzuklauben und in die wasserdichten Säcke zu stopfen. Kleidung, Papiere, Geld, Fotoapparat. Dann schnüren wir die Säcke zu. Dann ein Knall, das Boot legt sich noch einmal weit über, vibriert, ich falle gegen die Bordwand. Wieder hat uns ein Brecher breitseits getroffen. Wasser schießt literweise in die Kajüte, rauscht oben durch den schmalen Spalt zwischen Schiebeluk und Steckschott herein. Wir wischen wie verrückt. Ich stolpere raus ins Cockpit, hole die drei Schwimmwesten aus der Backkiste, zerre sie in die Kajüte. Carola und ich legen sie an, dann zieht Carola Andreas die Schwimmweste an, im Schlaf. Er wacht nicht mal auf dabei. Dann setzen wir uns auf die Kojen und lauschen und warten. Wieder ein Knall, als uns ein Brecher trifft. Wieder kommt Wasser durch den Luftschlitz, wir stopfen ihn, so gut es geht, mit einem Handtuch zu. »Lass uns beten«, schlage ich vor. Wir falten die Hände und beten gemeinsam das Vaterunser. Danach sitzen wir stundenlang, sagen kein Wort, horchen auf die Geräusche, fürchten uns vor dem nächsten Knall. Mir fällt die kleine Yacht ein, die in der Biskaya gekentert war. In Lissabon hatten sie davon erzählt: Vier Mann im kieloben schwimmenden Boot, die hörten, wie die Luft aus der Kajüte durch die offenen Kloventile zischt. Ich krieche zum Klo und kontrolliere, ob die Ventile zu sind. Irgendwann werden die Schläge schwächer und seltener.

Am nächsten Tag lässt der Wind nach. Carola sagt: »Wieso wollen wir eigentlich nach Barbados? Von da müssen wir noch mal 80 Seemeilen über den offenen Atlantik. Wie wär's mit Martinique, da können wir uns auch billig verproviantieren.«

»Wir haben leider nur Seekarten bis St. Lucia an Bord«, muss ich eingestehen. Wir gucken in die Karten. Eine Entscheidung ist schnell getroffen: neuer Kurs St. Lucia, noch 340 Seemeilen, drei Tage, wenn alles gut geht.

In der Nacht auf den 7. Februar sehen wir die ersten Lichter von Martinique. Dann werden sie von wolkenbruchartigem Regen verschluckt. Der Regen und heftige Windböen machen die Ansteuerung von St. Lucia nicht eben leicht. Ich spüre die Erschöpfung. Wind und Regen erinnern mich an unsere Ankunft in Las Palmas, aber hier ist es 15 Grad wärmer und die Luft irgendwie weicher, prickelnd.

»Wir warten mit der Hafeneinfahrt, bis das Wetter besser ist«, entscheide ich. Bloß nicht noch mal so ein Fiasko wie auf den Kanaren erleben! Um sechs Uhr morgens lassen wir in der Rodney Bay den Anker fallen in türkisblauem Wasser über hellem Sandgrund, nach 24 Tagen. Wir haben es geschafft! Das Land kann warten.

Karibik und Panamakanal

Ein Korallenfisch
Zeichnung Andreas, Martinique 2001

Mein Vater war Arbeiter. Durch harte körperliche Arbeit als Maurer und Fliesenleger hat er den Lebensunterhalt für unsere Familie verdient und es schließlich zu bescheidenem Wohlstand gebracht. Ich kenne seine Arbeit, denn in den letzten Jahren, bevor er in Rente ging, hatte ich ihm oft dabei geholfen, auf den Baustellen Sand und Steine in die oberen Stockwerke zu schleppen. Mein Bruder und ich sind behütet und geliebt aufgewachsen, in der schlichten und harten Welt einer unteren sozialen Schicht. Das hat mich geprägt. Und obwohl ich jetzt, da der Atlantik hinter uns liegt, in geradezu euphorischer Stimmung bin, sehe ich, dass das hier eine andere Welt ist. Die Yachten vor

Anker sind groß, keine unter 12 Meter, viele bestimmt 15 Meter lang, einige noch länger. Als wir in den Hafen tuckern, fallen mir die vielen riesigen Yachten an den Stegen auf. Kleinere Schiffe unter zehn Meter, wie sie in Europa zum normalen Anblick in den Häfen gehören, kann ich hingegen nicht entdecken. Schließlich finden wir einen Liegeplatz, springen auf den Steg und machen fest. Auf dem großen Atlantik ist mir unser WAL nie so klein vorgekommen wie hier im Hafen zwischen den anderen Yachten. Er wirkt winzig, geradezu mickrig und armselig. Ich sehe keine Yacht, die nicht mindestens doppelt so lang wie unser Boot ist. Die Dame auf dem Nachbarschiff kann es kaum glauben, dass wir drei geradewegs von den Kanarischen Inseln kommen, sagt, sie sei »sehr beeindruckt«, aber lacht dabei auf eine Weise, dass ich denke, sie meint eigentlich »sehr amüsiert«. Gönnerhaft reicht sie eine Flasche eiskalten Champagners herüber. Uns schlägt eine Atmosphäre von Reichtum und Luxus entgegen, die mir nicht gefällt. Carola empfindet das ebenso und findet drastische Worte: »Zum Kotzen.«

Nach dem Einklarieren gehe ich in den erstbesten Laden und kaufe ein Eis. Dann eile ich zum Boot zurück, bevor die Leckerei schmilzt. Wieder an Bord setzen wir drei uns in die Kajüte, löffeln die gefrorene Köstlichkeit langsam und genussvoll und erzählen dabei vom Atlantik. Einmal klopft es, der Marinamanager will uns zu einem Interview in die Radiostation bringen. Carola weist ihn ab: »Keine Interviews. Bitte haben Sie Verständnis«, und zieht kurzerhand das Schiebeluk wieder zu. Wir sind wieder für uns. Das heißt, nicht ganz, denn die Herrschaften im Cockpit des Nachbarschiffes können fast unsere ganze Kajüte einsehen. Nur eine kleine Ecke gleich neben dem Niedergang an Steuerbord bleibt für alle anderen unsichtbar. Genau dahin setzen wir uns.

Am nächsten Morgen geht Carola zum Hafenmeister und bittet um einen anderen Liegeplatz. Wir bekommen einen im hinteren Teil des Hafens angeboten, dort, wo es für die meisten Yachten zu flach ist. Nachdem wir den WAL auf den neuen Platz verholt haben, fühlen wir uns wohler. Hier liegen wir nicht mehr eingeklemmt zwischen den Großen, und außerdem erstreckt sich gleich neben dem Boot eine weite Rasenfläche. Andreas liebt das Rumtoben auf dem Rasen. Blitzschnell hat er ein paar Freunde gefunden. Mit Ted, Sumner und Carter, drei älteren Jungs von anderen Booten, darf er auf dem Hafengelände bis zum Dunkelwerden umherstreifen. Ich kann dort Segel, Tauwerk und Ölzeug zum Trocknen ausbreiten, nachdem ich das angekrustete Salz abgespült habe. Aber das Schönste ist der Geruch, dieser Duft des Rasens, ich kann gar nicht genug davon kriegen.

Tags darauf machen Andreas und ich uns auf den Weg nach Castries, der Hauptstadt von St. Lucia, 20 Kilometer entfernt. Zunächst suchen wir aber ein Internetcafé, um E-Mails an Verwandte und Freunde zu schreiben. Wir fanden das »Fish Net«, einen alten, verblichenen Holzschuppen ohne Fenster, mit vier Computern darin und einem großen Ventilator an der Decke. Ich wähle den Platz gleich neben der breiten, stets geöffneten Tür, die dem Laden immerhin ein bisschen Licht liefert. Der Computer ist elendig langsam, die Maus hakt und auf dem Monitor ist kaum etwas zu erkennen. Aber draußen direkt vor der Tür stehen ein paar Palmen, die sich mit sanftem Rauschen im Wind wiegen. Immer wieder weht der kühlende Wind in den Laden. Und wenn ich zur Tür rausgucke, sehe ich das Wasser der Rodney Bay und dahinter hohe Berge. Wenn man schon am Computer sitzen muss, ist dies definitiv der schönste Platz, den ich mir dafür vorstellen kann.

Als wir unsere Post erledigt haben, fahren wir mit dem Bus weiter nach Castries, um Proviant zu kaufen, denn unsere Vorräte haben wir bis auf ein paar Reste verbraucht. Zu meiner Enttäuschung muss ich feststellen, dass alles unglaublich teuer ist. Schließlich finden wir auf einem Markt wenigstens Bananen und Brot zu günstigen Preisen. Alle auf diesem Markt haben eine dunkle Hautfarbe, Andreas und ich sind die einzigen Weißen. Deshalb fallen wir auf wie bunte Hunde. Immer wieder streichelt jemand

Andreas über sein blondes Haar. Viele betteln uns an. Das ist neu für Andreas. »Papa, wir müssen doch helfen«, sagt er dann, »gib mir was aus deinem Rucksack.« Das drückt er dann dem anderen freundlich in die Hand. Als wir den Markt verlassen und uns auf den Weg zurück zum Boot machen, habe ich nur noch die Hälfte unseres Einkaufs im Rucksack.

Carola ist inzwischen über die Stege gebummelt, war hier und da an Bord gewesen, doch jetzt reicht es ihr: »Probleme mit dem Gefrierschrank, Einbau einer Aircondition und wie der Rolf endlich seine olle Swan losgeschlagen hat. Gibt's noch was anderes auf der Welt? Hans, wir müssen hier weg.«

Ich stimme ihr zu: »Arbeit finden wir hier sowieso nie. Die kleinen Besorgungen erledigen die Einheimischen, und an ihre teuren Yachten lassen die Leute nur Spezialisten.«

Carola ergänzt: »Hast du das Visum im Pass gesehen? Am größten steht da ›Arbeiten nicht erlaubt‹.«

»Außerdem nur noch Bananen und Brot«, sage ich, »das halten wir nicht lange durch.« Die Probleme einer Bananenrepublik sind uns schnuppe, wir wollen sobald wie möglich nach Martinique weiter.

Die 20 Seemeilen nach Norden zur nächstgelegenen Insel werden ein harter Ritt hoch am Wind und gegen die Wellen des Atlantiks. Dabei sind wir vorgewarnt, denn im Hafen liegt die JAZZ TIME mit ihrem genau über der ersten Saling abgeknickten Mast. John, ein Amerikaner, unterwegs mit Frau und vier Kindern, erzählt uns seine Geschichte: »Wir wollten nach Martinique rüber, waren gerade aus dem Schutz der Insel raus. War viel Wind da draußen, viel mehr, als es zunächst aussah. Plötzlich gab es einen fürchterlichen Knall, dann kam der Mast von oben. Seid gewarnt.« Dabei ist die Crew ausgesprochen erfahren: In Martinique hätte die JAZZ TIME ihre Weltumseglung vollendet. Immerhin wurde glücklicherweise niemand verletzt.

Im Schutz von St. Lucia arbeiten wir uns mit Kreuzschlägen so weit wie möglich nach Osten vor. Dann gibt es keine Felsen mehr, die Schutz bieten können. Hoch am Wind schwenken wir auf Nordostkurs. Vorsorglich habe ich das zweite Reff ins Großsegel gebunden. Doch was nun kommt, war trotz Warnung schlimmer als erwartet. Das hier ist der offene Atlantik, und wir können uns diesmal nicht vom Wind treiben lassen, sondern müssen gegen Wind und Wellen ankämpfen. Die Wellen sind drei, manche vier Meter hoch. Eine nach der anderen kommt uns entgegen, ohne Pause, je schneller wir fahren, umso schneller kommen sie. Carola und ich sitzen auf der Kante, immer wieder weht uns die Gischt ins Gesicht. »Jetzt müsste mal einer ein Foto vom WAL machen, richtig Aktion ist das hier«, ruft Carola mir zu.

»Du hast Sorgen ...«, schüttele ich den Kopf. Stundenlang knüppeln wir gegenan. Andreas ist die ganze Zeit in der verschlossenen Kajüte sich selbst überlassen. Als ich mir ein paar Kekse hole, erzählt er mir: »Ich bin seekrank. Habe schon zweimal gekotzt.« Ich fühle mich bestätigt: Solche Tagestörns sind nichts für uns. Bootshandling und Navigation erfordern den vollen Einsatz von Carola und mir. Wir finden einfach keine Zeit mehr für Andreas. Dann lieber wochenlang an einem Platz bleiben, danach die Segel setzen, die Selbststeuerung einstellen und ein langes Stück nonstop segeln. Das lässt uns genug Zeit für Andreas. Zwar werden wir auf die Weise nicht so viele verschiedene Orte anlaufen können, aber das ist auch nicht wirklich wichtig. Hauptsache ist, dass Andreas sich wohl fühlt, zufrieden ist, in jedem Hafen ein paar Freunde findet und, wenn er sich erst mal an sie gewöhnt hat, eine Zeitlang mit der Gewissheit leben kann: Morgen geh ich wieder zu meinen Freunden spielen.

Alles, was ich jetzt tun kann, ist, ihm über den Kopf zu streicheln, ein paar tröstende Worte zu sagen und mich zu beeilen, dass ich wieder raus auf die Kante komme, damit wir wieder soviel Höhe wie möglich laufen. Außerdem wird auch mir hier drinnen im Magen langsam mulmig.

Wir erreichen das im Süden von Martinique gelegene Le Marin gerade noch, bevor es dunkel wird. Darüber bin ich froh, denn die

Einfahrt in den Hafen schlängelt sich in engem Zickzack durch ein Gewirr von Korallen. Wir verbringen die Nacht am Gästesteg, an Steuerbord eine 18-Meter-Motoryacht, an Backbord eine 15-Meter-Segelyacht. Dann klarieren wir ein und bitten um einen Liegeplatz bei den kleinen Booten. Sofort bekommen wir einen Platz in der hintersten Ecke des Hafens, gleich neben den Mangroven, die das Ufer säumen. Sie halten den Wind ab, sodass es beinahe unerträglich heiß ist. Von den Yachten, die hier liegen, ist keine länger als zehn Meter, und die meisten sehen ziemlich abgewrackt aus. An dem Boot neben uns hängt die Rollfock in Fetzen vom Vorstag, bei anderen ist der Rumpf so stark bewachsen, dass sie wahrscheinlich kaum noch vom Fleck kommen würden. Auf einigen sehen wir nie jemanden, andere sind bewohnt, von Einzelgängern, Pärchen oder Familien. Wir bleiben zwei Monate.

Es ist ein Paradies für Andreas. Bald kennt er die Kinder von den anderen Booten. Sobald es hell wird, also um sechs, steht er auf, zieht seine Schwimmweste an und sagt: »Ich will spielen gehen.«

»Was? Ist doch noch viel zu früh«, antworten wir regelmäßig und noch ziemlich verschlafen. Nach dem Frühstück ist er nicht mehr zu halten und verschwindet dann oft bis Mittag. Natürlich wollen wir wissen, wo er sich herumtreibt. Deshalb gehe ich ein paar Mal unauffällig hinter ihm her. Was ich sehe, ist eine Bande von vielleicht zehn Kindern, die jüngsten sind vier, die ältesten zehn Jahre alt. Sie ziehen zusammen über die Stege, angeln, klettern auf Boote, planschen am Ufer im flachen Wasser herum, streiten sich, vertragen sich, hecken Streiche aus. Weil Andreas der einzige Nicht-Franzose ist, kann er bald ein paar Brocken Französisch.

Erst jetzt, nachdem wir diesen Platz gefunden haben, merke ich, wie müde und ausgebrannt ich noch von der Atlantiküberquerung bin. Erst denke ich, Carola ginge es genauso, bis sie mich nach zwei Tagen fragt: »Wann wollen wir denn weiter zu anderen Inseln in der Karibik?«

»Weiter? Lass uns hier bleiben«, antworte ich überrascht, »Andreas hat andere Kinder hier, billige Supermärkte gibt's auch, und vielleicht kann ich bei einer der Charterfirmen etwas Geld verdienen. Was wollen wir mehr?«

»Keine anderen Inseln sehen? Keine Traumbucht nur für uns ganz alleine?«

»Vergiss es, einsame Buchten gibt's hier wahrscheinlich sowieso nicht mehr. Außerdem hat mal einer dieser Weltumsegler geschrieben ›Hast du eine Palmeninsel gesehen, hast du alle gesehen.‹ Wir werden es uns hier schon schön machen. Für heute Abend lade ich dich auf einen Drink ein.«

Am Nachmittag spanne ich eine Plane als Sonnen- und Regenschutz übers Cockpit. Anschließend besorge ich eine Flasche Rum. Als Andreas schläft, serviere ich Carola den versprochenen Drink. Es bleibt nicht bei dem einen, wir machen die ganze Flasche leer und sind schon ziemlich betrunken, als Carola beschließt: »Okay, meinetwegen können wir hier bleiben. Aber nur, wenn du mir versprichst, dass wir noch in die Südsee weiterfahren.« Selig verspreche ich es ihr.

In den nächsten Tagen versucht Carola, mir soviel Französisch wie möglich beizubringen, weil ich das meiste dummerweise nach meiner Schulzeit vergessen habe. Ich mühe mich nach Kräften, denn eines ist mir klar: Wenn ich hier irgendwo nach einem Job frage, muss ich wenigstens ein paar Brocken Französisch können. Nachdem ich eines Morgens das Frühstück an Bord komplett auf Französisch durchgestanden habe, gibt Carola endlich grünes Licht: »Meinetwegen kannst du's ja mal probieren.« Überzeugt klingt es allerdings nicht.

Zuerst frage ich ein paar Stege weiter bei Maurice. Er hat hier fünf oder sechs Segelyachten liegen, die er verchartert. »Maurice, ich suche Arbeit als Tagelöhner. Hast du was für mich?«

»Sooo, was kannst du denn?«

»Alles.«

»Ja, das behaupten sie alle hier. Pass auf, ich geb dir eine Chance.

Wenn du das Beiboot, das im Cockpit liegt, mittags wieder flott hast, können wir darüber reden.«

Ich sehe mir das platte Beiboot an, ein altes Zodiac. Damit kenne ich mich glücklicherweise aus, denn wir haben ein Bombard, das aus dem gleichen Material hergestellt ist. Und eben das hatte ich schon nach unserer ersten Probefahrt noch Zuhause in Brambauer flicken müssen. Glücklicherweise hatte ich mir nach dieser Reparatur einen anderen Spezialkleber besorgt, der besonders schnell trocknet, denn für den Originalkleber schreibt der Hersteller eine Wartezeit von 24 Stunden vor. Und wer will am Ankerplatz schon einen Tag warten, bis er wieder an Land kann? Diese Überlegungen von früher erweisen sich jetzt als meine Rettung – wenn auch anders, als ich es mir je hätte ausmalen können. Ich hole also meinen Kleber und mache mich an die Arbeit. Als Maurice vom Mittagessen zurückkommt, schwimmt das Beiboot wieder. Dass die Flicken grau sind auf dem roten Boot, spielt keine Rolle.

»Okay, immer wenn ich Arbeit für dich habe, komme ich zu euch rüber und sage Bescheid.« Und zum Glück gibt's oft was zu tun, denn die Yachten, die Maurice verchartert, sind schon älter. Dafür sind seine Charterpreise auch unschlagbar niedrig und so sind seine Schiffe meistens ausgebucht. Zum Bummeln in den Buchten von Martinique reichen die betagten Schiffe allemal. Wenn sie zurück sind, flicke ich Beiboote, schleppe altersschwache Batterien zum Aufladen an Land, spachtle Schäden am Rumpf zu, wechsle Tauwerk aus, suche nach dem Grund für herausfliegende Sicherungen, kratze Bewuchs vom Unterwasserschiff. Der Lohn, den Maurice zahlt, ist mager, ganze fünf Euro die Stunde. Aber bald merke ich, dass bei dem Job viel mehr herausspringt: Ich darf nämlich den Proviant ausräumen, den die Gäste nach dem Ende ihrer Charter an Bord zurücklassen. Die meisten haben viel zu viel eingekauft, und deshalb komme ich nach meinen Arbeitseinsätzen oft mit einem Karton voller Leckereien zurück auf den WAL. Saft, Süßigkeiten, Konserven, H-Milch, Obst und Gemüse brauchen wir nur noch selten selbst zu kaufen und sparen auf die Weise eine Menge Geld.

So könnte es weitergehen, und vielleicht würden wir wie viele andere, die wir treffen, für eine Saison oder auch für länger ebenfalls in der Karibik hängenbleiben. Aber dann lassen wir uns von den niedrigen Preisen für Mietwagen dazu verleiten, mit einem Auto einen Tagesausflug rund um die Insel zu machen. Seit fast einem dreiviertel Jahr bin ich nicht mehr selbst Auto gefahren, an Land habe ich alle Wege zu Fuß oder mit öffentlichen Verkehrsmitteln zurückgelegt. Auf einmal ist alles wie früher: Um mich herum Drängeln, Rasen, Hupen. Das alles hat mich schon auf dem täglichen Weg zur Arbeit total angekotzt. Ich bin froh, als wir abends das Auto abgeben, und ich wieder in meine Koje auf dem WAL kriechen kann. »Scheiß Autos«, denke ich.

Ein paar Tage danach leeren sich die Liegeplätze rechts und links von uns. Es dauert nicht lange, dann macht auf der einen Seite eine neue Yacht fest, an Bord ein Einhandsegler. Immer wenn sich eine Gelegenheit bietet, stellt er sich an Deck seiner Zehn-Meter-Yacht und hält uns mit lauter Stimme Vorträge über die Gefahren der See. Das geht mir gehörig auf die Nerven. Und als ob das nicht reicht, schiebt sich in die Lücke in Luv auch noch eine große Aluminiumyacht mit einem Ehepaar an Bord. Es dauert eine ganze Weile, bis sie alle Leinen fest haben. In dieser Zeit treibt der Wind ihr bestimmt zehn Tonnen schweres Schiff gegen den WAL und drückt diesen auf die Yacht neben uns. Der WAL dient quasi als großer Fender und knarzt fürchterlich in den Verbänden. In Panik klettere ich auf die übernächste Yacht und fordere eine Luvleine, um die Aluyacht von unserem Schiffchen wegzuziehen. Als Antwort bekomme ich ein Lächeln und den Hinweis, Schäden an unserem Boot könnten ja hinterher mit der Versicherung geregelt werden. »Scheiß Bonzen«, fluche ich.

Wir verstärken unsere Anstrengungen, den WAL für den Pazifik auszurüsten. Zwar trennen uns noch das Karibische Meer und der Panamakanal vom Pazifik, doch eine E-Mail von John von der TROIKA hat uns Mut gemacht. Er schreibt nämlich, dass er schon durch den Panamakanal sei und nun so bald wie möglich weiter

Richtung Französisch-Polynesien wolle. Diese Mail ist der Beweis: Es ist mit einem Boot wie dem unsrigen möglich! Beim Surfen im Internet finde ich außerdem auf einer deutschen Übersetzung einer australischen Website den Hinweis, dass man in Australien ein Touristenvisum mit begrenzter Arbeitserlaubnis erhalten könne. Da müssen wir hin! Bei einer Firma in den USA bestelle ich Seekarten-Kopien vom gesamten Pazifik. US-Seekarten dürfen frei kopiert werden, und diese Firma bietet sie außerdem als Verkleinerungen in dreiviertel Größe an, ideal für unser Boot. So haben wir schließlich 50 Seekarten bis Australien an Bord, zu einem Preis, für den wir nicht mal zehn Originalseekarten hätten kaufen können.

Sorge bereitet uns nur noch der WAL. Während der Liegezeit im Hafen bilden sich oben in der Kajüte zwischen Dach und Ringschott Risse. Wären diese Risse auf See entstanden, hätte mich das nicht besonders überrascht, schließlich ist das Boot nicht für die Belastungen auf hoher See gebaut. Aber warum sich diese Risse hier im Hafen bilden, nach mehrwöchiger Liegezeit, bleibt mir ein Rätsel. Ist vielleicht die Sonne, die jeden Tag mehrere Stunden fast senkrecht aufs Deck knallt, der Grund? Oder der seitliche Druck von der Aluyacht bei deren Anlegemanöver? Gerne hätte ich die fachkundige Stellungnahme von der Etap-Werft gehört, aber auf meine Faxe und E-Mails erhalte ich keine Antwort. So presse ich schließlich mit einer Spritze Epoxydharz in die Risse und hoffe das Beste.

Am Ostersamstag, den 14. April 2001, machen wir in Le Marin die Leinen los und tuckern aus der Bucht. Als wir die letzten Tonnen passiert haben, setzen wir die Segel und stellen die Selbststeueranlage ein. Vor uns liegen 1200 Seemeilen über das Karibische Meer bis zum Panamakanal. Hinter uns liegt eine geschützte, idyllische Bucht. Carola hockt neben mir im Cockpit und sagt mit Wehmut in der Stimme: »War sehr schön hier.«

Andreas steht im Niedergang, blickt zurück in die Bucht und fragt: »Wann kann ich wieder mit Anna spielen?« Seine kleine

Freundin von der IDEMO, mit der er oft gespielt hat, bleibt mit ihren Eltern noch ein Jahr in der Karibik, bevor auch sie weiterwollten. Mich hingegen packt der Abschiedsschmerz mal wieder erst so richtig, nachdem die Segel eingestellt sind und die Selbststeuerung den WAL auf Kurs hält. Ich könnte heulen. Werde ich mich denn nie ans Losfahren gewöhnen?

Um mich abzulenken, mache ich mich daran, unsere neue Passatbesegelung auszuprobieren. Wir befinden uns noch im Schutz der Insel, die Wellen sind nur klein, und der WAL schaukelt nur wenig, ideale Bedingungen also. Während der Atlantiküberquerung haben wir die zweite Fock mit Hilfe des Großbaumes ausgebaumt. Das war nicht optimal, weil es so immer eine gute und eine schlechte Seite vor dem Wind gab. ›Kein Problem‹, hatte ich gedacht, ›auf Martinique kaufe ich einen zweiten Spinnakerbaum‹. Ich habe alle Segelläden abgeklappert, aber eine passende Aluminiumspiere war einfach nicht aufzutreiben. Selbst die allerkleinsten waren viel zu groß und schwer für unser Boot, offensichtlich braucht hier keiner so was auf Booten unter zehn Metern Länge. Schließlich hat mein Bruder einen Spinnakerbaum aus Deutschland geschickt. Jetzt turne ich also aufs Vordeck, hake die beiden Bäume an einem Beschlag am Mast ein und setze sie mit Hilfe von Vorderholer, Achterholer und Toppnant fest. Die Leinen führe ich auf Klemmen im Cockpit. Dann fädle ich zwei Vorsegel in das Profilvorstag ein. Carola kurbelt im Cockpit an der Winsch und so ziehen wir die Segel nach oben. An jede Fock habe ich vorher eine Schot geknotet. Über Blöcke am Ende der Spinnakerbäume führe ich auch diese Leinen bis ins Cockpit. Damit ist der anstrengende und bei viel Wind möglicherweise gefährliche Teil der Arbeit auf dem Vorschiff erledigt. Mithilfe der Winschen auf dem Kajütdach nehme ich die Focks dicht. Die Segel füllen sich mit Wind und stehen spiegelgleich nach Backbord und Steuerbord. Ich bin sehr zufrieden, endlich haben wir für lange Vorwindstrecken die perfekte Passatbesegelung. Zwar ist das Ganze nicht so effektiv wie ein Spinnaker, aber das ist mir nicht wichtig. Hauptsache, dass ich ab jetzt vom Cockpit aus die Segelfläche stufenlos und in Sekundenschnelle an die Stärke des Windes anpassen kann.

Zum Abendessen hat Carola Reis gekocht. Dieses warme Essen am ersten Tag der Reise genießen wir besonders, denn uns ist klar, dass die Bedingungen nicht so gemütlich bleiben werden. Im Seglerhandbuch steht was von hohen und steilen Wellen im westlichen Teil der Karibik, die kleinen Booten durchaus gefährlich werden können. Aber noch ist es ruhig. Der WAL rollt nur ein bisschen, und am Horizont verschwinden langsam die Lichter von Martinique.

Die Nacht ist wunderbar warm. Bei geöffnetem Schiebeluk liegen wir auf den Kojen, nur mit T-Shirt und Sporthose bekleidet, Decken brauchen wir nicht. Carola und ich wechseln uns alle drei Stunden mit der Wache ab. Der Wachhabende streckt alle 20 Minuten seinen Kopf aus dem Luk, hält Ausschau nach Schiffen und wirft einen Blick auf den Verklicker im Masttopp und auf den Kompass. Es ist schön, sich die feuchtwarme Nachtluft um die Nase wehen zu lassen. Am Tage allerdings wird es fast unerträglich heiß in der Kajüte. Das Schiebeluk muss geschlossen bleiben, um Schatten zu spenden, auch der untere Teil des Steckschotts bleibt immer eingesteckt für den Fall, dass eine Welle ins Cockpit schwappt. So ist es in der Kajüte während des Tages stickig heiß. Am Anfang machen wir den Fehler, uns ins Cockpit zu flüchten, um uns vom Wind kühlen zu lassen. Die Quittung am Abend ist ein fieser Sonnenbrand, der noch tagelang schmerzt.

Wenigstens kommen wir flott voran, am dritten Tag machen wir ein Rekordetmal von 139 Seemeilen, am nächsten Tag sind es 137 Seemeilen. Am fünften Tag frischt der Wind weiter auf, sodass ich die Leinen übers Heck ausbringe. Die beiden folgenden Tage schleppen wir ununterbrochen mindestens eine Leine achteraus und legen trotzdem von Mittag bis Mittag jeweils über 130 Seemeilen zurück. Zwar sind die Wellen, die von achtern heranrollen tatsächlich steil, aber mittlerweile haben wir uns an den Anblick gewöhnt und wissen, dass sie für unser Boot ungefährlich sind, solange das Heck genau zu den Wellen zeigt. Am achten Tag frischt der Wind noch weiter auf. Er heult wieder im Rigg! Die Wellen werden riesig hoch, Gischt beginnt von den Kämmen der Wellen abzuwehen. Wir erinnern uns an eine ähnliche Situation auf dem Atlantik. Das schon einmal Erlebte gibt Sicherheit, deshalb bleiben wir diesmal gelassener und vertrauen auf unser kleines Schiff. Um trotzdem alles in unserer Macht Stehende zu tun, ziehen wir die Schwimmwesten an, legen die Seenotfunkboje bereit, und indem ich alle vorhandenen Festmacher zusammenknote, bringe ich noch eine weitere Leine übers Heck aus. In dieser Nacht kriegen Carola und ich kein Auge zu, nur Andreas schläft völlig unbeeindruckt von dem Sturm, der draußen tobt. Am nächsten Tag lässt der Wind spürbar nach. Das Schlimmste ist überstanden. In unserer Freude über den abgerittenen Sturm übersehen wir, dass die Wellen noch immer hoch und steil sind. Leichtsinnigerweise lassen wir das obere Steckschott auf. Es kommt, wie es kommen muss: Eine Welle knallt mit voller Wucht gegen das Heck. Wasser schießt ins Cockpit und schwappt übers untere Steckschott in die Kajüte. Unsere Bettdecken werden pitschnass. Wie zur Krönung landet in der darauf folgenden Nacht ein fliegender Fisch in der Kajüte. Nun sind die Kojen nicht nur feucht und klamm, sondern stinken nach Fisch. Wir selbst sind von der Sonne verbrannt und überall befindet sich getrocknetes Salz, im Cockpit als dicke Salzkruste, in der Kajüte als Staubschicht, die sich nachts in eine Schmierschicht verwandelt. Von dem ganzen Salz beginnt sogar meine Brille an einigen Stellen zu rosten. Mir reicht's. Ich sehne mich nur noch nach Süßwasser, um das Salz abzuspülen.

Am elften Tag flaut zu allem Unglück der Wind immer mehr ab, sodass wir unbedingt das Großsegel setzen müssen, um einigermaßen voranzukommen. Carola fällt es ebenso schwer wie mir, sich zu dem Manöver aufzuraffen. Aus Bequemlichkeit entscheiden wir uns, während des Segelsetzens auf Vorwindkurs zu bleiben. Mühsam würge ich Großsegel mithilfe der Winsch am Mast hoch, während Carola steuert, um das Boot genau vor dem Wind zu halten. Doch als sich eine Segellatte verklemmt, ist sie für einen

Moment abgelenkt. Augenblicke später schlägt das Großsegel auf die andere Seite. Im letzten Moment kann ich dem in Kopfhöhe übers Cockpit fegenden Großbaum ausweichen. Eine Patenthalse! Ich bin wütend auf alles und auf Carola. Mit letzter Beherrschung bringe ich das Manöver zu Ende. Dann schreie ich ihr »willst du mich umbringen?« ins Gesicht, stürme in die Kajüte und verkrieche mich in meiner Koje. Carola sagt nichts, erträgt schweigend meinen Wutausbruch und steuert die folgenden Stunden von Hand. Ich döse dahin und erst Andreas' Ruf »Land in Sicht!« lockt mich wieder hervor. Bis zum Abend will ich unbedingt den Hafen von Colòn erreichen. Für einen optimalen Gewichtstrimm des Bootes hocke ich mich sogar aufs Vorschiff, während Carola weiter von Hand steuert.

So holen wir noch den letzten Zehntel Knoten an Geschwindigkeit heraus. Und tatsächlich, bevor es dämmert, kommt die ersehnte Hafeneinfahrt in Sicht. Das heißt, zuerst sehen wir zahllose Frachtschiffe, die auf dem Meer ankern. Sie warten auf ihre Durchfahrt durch den Panamakanal, der hier beginnt. Wir nehmen den Motor zur Hilfe, um sicher durch das Feld der auf Reede liegenden Schiffe zu kommen. Bald bin ich mir sicher, dass diese Kolosse völlig harmlos sind, solange sie vor Anker liegen und so passieren wir sie immer mutiger werdend in nur wenigen Dutzend Metern Abstand. Plötzlich jedoch lässt einer in unserer Nähe sein Signalhorn erschallen. Ich zähle: 1–2–3–4–5. Fünfmal kurz. Das heißt »Gefahr einer Kollision. Ich mache Sie auf Ihre Ausweichpflicht aufmerksam!« Meint der etwa uns?

»Hans, der hat gar keine Ankerkette im Wasser«, sagt Carola. Verdammt, jetzt fällt es mir auch auf. Wir sind direkt vor seinem Bug, nicht mehr als hundert Meter entfernt. Ich gebe Vollgas. Trotzdem schiebt sich der riesige Schiffsrumpf bedrohlich schnell näher. Aber wir schaffen es, weniger als fünfzig Meter hinter uns fährt der Koloss vorbei. Da droht schon die nächste Gefahr. Mittlerweile befinden wir uns kurz vor der Hafeneinfahrt. Da sehe ich, wie ein Frachtschiff aus dem Hafen herauskommt, und zwar mit voller Kraft voraus. Es schiebt eine riesige Bugwelle vor sich her. Um abzudrehen bleibt uns keine Zeit mehr, die Steine der Hafenmole sind viel zu nah, und der Sog, den das Riesenschiff erzeugt, würde uns mit Sicherheit auf die davor liegenden Steine setzen. Alles was wir tun können, ist unseren Kurs halten und versuchen die steilen Wellen abzureiten. Das Gefährliche an diesen Wellen ist, dass sie sehr kurz hintereinander kommen und unser Bug in die nächste Welle hineinsticht, während das Heck noch von der vorherigen Welle angehoben wird. Sieht der Frachter uns denn nicht? Kann der nicht ein bisschen langsamer fahren? Meine Gedanken sind natürlich lächerlich, wie ich mir später eingestehe. Bis zu 100 000 Dollar bezahlt so ein Frachtschiff für die Kanaldurchfahrt. Da ist Zeit Geld, und für ein kleines Freizeit-Segelboot etwas von der gewonnenen Zeit wieder zu verschenken, kommt sicher keinem Kapitän in den Sinn. Unser WAL meistert die Wellen zum Glück problemlos. Aber ich habe verstanden: Hier am Panamakanal hat die Berufsschifffahrt das Sagen, und wir machen am besten einen großen Bogen um sie.

Ganz am Rand des Fahrwassers fahren wir bis zum Yachthafen und machen im letzten Tageslicht an einem Steg fest. Ich hole den Wasserschlauch aus der Backskiste, schließe ihn an einen Wasserhahn am Steg an und spritze das ganze Boot ab.

Aber in Gedanken bin ich bei meinem Wutausbruch heute Vormittag. Mir wird klar, dass ich die Belastungen und Bedrohungen da draußen nicht so leicht wegstecke, wie ich's gerne hätte. So stark, wie ich mich gerne sehe, bin ich gar nicht. Als ich das Schiebeluk aufmache, steht Andreas, der in der Zwischenzeit drinnen mit Carola aufgeräumt hat, auf der Treppenstufe und sagt: »Papa, vertragt euch wieder, bitte.«

Ich bitte Carola um Verzeihung. Lächelnd antwortet sie: »Ist schon vergessen, mein Lieber. Und jetzt haben wir eine Dusche verdient.«

Zuerst ist Andreas dran, er jauchzt vor Vergnügen, als ich ihn mit dem Schlauch abspritze. Dann darf er Carola und mich abspritzen.

Wir küssen uns dabei, erst noch ein bisschen zaghaft, dann innig. Innerlich jauchze ich ebenfalls. Der Atlantik liegt hinter uns!

In dieser Nacht wälze in mich unruhig in der Koje hin und her. Die schwüle Hitze ist beinahe unerträglich. Bei Tagesanbruch setze ich mich ins Cockpit, genieße das bisschen morgendliche Kühle und betrachte den Yachthafen. Er ist durch hohe Mauern eingegrenzt, ein Gelände von der Größe eines halben Fußballfeldes. An den alten Betonstegen liegen vielleicht fünfzig Motor- und Segelboote aller Größen. Viele sind einheimische, höchstens zwanzig aus anderen Ländern, vor allem Amerikaner und Europäer, die wahrscheinlich auf eine Passage durch den Panamakanal warten. Neben dieser Steganlage ragt ein großer Holzponton ins Wasser. Das muss der sogenannte Dingisteg sein, an dem die Ankerlieger mit ihren Beibooten anlanden. Gestern Abend haben wir viele Yachten auf den sogenannten »Flats« ankern sehen, über eine Seemeile vom Yachthafen entfernt mit Blick auf die erste Kanalschleuse, die Gatun-Schleuse. Hinter dem Dingisteg schließt sich ein Bereich mit Muringleinen an. Dort liegen große Motoryachten unter panamesischer oder kolumbianischer Flagge. Einige von ihnen ähneln Offshore-Rennbooten mit riesigen Außenbordmotoren am Heck, andere sind an Deck vollgepackt mit großen Beibooten, starken Außenbordern und Geländemotorrädern. Eine hat sogar ein kleines U-Boot an Deck.

Während ich noch darüber nachsinne, wofür all diese Ausrüstung gut sein soll, steuert ein drahtig aussehender, älterer Mann sein Beiboot in Richtung unseres Hecks. Begeistert ruft er mir beim Näherkommen in Englisch zu: »Mensch, seid ihr wirklich aus Lünen?« Die Stadt ist der Heimathafen unseres WAL und deshalb steht ihr Name in gut lesbaren, großen Buchstaben am Heck. Bisher hat uns noch nie jemand auf unseren Heimathafen angesprochen. Deshalb bin ich baff und antworte überrascht mit einer Gegenfrage: »Woher kennen Sie denn Lünen? Ist doch nur ein kleines Nest und noch dazu weit ab vom Meer.«

Der andere hält sich nun am Heck fest und erzählt: »Als britischer Soldat war ich bis 1990 in Dortmund stationiert. Meine Freundin wohnte in Lünen. Jetzt bin ich pensioniert und segle um die Welt. Aber war 'ne schöne Zeit damals in Deutschland.«

Jaja, die Welt ist klein, denke ich und spüre die Mischung aus Freude und Erleichterung, dass hier in der Fremde jemand meine Heimatstadt kennt. Irgendwie macht mir das Mut. Doch der schwindet wieder. »Seid vorsichtig«, erzählt er weiter, »es gibt hier in Colòn zwei Welten: drinnen und draußen. Drinnen, also hier auf dem Yachtclub-Gelände ist's sicher und ihr könnt euch frei bewegen. Draußen, das ist sobald ihr das Club-Gelände verlasst. Da herrschen Verbrechen, Mord und Totschlag. Nehmt auch für den kürzesten Weg ein Taxi und geht nur in Geschäfte, vor denen Wachmänner mit Maschinenpistolen stehen.«

Wir sind noch nicht richtig angekommen, da wollen wir eigentlich schon wieder weg. Aber das scheint hier allen so zu gehen. Jeder Segler, mit dem ich spreche, ist einzig und allein damit beschäftigt, so schnell wie möglich seine Kanaldurchfahrt zu organisieren. Also mache auch ich mich an die Arbeit. Zuerst studiere ich den Infozettel von der Kanalgesellschaft. Preis für die Kanalpassage: 500 US-Dollar. Na ja, ziemlich happig für unser kleines Boot. Verlangte Ausrüstung an Bord: vier Leinen von je 33 Metern Länge. Haben wir nicht, kann man aber gegen eine geringe Gebühr im Clubbüro ausleihen. Besatzung an Bord: vier Personen, die die Festmacher bedienen, dazu der Kanallotse und der Skipper. Ich rechne nach: Carola könnte eine Leine bedienen, brauchen wir also noch drei weitere Leinenbediener plus Lotse plus Skipper macht sechs Personen an Bord. Plus Andreas! Das kann nicht gut gehen. Außerdem werden verlangt: Ein Motor, der eine Mindestgeschwindigkeit von vier Knoten ermöglicht und über Vor- und Rückwärtsgang verfügt, ein Feuerlöscher und ein abgeschlossener WC-Raum. Haben wir ehrlich gesagt alles nicht. Vier Knoten gibt unser Tohatsu bei Vollgas her, aber einen ganzen Tag lang mit sechseinhalb Personen an Bord? Unmöglich.

Ich muss daran denken, was wohl andere damals bei unserer Abreise gesagt hätten, wenn ich erzählt hätte, wir wollen nach Panama segeln. »Unmöglich« wäre wahrscheinlich noch einer der freundlicheren Kommentare gewesen. Aber jetzt sind wir hier – und ich würde auch einen Weg finden, durch den Panamakanal in den Pazifik zu kommen! Ich mache mich daran, bei den anderen Yachten zu fragen, ob uns einer seinen Außenborder für die Kanaldurchfahrt leihen kann. Aber immer wieder höre ich dieselben Absagen: »Unser Außenborder läuft total unzuverlässig.« – »Geht immer mal wieder aus.« – »Der Rückwärtsgang funktioniert nicht mehr.« – »Mein Außenborder braucht unbedingt einen Ölwechsel. Aber ich finde die Bedienungsanleitung nicht.« Auweia. Die meisten Motoren, die an Heckkörben und Beibooten hängen, sehen wie neu aus. Manche Yacht hat sogar zwei Außenborder am Heckkorb hängen. Ich mache einen Aushang im Waschraum. Niemand meldet sich. Dann starte ich einen Aufruf in der morgendlichen Funkrunde. Funkstille. Schließlich klappert Carola mit Andreas noch mal die in Frage kommenden Yachten ab. Ohne den geringsten Erfolg. Wütend kommt sie zurück auf den WAL:

»Du mit deinen Geschichten über die einzigartige Hilfsbereitschaft unter Fahrtenseglern! Pah! Geschichten aus Büchern von vorgestern. Heute sitzen die auf ihren Millionenyachten und interessieren sich nur für ihren eisgekühlten Drink.«

Ich versuche sie zu beschwichtigen: »Vielleicht haben wir einfach nur Pech. Außerdem schlägt doch die düstere Stimmung hier in Colòn auch noch dem sonnigsten Charakter aufs Gemüt. Wir werden schon einen Weg finden!« Ich verschiebe die Motorfrage und melde unser Boot erst mal zur Vermessung bei der Kanalgesellschaft an.

Als der Vermesser dann am Steg neben dem WAL steht, blickt ein Mann ungefähr in meinem Alter, Schwimmweste um, mit einem großen Aktenkoffer in der Hand und derben Schuhen an den Füßen auf uns herab. Wahrscheinlich springt er sonst an Bord von Frachtschiffen, poltert im Sauseschritt die Eisentreppen bis zur

Brücke hoch und klärt dann bei einem Kaffee mit dem Kapitän die nötigen Fragen. Mal sehen, wie's bei uns wird. Zuerst besteht er auf einem Rundgang an Bord. Dabei bleibt er dauernd an irgendwelchen Fallen oder Stagen hängen, und ich habe schon Angst, dass er über Bord fallen wird. Aber er überrascht mich, schafft es unbeschadet bis ins Cockpit, wo er sogleich seine Checklisten auspackt. Bevor er anfängt, die Formulare auszufüllen, belehrt er mich darüber, dass ich auf alle Fragen wahrheitsgemäß zu antworten habe. Sollte es durch nicht wahrheitsgemäße Antworten zu Schäden am Kanal oder zur Störung des Betriebsablaufs kommen, würde uns die Kanalgesellschaft für alle Schäden, Verdienstausfälle usw. haftbar machen. Dann geht's los:

»Haben Sie einen Motor?«

Ich antworte: »Motor ja, der schafft aber höchstens dreieinhalb Knoten und hat auch keinen Rückwärtsgang.«

»Haben Sie einen WC-Raum?«

»Nein, leider nicht. Werfen Sie ruhig einen Blick in die Kajüte. Sehen Sie? Das Klo steht direkt hinter der Küche.«

Vielleicht irre ich mich, aber sein Gesichtsausdruck scheint zwischen Ratlosigkeit und Unverständnis zu wechseln.

»Genug Übernachtungsplätze für die Leinenbediener, falls eine Übernachtung im Gatunsee nötig wird?«

»Nein, höchstens eine freie Koje.«

»Feuerlöscher?«

»Nein.«

»Sonnen- und Regenschutz für den Lotsen?«

»Nein.«

Eine Weile blickt er auf seine Papiere, ohne ein Wort zu sagen. Dann kramt er ein Handy hervor und telefoniert auf Spanisch. Ich verstehe den Inhalt nicht. Als er fertig ist, fordert er uns auf, auf weitere Anweisungen zu warten. Nach einer Weile telefoniert er erneut. Dann sagt er, in wenigen Minuten käme ein Auto der Kanalgesellschaft und würde ihn und mich zum Hafenkapitän bringen. Dort solle ich alles weitere besprechen. Kurze Zeit darauf fährt ein weißer amerikanischer Straßenkreuzer mit dem Zeichen der Kanalgesellschaft auf den Türen aufs Hafengelände. Wir steigen ein. Der Fahrer rast mit hohem Tempo durch die Stadt, manchmal quietschen die Reifen. Zum ersten Mal sehe ich Colòn. Und bin geschockt. Viele Gebäude sehen wie verfallene Gebäude in einem Wildwest-Film aus. Überall hängen abgerissene Gestalten herum. Der Wind weht Müll über die Straßen. Vor manchen Gebäuden stehen ein oder zwei Wachleute mit kugelsicheren Westen und erhobenen Maschinenpistolen.

Schließlich bleibt die Stadt hinter uns, wir nähern uns einem großen weißen Gebäude mit einem Turm drauf. Ich erkenne den Turm wieder, wir sind während unserer Hafenansteuerung an ihm vorbeigefahren. Bevor wir das Gebäude erreichen, passieren wir einen hohen Zaun, in dem sich ein Tor automatisch öffnet. Direkt hinter dem Zaun fahren wir im Schritttempo mehrere Meter über ein Gitterrost. Dann kommen wir zu einer Schranke mit Wachmann. Er hält ein Gerät in den Händen, das wie eine Schaufel aussieht und das er von allen Seiten unter den Wagen schiebt. Offensichtlich sucht er mit einem Spiegel den Wagenboden ab. Dann öffnet er die Schranke, und wir fahren das kurze Stück bis zu dem Gebäude der Kanalgesellschaft. Dort halten wir an. Ein bisschen wundere ich mich, dass ich nicht durchsucht werde. Schließlich bringt mich der Vermesser in ein höheres Stockwerk und sagt, ich müsse etwas warten. Ich setze mich auf einen Holzstuhl und warte. Irgendwie hat mich das alles ziemlich eingeschüchtert. Zweifel steigen in mir auf. Bin ich zu weit gegangen? Was, wenn sie uns nicht durch den Kanal lassen? Hätte ich nicht lieber ein paar Notlügen riskieren sollen? Nach einer Stunde zermürbenden Grübelns werde ich zum Hafenkapitän geführt, in einen Kontrollraum mit unzähligen Monitoren und Schaltpulten. Hinter den großen Scheiben sehe ich auf der einen Seite das Meer und auf der anderen Seite den Panamakanal. Ein überraschend junger Mann kommt auf mich zu, vielleicht Ende dreißig, gibt mir seine Hand und stellt sich in fließendem Englisch als Raul Abello vor. Ich finde es einfach total aufregend, hier oben zu stehen, wo der Panamakanal kontrolliert wird und bringe nur »Toll, muss ein großartiger Job sein, hier oben den Panamakanal zu managen« hervor.

»Lassen Sie uns zur Sache kommen«, antwortet der Hafenkapitän, womit er natürlich Recht hat.

Ich schildere ihm in kurzen Worten meine Geschichte und die Probleme mit den Vorschriften. »Wissen Sie«, sage ich schließlich, »sechs Erwachsene an Bord, dazu noch ein Kind, wie soll das gehen einen ganzen Tag lang? Vielleicht halten die Erwachsenen das aus, aber unser Junge wird doch irgendwann verrückt dabei.«

Endlich habe ich das Eis gebrochen, denn er antwortet: »Ja, das kann ich mir vorstellen, ich habe auch zwei kleine Jungs.«

Wir reden eine Weile darüber, wie das so geht mit Familie auf einem kleinen Boot von Europa bis nach Panama. Dann sagt er: »Okay, ich will Ihnen helfen, dass Sie in den Pazifik kommen. Mein Vorschlag: Sie brauchen nur einen Leinenbediener, dazu den Lotsen. Dafür besorgen Sie sich einen stärkeren Motor, so zehn bis fünfzehn PS, dann schaffen Sie den Kanal in einem Tag. Bleibt die Frage mit dem WC-Raum.«

»Ich könnte einen Vorhang montieren, sodass das Vorschiff abgeteilt ist«, schlage ich erleichtert vor.

»Gute Idee. Rufen Sie mich an, wenn alles fertig ist.«

Schon ist er wieder hinter seinen Monitoren verschwunden, und ich werde wieder mit quietschenden Reifen zurück zum Yachthafengelände gebracht.

»Woher willst du denn den Motor kriegen?«, fragt Carola voller Zweifel, nachdem ich ihr von der Vereinbarung erzählt hatte.

»Ich werde mal bei den Yachten fragen, die die Segler nur abfällig Schmuggleryachten nennen. Du weißt, die mit den Crossmotorrädern an Deck.«

»Sei vorsichtig«, bittet meine Frau.

Am nächsten Vormittag nehme ich Andreas an die Hand und gehe rüber zu den großen Motoryachten. Bei einer schnittigen Zwölf-Meter-Yacht hängt ein 15-PS-Yamaha-Enduro am Heckkorb, wie neu. »Das wäre genau der richtige Motor für uns«, sage ich zu Andreas. Auf mein Rufen hin kommt ein rundlicher junger Mann ans Heck und stellt sich als Miguel und Besitzer der Yacht vor. Ja, den Motor würde er uns schon leihen, aber sein Freund müsste als Leinenbediener mitfahren und das Ganze würde natürlich einiges kosten. Schließlich einigen wir uns auf die Hälfte des vorgeschlagenen Preises, 80 US-Dollar für einen Tag einschließlich ein paar Benzinkanistern sowie Rücktransport von Javier, so heißt sein Freund, und Motor von Panama City nach Colòn. Das ist erheblich günstiger, als ich zu hoffen gewagt hatte, und so ist unsere Kanaldurchfahrt endlich gesichert.

Die nächsten Tage verbringen wir mit den Vorbereitungen. Ich besorge Unmengen von Benzin, schließlich habe ich keinerlei Erfahrungen, wie viel so ein Motor verbrauchen wird. Carola leiht von anderen Yachten noch ein paar Handbücher über den Pazifik, die sie in der Stadt zu einem Spottpreis kopieren und auch gleich binden lässt. Eine kleine Probefahrt mit dem geliehenen Motor machen wir auch, er läuft einwandfrei – und schnell! Die Nachmittage verbringe ich mit Andreas, bevorzugt auf der Wiese hinter den großen Motoryachten. Dann spielen deren Mannschaften dort nämlich Fußball. Aber nicht das ist das Interessante, sondern die grünen Leguane, die durch die herumtobenden Männer aus ihren Erdlöchern gescheucht werden und dann verwirrt übers Feld irren. Die größten sind fast einen Meter lang. So große Eidechsen haben wir noch nie gesehen.

Am 8. Mai, fast auf den Tag genau zwei Wochen nach unserer Ankunft, können wir endlich zur Kanalfahrt starten. Noch vorm Hellwerden sollen wir auf den »Flats« das Lotsenversetzboot treffen, um unseren Lotsen zu übernehmen. Wir tuckern hin, sehen das Lotsenboot und folgen deren Anweisung zu stoppen, damit sie längsseits kommen können, um den Lotsen abzusetzen. Was aber bei den beiden anderen Yachten, die noch mit uns durch den Kanal wollen, problemlos klappt, ist beim WAL ein Witz. Das Lotsenboot ist nämlich ein solides Stahlmotorboot, mindestens doppelt so groß wie wir. Unser Wal treibt so schnell und unberechenbar, dass sie es auch nach mehreren Anläufen nicht schaffen, bei uns längsseits zu kommen. Sie könnten uns allenfalls über den Haufen fahren. Endlich geben sie auf und fordern uns auf, bei ihnen längsseits zu kommen. Aber auch das ist nicht so einfach. Es ist noch dunkel und windig dazu, und ich bin mit dem Motor nicht vertraut. Ich habe Angst um Boot und Rigg. Nach ein paar Anläufen gelingt es mir, dicht genug bei ihnen vorbeizufahren, sodass der Lotse das Oberwant zu fassen bekommt und auf unser Boot springen kann.

Der Rest der Kanaldurchfahrt erweist sich dagegen als kinderleicht. Vor den drei Schleusen, die passiert werden müssen, gehen wir an einer 14-Meter-Yacht längsseits. Dann haben wir nichts mehr zu tun, das ganze Manövrieren in den Schleusen und die Leinenbedienung wird auf der großen Yacht erledigt. So lange die keinen Fehler machen, kann uns nichts passieren. Und sie machen alles richtig. Auf den Kanalstücken fahren wir dann mit sechs bis sechseinhalb Knoten vorneweg, die anderen beiden Yachten folgen uns. Bereits um 14 Uhr liegt die Miraflores-Schleuse und damit der Panama-Kanal hinter uns, der Wal schwimmt im Pazifik! Als wir unter der einzigen Landverbindung zwischen Nord- und Südamerika hindurchfahren, der »Amerika-Brücke«, wirft Andreas ein Geldstück ins Wasser. Dieser Brauch der Seeleute soll Glück bringen und für eine gute Fahrt über den Pazifik sorgen.

Ruderbruch im Pazifik

Carolas Liste der von Galapagos nach Marquesas in 30 Tagen verbrauchten Lebensmittel. Unsere Vorräte hätten noch für weitere 20 Tage gereicht.

Bis wir von Panama loskommen, vergehen noch drei Wochen. Während unserer Vorbereitungen auf die erste Etappe über den Pazifik tauchen immer neue Fragen auf. Klar, wir wollen von hier die Galapagos-Inseln ansteuern, ein Törn von rund 1200 Seemeilen. Dort wollen wir uns neu verproviantieren und dann weiter zu den Marquesas-Inseln segeln, mehr als 3000 Seemeilen entfernt. Was aber, wenn wir die Galapagos-Inseln nicht erreichen? Nach Berichten anderer Segler, die auf dem Weg dorthin mit starkem Gegenwind zu kämpfen hatten, müssen wir diese Möglichkeit einkalkulieren. Auch irgendein Defekt könnte uns an den einzigen Inseln weit und breit vorbeitreiben lassen. Deshalb beschließen wir, ohne Rücksicht auf die Segeleigenschaften so viel

Proviant wie möglich in den WAL zu packen, am besten für 4500 Seemeilen, also für 50 bis 60 Tage. Außerdem benötigen wir noch eine Vorrichtung, um sicher Regenwasser auffangen zu können, und Kanister, um mehr Benzin für das erste windarme Stück aus dem Golf von Panama mitnehmen zu können. Auch dürfen wir in der Südsee nicht damit rechnen, problemlos Ersatzteile und Werkzeuge zu bekommen. Erst in Australien gibt es wieder alles zu kaufen, aber bis dahin sind es fast 9000 Seemeilen. Glücklicherweise haben wir vom Finanzamt eine Steuerrückzahlung von fast 3000 Euro erhalten, das sollte bis Australien reichen.

Zuerst liegen wir an einer Muringboje beim Balboa Yacht Club. Das ist nervig, denn das Anlanden mit dem eigenen Beiboot ist verboten. Stattdessen muss man für jeden Landgang immer auf das Wassertaxi des Clubs warten, ein robustes Arbeitsboot mit Einbaumaschine, ungefähr so lang wie unser WAL. Der Liegeplatz ist nach Südwesten offen und völlig ungeschützt. Nach ein paar Tagen dreht der Wind auf Südwest und damit beginnt ein Tanz, der mir den letzten Nerv raubt. An ein Arbeiten an Bord ist nicht mehr zu denken. Und die Anlegemanöver des Wassertaxis werden für unser Boot gefährlich, manchmal sogar unmöglich, sodass wir den Tag über warten mussten, bis wir in der abendlichen Flaute wieder zurück an Bord kommen. Durch Zufall entdecken Carola und Andreas beim Herumstreifen an Land auf der anderen Seite der Amador-Halbinsel eine im Bau befindliche Marina. Zwar kann uns niemand sagen, ob wir dort liegen dürfen, aber da drei einheimische Yachten in dem Hafenbecken ankern, obwohl dessen Molen noch aufgeschüttet werden, fahren wir kurz entschlossen die zwei Meilen um die Halbinsel herum und lassen ebenfalls in der Marina den Anker fallen. Hier liegen wir ruhig und geschützt, sodass wir mit unseren Vorbereitungen besser vorankommen. Doch erst mal kommt der Hafenmeister zu uns herausgefahren. Er ist ein Farbiger, groß und stämmig, spricht ein bisschen Englisch und muss immer wieder Andreas über sein blondes Haar streichen. Aber ob wir hier ein paar Tage ankern dürfen, weiß er auch nicht.

Da sollten wir den Chef fragen, der am Abend käme. Nachdem er vorher eine ganze Weile an seinem hier ebenfalls vor Anker liegenden 12-Meter-Katamaran herumgebastelt hat, kommt am Abend tatsächlich ein junger Mann mit seinem Beiboot angedüst. Er ist völlig begeistert, dass wir zu dritt mit so einem kleinen Boot von Deutschland gekommen waren. Ja, er träume auch davon, mit seiner Familie irgendwann loszusegeln. Aber die Geschäfte, die könne er nicht einfach alle im Stich lassen ... Natürlich könnten wir hier ankern, solange wir wollen, und kostenlos selbstverständlich, nein, ein paar Weltenbummlern wolle er nicht die Dollars aus der Tasche ziehen. Mit einem glücklichen Gesichtsausdruck verabschiedet er sich und braust wieder davon. Am nächsten Abend kommt erneut das Boot des Hafenmeisters längsseits, diesmal sitzt ein feiner älterer Herr im Anzug darin.

In strengem Ton fragt er: »Wer hat Ihnen erlaubt, hier zu ankern?«

Ich antworte: »Der Chef.«

Das war offensichtlich ein schwerer Fehler, denn augenblicklich wird sein Gesicht rot vor Zorn und in barschem Ton faucht er: »Ich bin hier der Chef. Wenn Sie bleiben wollen, kostet Sie das acht Dollar pro Tag.« Dann fährt er weg. Pech gehabt, aber was sollen wir machen?

Zum Glück vergisst der Hafenmeister an manchen Tagen das Kassieren, sodass wir im Endeffekt doch noch ziemlich billig davonkommen. Als er eines Abends zu unserem Boot kommt, zeigt Andreas ihm voller Stolz eine Maschinenpistole, die er aus Legosteinen gebaut hatte. Sein Vorbild waren natürlich die Waffen der Wachleute in der Stadt.

»Ein richtiger Deutscher«, sagt der Hafenmeister in beifälligem Ton, »geboren, um zu töten.« (»A real german, born to kill.«)

Als er weg ist, diskutierten Carola und ich eine Weile darüber, ob das ernst gemeint war.

Schließlich sagt Carola: »Ist ja auch egal. Wird Zeit, dass wir hier wegkommen.« Ich stimme ihr aus ganzem Herzen zu.

Am 30. Mai gegen Mittag holen wir den Anker auf. Zuerst müssen wir stundenlang motoren um voranzukommen. Das Meer ist spiegelglatt, nicht der leiseste Hauch Wind in Sicht. Carola und ich steuern abwechselnd, Andreas spielt in der Kajüte. Während Carola Kurs hält, habe ich Zeit und Muße herumzugucken. Plötzlich fährt mir ein Schreck durch den Körper. Kaum vier Bootslängen entfernt sehe ich einen Baumstamm im Wasser treiben. Zuerst fällt er kaum auf, weil er fast vollständig unter Wasser verborgen ist, nur ein schmaler Streifen seiner Rinde durchbricht die Wasseroberfläche. Erst auf den zweiten Blick wird mir die Gefahr, die von ihm ausgeht, klar. Er ist bestimmt eineinhalbmal so lang wie unser Boot, seinen Durchmesser schätze ich auf mindestens einen halben Meter. Ich male mir aus, was passieren würde, wenn wir so ein Monstrum träfen: Wenn wir genau breitseits auf ihn auffahren würden, hätten wir wahrscheinlich noch die besten Chancen glimpflich davonzukommen: Der Bug würde sich bis zum Kielansatz auf den Stamm draufschieben, und das Boot würde mehr oder weniger sanft gebremst werden. Aber viel wahrscheinlicher ist, dass wir ihn in irgendeinem Winkel treffen würden. In dem Fall würde der Rumpf an ihm entlangrutschen, und bevor wir reagieren könnten, würde der Stamm eines der Ruder beschädigen. Beschädigen? Abreißen! Und warum nur eins? Beide! Ich verfluche im Stillen meine Entscheidung für dieses Boot. Aber das hilft mir jetzt auch nicht weiter. Was kann ich denn nur tun? Ich drossele unser Tempo auf drei Knoten, erkläre Carola die Gefahr und setze mich dann vorne in den Bugkorb, um nach Baumstämmen Ausschau zu halten. Wir sehen noch drei dieser bedrohlichen Riesen in unmittelbarer Nähe, sind aber wie durch ein Wunder nie auf Kollisionskurs mit ihnen.

Am Abend ziehen wieder dunkle Quellwolken auf, und dann folgen heftige Gewitter und wolkenbruchartiger Regen während der ganzen Nacht. Daran haben wir uns schon gewöhnt, denn während unseres Panama-Aufenthaltes hat die Regenzeit begonnen. An die damit verbundene Gefahr durch aus dem Regenwald aufs Meer hinausgespülte Bäume hatte ich nicht gedacht. Wir sind einfach zu spät dran.

Weil ohnehin kein Wind ist, lassen wir uns die Nacht über ohne Segel treiben. Am nächsten Tag runden wir Cabo Mala und verlassen damit den Golf von Panama. Erleichtert registriere ich, dass keine treibenden Baumstämme mehr zu entdecken sind. Fünf Tage lang wechseln sich Flaute, Gewitter und Regen mit kurzen Windböen und Schwachwind ab. Wir steuern, so gut es geht, Kurs Süd, mal unter Segeln, mal mit Motor, oft lassen wir uns auch nur treiben. Wenn Wind da ist, weht er grundsätzlich von vorne.

»Warum zum Teufel müssen wir bei diesen Bedingungen auch noch gegenan kreuzen?«, protestiert Carola. »Die Galapagos-Inseln liegen doch im Südwesten, lass uns endlich direkten Kurs darauf nehmen.«

Aber ich bleibe hart: »Hier in Küstennähe ist zwar Gegenwind, aber der ist nur relativ schwach. Richtung Galapagos nimmt der Wind zu und weht vielleicht aus südwestlicher Richtung. Dann erreichen wir die Inseln nie.«

Mittlerweile habe ich richtig Angst, die Inseln zu verpassen. Der Grund sind Zahnschmerzen, die mich seit dem zweiten Fahrttag begleiten. Ein Zahn, an dem früher eine Wurzelbehandlung gemacht worden war, schmerzt etwas. Sofort nehme ich ein Antibiotikum und Acetylsalicylsäure. Die Schmerzen verschwinden, kommen aber von Zeit zu Zeit wieder. Bevor ich mich auf die lange Etappe zu den Marquesas wage, will ich unbedingt zum Zahnarzt.

Doch ich muss mich wieder mal in Geduld fassen, denn wir kommen enttäuschend langsam voran. Nach der ersten Woche haben wir ganze 300 Seemeilen gutgemacht. Bei idealen Bedingungen hätten wir so eine Strecke in zwei bis drei Tagen zurückgelegt. Es ist zum Verzweifeln! Wie lange soll dieser Törn noch dauern? Immerhin setzt sich nun der Südwind endgültig durch und weht Tag und Nacht. In rund 100 Seemeilen Abstand von der kolumbianischen Küste kreuzen wir nach Süden. 24 Stunden auf dem einen

Bug, Wende, dann 24 Stunden auf dem anderen Bug. Der Wind ist nie stärker als 3 Beaufort, meistens weht er nur mit schätzungsweise 1 bis 2 Beaufort. Dementsprechend werden die Wellen nie höher als etwa einen Meter, oft sind sie nur halb so hoch. Eine Yacht von zehn Metern Länge würde die meiste Zeit ruhig hoch am Wind laufen, ihr Bug würde mit leichten Nickbewegungen die Wellen einfach durchschneiden. Auf unserem Minikreuzer hingegen ist die Hölle los. Jede kleine Welle hebt den Bug an. Dann kommt das Wellental, in das das flache Unterwasserschiff unweigerlich hineinknallt. So geht das ohne Unterlass im Sekundenrhythmus, Tag und Nacht. Sitzen wir auf den Kojenbänken, wird der Oberkörper erst nach achtern gerissen und im nächsten Moment Richtung Bug beschleunigt. Zeitweise legt der Wind zu, die Wellen werden höher und damit auch die Kräfte, die an unseren Körpern zerren. Manchmal haben wir einfach keine Energie mehr, um uns festzuhalten. Wie willenlose Puppen fallen wir dann herum, holen uns unzählige blaue Flecken. Natürlich liegen wir so viel wie möglich in unseren Kojen. Warmes Essen gibt es nur noch selten. Und immer begleiten uns das nervtötende Knallen des Unterwasserschiffes und das Vibrieren des Rumpfes. Wir werden schweigsam, sprechen nur noch das Nötigste miteinander. Andreas spielt stundenlang im Liegen mit seinen Legosteinen, ohne ein Wort zu sagen. Manchmal ist erst bei genauem Hinsehen zu erkennen, ob er spielt oder döst, denn die Legosteine und seine Hände und Arme werden auch im Schlaf hin- und herbewegt. Voller Ironie notiere ich: »Wenigstens ein Vorteil: So hoch am Wind kann ich das Ein- und Ausreffen immer alleine machen.«

Einmal sagt Carola: »Mir ist, als ob ich jemanden pfeifen gehört habe.«

»Unmöglich, war wahrscheinlich ein Vogel«, antworte ich apathisch. Ich habe keine Lust aufzustehen, denn es ist relativ viel Wind und unruhige See, und entsprechend heftig sind die Bootsbewegungen.

»Bitte Hans, sieh mal nach.«

Mühsam ziehe ich mich von der Koje hoch, mache das Schiebeluk auf – und traue meinen Augen nicht: Vielleicht fünfzig Meter entfernt treibt ein offenes Boot. Darin sitzen fünf oder sechs Männer und blicken zu uns herüber. Ziemlich verwegen wirken sie auf mich, ihr Boot ist kleiner als unsers und schaukelt heftig in der rauen See. Am Heck blubbert ein alter Außenborder im Leerlauf oder Standgas. Sind das arglose Fischer? Oder Piraten? Schließlich halten wir uns wegen der angeblichen Piratengefahr extra weit von der kolumbianischen Küste entfernt. Ich bin unsicher, was ich tun soll. Brauchen sie vielleicht Hilfe? Einer hebt die Hand zu einem kurzen Winken. Kein Notsignal. Ich winke kurz zurück. Dann bleiben sie auch schon achteraus. Ich schiebe das Luk wieder zu, tu so, als ob alles normal sei. Aber aus dem Niedergang beobachte ich sie noch eine Weile. Sie geben keine Signale, folgen uns aber auch nicht. Also weiter.

Kaum sind wir ein paar Seemeilen weitergesegelt, da habe ich das Gefühl, dass der WAL abbremst. Das Knallen in die Wellen verstummt. Ein Blick aufs GPS-Gerät bestätigt meine Vermutung: 0 Knoten. Diesmal bin ich schneller: Ich stürze raus zum Heck und erkenne sofort die Ursache: Vor den Rudern hat sich eine kräftige Nylonleine verfangen, an der mehrere riesige Angelhaken hängen. Also sind das vorhin harmlose Fischer gewesen, die mit Langleinen fischen. Ihr Basisschiff wird irgendwo für uns nicht sichtbar hinterm Horizont liegen. Ich hole den Bootshaken aus der Backskiste, drücke die Leine erst an dem einen Ruder nach unten, bis sie darunter rausrutscht. Dann wiederhole ich das am anderen Ruder. Wir sind wieder frei. Ich bin froh, dass wir die Leine nicht beschädigt haben. Muss ein verdammt harter Job sein, hier draußen den Lebensunterhalt zu verdienen. So schlecht geht es uns doch gar nicht!

Am zwölften Tag der Fahrt überqueren wir um 1:20 Uhr den Äquator. Fasziniert beobachte ich, wie die Anzeige des GPS-Gerätes von Nord auf Süd springt. Doch zu irgendwelchen Äquatortaufzeremonien hat keiner von uns Lust – zu anstrengend. Hauptsache ist, dass wir nun bald unseren Wendepunkt erreichen würden, an dem wir auf Kurs West gehen wollen. Die bergige Küste von Ecuador kommt in Sicht, die Hafenstadt Manta ist kaum 20 Seemeilen entfernt. Aber noch einen Stopp einlegen? Würde viel Zeit kosten. Also weiter. Als ich gerade im Cockpit sitzend gedankenverloren die nahe Küste betrachte, springt direkt neben unserem Boot ein Rochen aus dem Meer. Ein riesiges Tier, seine Flossen haben vielleicht zwei Meter Spannweite. Er macht einen Salto rückwärts und taucht mit dem Kopf voran wieder ein. Wasserspritzer glänzen im Sonnenlicht. Was für ein Bild! Da schießt er ein zweites Mal aus dem Wasser. Ich blicke in sein offenes Auge in dem kleinen unscheinbaren Kopf. Sieht er mich auch? Was er wohl denkt?

Am Abend ziehen dunkle Regenwolken auf. Dann bricht schnell die Dämmerung herein, und je dunkler es wird, um so mehr beginnt das Meer zu leuchten. Schließlich erscheint das Wasser als eine milchig-helle Fläche, soweit der Blick reicht. Die Wellen leuchten besonders intensiv. Gebannt sitzen wir zu dritt im Cockpit und sind sprachlos. So etwas haben wir noch nie gesehen! Dass es so ein Meeresleuchten überhaupt geben kann, habe ich vorher nicht mal für möglich gehalten! Das Meer strahlt unsere Segel an! Ich schaue ins Kielwasser. Was ich erblicke, ist nicht das Meer, das ist die Milchstraße. Ja, wir ziehen mit unserem WAL die Milchstraße entlang! Immer weiter, weiter, unendlich weit ...

Irgendwann muss Andreas ins Bett und vorher noch aufs Klo. Als Carola nachspült, fängt sogar die Kloschüssel an zu leuchten, Meeresleuchten im Klo. Andreas ist begeistert und will selbst pumpen. Unermüdlich spült er das leuchtende Wasser durchs Klo, bis er müde ist.

Am 13. Tag haben wir endlich die geografische Breite der Galapagos-Insel San Cristobal erreicht: ein Grad Süd. Frohen Mutes ändere ich den Kurs auf West und fiere die Segel. Nur noch 600 Seemeilen bis zum Ziel. Augenblicklich verstummt das Knallen in die Wellen, sanft rollt der WAL hin und her. Wie wunderbar harmonisch und im Einklang mit dem Meer diese Bewegungen sind! Zuerst ist der Wind noch ein bisschen unbeständig, aber je weiter wir von der Küste wegkommen, umso zuverlässiger weht er. Außerdem dreht er immer mehr auf südöstliche Richtung, sodass wir bald wieder auf Raumschotkurs flott vorankommen. Nach sechs Tagen ist San Cristobal in Sicht, eine im Sonnenlicht grün und braun leuchtende Insel, in deren Mitte sich ein wie rund geschliffener Berg erhebt. Wir segeln eine Weile an ihrer Südküste entlang, um dann auf der Leeseite der Insel in der Wreck Bay vor Anker zu gehen. Das Innere der Bucht ist dicht belegt von an Muringbojen vertäuten Fischerbooten. Weil der Wind ziemlich kräftig bläst, traue ich mich nicht, mit unserem Motor zwischen den vielen Fischerbooten zu manövrieren. Deshalb lassen wir den Anker erst mal weiter draußen auf acht Meter Wassertiefe fallen. Wenn der Wind abflaut, können wir uns immer noch einen besser geschützten Platz näher unter Land suchen. 1375 Seemeilen haben wir von Panama bis hierhin zurückgelegt. Auf direktem Kurs, den die meisten Yachten nehmen, wären es nur 860 Seemeilen gewesen. Noch enttäuschender ist unsere Durchschnittsgeschwindigkeit über die 18 Tage der Reise: 3,2 Knoten. Wir haben mal wieder die Grenzen unseres Bötchens kennen gelernt. Aber wir haben unser Ziel erreicht!

Am Abend, als der Wind nachlässt, will ich den Anker aufholen, um einen besseren Platz zu suchen. Hier draußen rollt der WAL heftig in der Dünung. Aber trotz aller Anstrengungen, Tricks und Kniffe gelingt es mir nicht, den Anker aus dem Grund zu brechen. Die Ankertrosse zeigt senkrecht nach unten. Nichts rührt sich mehr. Ich tauche und sehe, dass unser Bügelanker unverrückbar zwischen Felsbrocken festsitzt. Das Wasser ist glasklar und so ist die Arbeit nicht schwierig. Ich ziehe und zerre den Anker aus den Felsen und sichere ihn noch einen Moment, bis Carola genug Leine eingeholt hat und er sich nicht erneut verfangen kann. Dann hetze ich nach oben, klettere so schnell ich kann ins Cockpit, krabbel zum Motor und gebe Gas, damit uns der Wind nicht auf die nahen Felsen treibt. Die Taucherbrille behalte ich erst mal auf. Mit ihren optischen Gläsern kann ich zwar nicht so gut sehen wie mit meiner Brille, aber der Wechsel hätte mir zu lange gedauert. Alles geht gut und wir finden einen ruhigen Ankerplatz über hellem Sand. Das Wasser schimmert in tropischem Türkis.

Am nächsten Morgen pumpen Andreas und ich im Cockpit das Beiboot auf und binden es dann am Heck fest. Sofort kommen ein paar neugierige Seelöwen angeschwommen, beäugen das Beiboot erst unter Wasser, dann strecken sie ihre Köpfe aus dem Wasser. Schließlich versucht ein besonders mutiger, sich hineinzuwuchten. Aber das Kunststück misslingt, das Beiboot kippt unter der Last zur Seite und der Seelöwe rutscht wieder zurück ins Wasser. Es ist wie im Zirkus. Andreas hat jetzt Angst ins Beiboot zu klettern und bittet: »Papa, geh du zuerst.« Doch selbst nachdem ich drin sitze und mich mit der Hand an der Fußreling festhalte, traut er sich noch nicht. Erst als auch Carola im Beiboot sitzt, überlegt er es sich anders: »Wartet, lasst mich nicht alleine. Ich will auch mit.« Während wir an Land rudern, sehen wir überall auf den Fischerbooten Seelöwen liegen. Einmal beobachten wir, wie so ein Koloss von vielleicht 200 Kilogramm mit beeindruckender Behändigkeit aus dem Wasser schnellt und sich auf das Vordeck eines offenen Lastkahnes wälzt. Viele Seelöwen spielen um unser Beiboot herum, aber sie berühren es nie. Nur wenn sie versuchen, über eins unserer Paddel zu springen, werden wir zum größten Vergnügen von Andreas nass gespritzt.

An Land zu kommen, erweist sich als gar nicht so einfach, denn der Strand ist mit großen Steinen übersät, über die beständig die Brandung rauscht. Draußen am Ankerplatz sind die Wellen nur als ganz sanfte, langgezogene Dünung von höchstens zwanzig Zentimetern Höhe wahrnehmbar. Aber sobald diese Dünung auf den Strand aufläuft, bilden sich richtige Brandungswellen, die bis zu einem halben Meter hoch werden. Viel zu gefährlich, um mit unserem winzigen Beiboot trocken anzulanden. Die einzige Möglichkeit bietet ein alter Steinpier mit einer gemauerten Treppe, die aber total glitschig ist, weil der größte Teil durch den Tidenhub regelmäßig überschwemmt wird. Zudem ist die Mauer mit scharfkantigen Muscheln bewachsen, und so ist einer von uns damit beschäftigt, das Schlauchboot auf Distanz zu halten, während es vom Sog der Dünung hin- und hertanzt. Zum Glück finden sich schnell ein paar freundliche Einheimische, die helfen, Andreas sicher an Land zu befördern. Zum ersten Mal wünsche ich mir ein wirklich robustes festes Beiboot. Aber dafür ist auf dem WAL kein Platz.

Puerto Baquerizo Moreno, wie die Hauptstadt der Galapagos-Inseln heißt, ist eine kleine Siedlung. Wenn man eine der Straßen, die vom Wasser wegführen, entlangblickt, sieht man an ihrem Ende schon hohe Kakteen, Gestrüpp und felsigen Boden. Direkt hinter dem Dorf beginnt die Wildnis. Nur ganz selten fährt ein Auto durch die breiten, mit Verbundsteinen gepflasterten Straßen. Wo sollen sie auch hinfahren? Den größten Teil des Ortes hat man in fünf Minuten durchquert – zu Fuß, wohlgemerkt. Es gibt ein paar kleine Geschäfte, ein paar Cafés, das meiste aber sind Wohnhäuser, höchstens zweigeschossig. Die Sonne scheint, ein angenehmer Wind weht, und viele Menschen sind auf den Beinen. Obwohl es Montagvormittag ist, scheint niemand in Eile zu sein. Andreas läuft mit anderen Kindern kreuz und quer über die Straße. Uns empfängt eine entspannte, freundliche Atmosphäre. Voller Euphorie sage ich zu Carola: »Hier könnte ich ein halbes Jahr bleiben.«

»Ein halbes Jahr?«, grinst Carola glücklich, »ein ganzes Leben lang!«

Ja, sie hat Recht, das hier ist der friedlichste Platz auf Erden.

Doch wieder mal kommt alles ganz anders. Im Einklarierungsbüro erhalten wir eine Aufenthaltserlaubnis für vierzehn Tage. Aber nicht mal die nutzten wir aus, sondern bleiben nur acht Tage. Der Grund für unsere hastige Weiterfahrt ist unsre eigene Dummheit. Carola und ich haben nämlich arglos auf die Angaben im Pazifik-Handbuch von 1997 vertraut. Dort steht, die Währung in Ecuador sei der Sucre. Wie wir jetzt erfahren, hat man aber im Jahr 2000 die alte Währung aufgegeben und durch den US-Dollar ersetzt. Dummerweise haben wir aber nur noch ganz wenige Dollar an Bord, und andere Währungen wollen die Banken partout nicht tauschen, auch Auszahlungen auf Kreditkarten sind nicht möglich. Mit ihrer Visa-Karte bittet Carola in einigen Geschäften um Bargeld. Nach langem Zögern erklären sich zwei bereit, Bargeld herauszurücken, denn eigentlich ist ihnen das verboten. Entsprechend happig fällt die Provision aus: 20 bis 25 Prozent Aufschlag muss Carola bezahlen. Jeden Abend bedrängt sie mich: »Hans, wir müssen hier weg, sonst sind wir bald pleite.«

Vom Hafenmeister besorge ich mir die Adressen von drei Zahnärzten. Am nächsten Tag klappere ich die Adressen ab. Der erste Zahnarzt spricht nur spanisch. Das geht natürlich nicht, wir müssen uns ja verständigen können. Und dafür sind meine Spanisch-Kenntnisse zu schlecht. Die zweite Praxis ist in einem Holzverschlag untergebracht, der mich auf Anhieb an den Internet-Laden in der Karibik erinnert. Da ich mein Betriebssystem für empfindlicher halte als das von Mr. Gates entwickelte, beschließe ich, mir noch die dritte Adresse anzusehen. Ich lande vor einem kleinen gepflegten Einfamilienhaus mit dem hier typischen grauen Zementputz, mit Garten und einem mannshohen Eisenzaun drum herum. Wahrscheinlich der teuerste Zahnarzt weit und breit. Als ich klingle, wird die Tür von einem rundlichen Herrn mittleren Alters geöffnet. Er stellt sich als Dr. Rodriguez vor und spricht fließend englisch. »Während meines Studiums in Kanada gelernt«, bemerkt er stolz, als ihm mein Erstaunen auffällt. Leider sei der Kompressor kaputt und ein neuer komme erst morgen mit dem Flugzeug aus Quito. Ich solle morgen Nachmittag wiederkommen. Nachdem die Zahnarztfrage erst mal geklärt ist, bummle ich noch ein bisschen durch die Straßen. Es ist einfach schön hier. Doch dann erschrecke ich ganz unvermittelt. Mein Weg führt mich nämlich an einer kleinen Kirche vorbei, in der sich offensichtlich eine Trauergemeinde versammelt hat. Vor dem Altar erblicke ich einen Sarg, der irgendwie zu klein ist. Ich blicke noch mal hin, es ist tatsächlich ein Kindersarg. Traurig läutet die Kirchenglocke. Tod und

Tragik hier im Paradies zu begegnen, verunsichert mich. Ich beschleunige meine Schritte und wechsle die Straßenseite.

Zum verabredeten Zeitpunkt stehe ich erneut vor dem Haus des Zahnarztes und sehe schon, dass ich heute mehr Erfolg haben werde: Neben der Mülltonne liegt der leere Pappkarton eines Kompressors, wie man ihn auch in jedem deutschen Baumarkt für wenig Geld kaufen kann. Druckluft ist Druckluft, hoffe ich, Hauptsache, ich werde meine Zahnschmerzen los.

Am Freitag wird der schmerzende Zahn gezogen, 50 Dollar kostet mich diese harte Arbeit. Dr. Rodriguez hat Schweißperlen im Gesicht, als er den Zahn endlich raus hat. Dank guter Lokalanästhesie habe ich außer einem Ruckeln nichts gespürt. Das Wochenende über bleibe ich an Bord, schlucke Antibiotikum, das es rezeptfrei und billig zu kaufen gibt, dazu Schmerzmittel. Stundenlang beobachte ich Seelöwen und Pelikane, auch eine riesige Meeresschildkröte, die ums Boot schwimmt. Am Montag gehe ich tauchen und kratze Entenmuscheln vom Unterwasserschiff. Außerdem besuche ich noch mal den Zahnarzt, zur Kontrolle. Alles ist in Ordnung. Am Dienstag packen wir das Beiboot ein, ziehen das Großsegel hoch und holen den Anker auf. Um halb elf vormittags verlassen wir die Bucht, Kurs Marquesas-Inseln, über 3000 Seemeilen entfernt. Meine Wunde im Oberkiefer schmerzt. Hoffentlich geht das gut.

Am 28. Juni schreibe ich während meiner Wache um 23 Uhr ins Tagebuch: »Dritter Tag auf See seit Abfahrt von Galapagos. Die Nächte zuvor immer Wolken und Nieselregen, heute ist die erste sternenklare Nacht, mondhell, aber immer noch ist's sehr kühl. Habe Fleece-Jacke und Fleece-Socken an. Vorhin habe ich die CD mit meinen Lieblingsliedern gehört: Abba, Kris Kristofferson; viele mehrmals angehört. Sind einige dabei, da möchte ich sofort die Wunderkerzen anzünden. Aber auch so kriege ich eine Gänsehaut. Lasse die Gedanken schweifen. War ein langer, langer Weg bis hierher. Traumhaft, nun mit dem eigenen Boot am Beginn einer Pazifiküberquerung zu stehen. Viele Jahre lang war der Pazifik ein fernes Traummeer für mich – und jetzt bin ich hier. Das geht viel zu leicht unter angesichts der vielen Anstrengungen und Strapazen. Am Tag viel geschlafen, hatte noch starke Kopfschmerzen, wahrscheinlich von dem gezogenen Zahn und von der kalten Luft in der ersten Nacht (trotz Pudelmütze). Nicht viel geschafft, gerade mal Zähne geputzt, Brille geputzt, Kugelgelenke der Ruderanlage mit Silikonfett geschmiert, ein bisschen mit Andreas gekuschelt, gefrühstückt (ist das Beste: Haferflocken mit etwas Milchpulver und viiiel Zucker), Abendessen. Heute kein Schiff gesehen. Laufen seit San Cristobal mit zweitem Reff im Groß Am-Wind bis Halbwind, die Fock rolle ich je nach Wind mehr oder weniger ein.«

Erst am 8. Tag bauen wir auf Passatsegel um, weil der Wind sich endlich auf die erwartete südöstliche Richtung eingependelt zu haben scheint. Leider erweist es sich als Irrtum, schon nach zwei Tagen müssen wir wieder zu Fock und Großsegel wechseln. Die fahren wir dann bis zum 17. Tag, bevor wir endgültig zur Passatbeseglung wechseln können. Zu Hause hatte ich immer die Vorstellung gehabt, bei einer Pazifiküberquerung würde man wochenlang über ein ruhiges Meer gleiten, geschoben von einem beständigen, leichten, warmen, achterlichen Wind, und sanft gewogen von einer langen, gleichmäßigen Dünung. Doch die Realität sieht ganz anders aus, wie meine Tagebucheintragung vom 6. Juli beweist: »Heute hat der 11. Tag auf See begonnen. Die wahrscheinlich einsamsten tausend Seemeilen liegen nun vor uns (1000 Seemeilen von Galapagos und 2000 Seemeilen bis Marquesas), dachte ich. Aber ganz so einsam ist es doch nicht: Am Morgen mit zwei Seemeilen Abstand einen großen Hochseefischer passiert, der mit seinen Netzen hantierte und dann später in Richtung Südost fuhr. In den vergangenen zwei Tage war das Wetter sehr schön: Tagsüber Sonnenschein, warm, nur wenige Wolken, auch nachts wieder wärmer. Der Wind war nicht stark, aber sehr beständig. So liefen wir immer mit einem Reff im Groß und ganz ausgerollter Fock auf Halbwindkurs. Die Tage davor hatte der Wind auf Ost, zeitweise Nordost gedreht. Deshalb hatten wir die Passatsegel gesetzt. Das war ein sehr angenehmes, einfaches Segeln. War leider viel zu schnell vorbei, weil der Wind wieder auf südliche Richtung drehte. Heute am späten Nachmittag zogen dann wieder viele Wolken auf, zeitweise mit Nieselregen und Regenschauern. Der Wind wurde wieder unbeständiger: manchmal kräftig mit vielen Schaumkronen, dann wenig später fast Flaute, sodass die Segel nervenaufreibend schlagen in der kabbeligen See. In der Nacht dann wieder etwas Wind. Die See ist oft sehr unruhig und kabbelig. Kleine Wellen laufen aus verschiedenen Richtungen durcheinander, dazu kommt eine längere und bis zu zwei Metern hohe Dünung aus Süd bis Südost. Das alles macht's für unser Boot ziemlich rau, die Bootsbewegungen sind oft torkelig. Besonders lästig: See und Wind stimmen oft nicht überein. Manchmal ist ganz ruhige See trotz angenehm frischer Segelbrise (leider viel zu selten). Oft ist aber diese raue, kabbelige See, auch bei sehr wenig Wind, und sie beruhigt sich auch dann nicht, wenn der Wind für mehrere Stunden völlig abflaut. Heute Vormittag habe ich gewaschen, T-Shirt, Hose, Handtücher, mit Salzwasser, dann dreimal mit Salzwasser gespült und schließlich zweimal mit Süßwasser (4 Liter). Anschließend habe ich mich im Cockpit selbst gewaschen, mit Salzwasser, zum ersten Mal seit dem Törnbeginn, ich stank schon ein bisschen. Carola und Andreas haben sich schon vorvorgestern gewaschen und dann immer über mich gelästert. Carola und ich hören viel Radio, Deutsche Welle, zur Ablenkung, es ist eine andere Welt.«

Trotz des unbeständigen Windes und der oft chaotischen Bootsbewegungen bemühen wir uns um eine Atmosphäre von Ausgeglichenheit und Routine. Regelmäßig machen wir unsere Kniebeugen. Jeden Mittag trage ich unsere Position in die Seekarte ein. Andreas muss jeden Tag Vorschule machen. Schnell kann er »Andy« schreiben und die Zahlen von eins bis zehn aufsagen. Das Passieren einer Zeitzone nehmen wir zum Anlass, ihm die Uhrzeiten zu erklären – mit überraschendem Erfolg. Nachdem Andreas zum Einschlafen seine leise tickende Armbanduhr aufs Ohr gedrückt hatte, frage ich ihn am nächsten Morgen nach dem Grund. Seine Antwort: »Das ist mein Gute-Nacht-Lied.«

Irgendwann haben wir das Gefühl für Raum und Zeit verloren. Unser Ziel, irgendein Ziel ist unwichtig geworden, wir kommen von irgendwo und wollen nach nirgendwo. Carola erzählt von einer Theorie, nach der die Besiedlung der Inseln im Pazifik von Familien ausging. In kleinen Auslegerkanus brachen sie auf, ohne zu wissen, ob sie neues Land finden würden. Manche waren monatelang unterwegs, bevor sie zufällig eine Insel entdeckten. Andere hatten kein Glück und starben auf See. Diese Geschichte geht mir lange nicht aus dem Kopf. Sie beschäftigt mich, wenn ich nachts das Kreuz des Südens sehe. Manchmal hoch oben am Himmel, manchmal ganz nah am Horizont, halb im Meer versinkend. Ich denke an sie, wenn ich in der Nacht die Milchstraße sehe, so unglaublich hell. Oder wenn der Mond über dem Meer aufgeht und es scheint, als wenn ein Schiff rasend schnell näher käme. Und einmal, als ein grelles hellgrünes Licht den Nachthimmel im Norden für Sekunden erhellt: Ein Meteorit, der nicht wie die unzähligen anderen als Sternschnuppe verglüht, sondern die dichte Hülle der Erdatmosphäre erreicht und vielleicht nicht weit weg von uns ins Meer stürzt. Auch als Carola am 15. Tag unserer Pazifiküberquerung aus Legosteinen unser Zuhause in Brambauer baut, denke ich an die wagemutigen Familien, von denen sie berichtet hatte. In ihr Tagebuch schreibt sie dazu: »Ich bin traurig. Ist ein schönes Zuhause. Und ganz besonders, wenn man mitten auf diesem großen Ozean ist.« Manchmal sehen wir viele Vögel, die sich an einem Fleck versammelt haben. Einige schwimmen auf dem Wasser, andere sind in der Luft. Warum tun sie das? Was ist dort zu finden? Seegras, ein Schwarm Fische, ein toter Wal vielleicht? Wir finden es nie heraus, weil es immer zu weit weg ist.

Eines Morgens bereite ich wie gewöhnlich mein Frühstück. Noch etwas schläfrig löffle ich die Haferflocken aus der Aufbewahrungsdose in meinen Plastiknapf. Dann stutze ich. Was ist das? Bewegen sich die Haferflocken? Ach Unsinn, kann nicht sein, kommt wahrscheinlich vom Schaukeln des Bootes. Da wieder, und das Boot hat gerade definitiv nicht geschaukelt. Jetzt blicke ich genau hin. Und sehe sie: Maden! »Maden. Alles voll Maden!«, rufe ich angewidert, »die Haferflocken sind voll davon.«

Carola scheint nicht sonderlich überrascht und sagt: »Ja, das habe ich befürchtet.« Dann rückt sie mit der Sprache heraus: »Schon vor einigen Tagen habe ich im Reis Maden gefunden. Habe euch aber nichts gesagt, sondern sie unauffällig und so gut es ging herausgesammelt. Den Rest habe ich einfach mitgekocht.«

Ich spüre eine Mischung aus Ekel, Empörung und Verzweiflung. Alles, was mir einfällt, ist laut »Scheiße, Scheiße, Scheiße« zu sagen und mit dem Löffel ein paar Mal auf die Kojenbank zu hauen. Nachdem ich mich wieder beruhigt habe, gehen wir der Sache nach. Stundenlang untersuchen wir den Proviant. Schließlich ist die Ursache klar: Reis und Haferflocken, die wir auf Galapagos gekauft haben, sind voller Maden. Nur die Vorräte, die noch aus Panama stammten, der Reis in Plastikbeuteln eingeschweißt, die Haferflocken in versiegelten Blechdosen, sind einwandfrei. Carola kalkuliert unsere Vorräte und kommt zu dem Ergebnis, dass der Panama-Reis reichen könnte, Haferflocken aber knapp würden. Schweren Herzens werfen wir mehrere Kilo Reis über Bord. Bei den Haferflocken wollen wir erst mal die Maden heraussuchen und den Rest gut kochen. Ein paar Tage lang würge ich nun mein vorher so geliebtes Frühstück nur noch herunter. Dann geben wir den Kampf gegen die Maden auf. Fünf Dosen Haferflocken gehen über Bord. Ab jetzt müssen wir rationieren: Zum Frühstück gibt es nur noch drei Esslöffel Haferflocken. Wer dann noch Hunger hat, muss Kekse essen.

Der Wind nimmt wieder zu und die See wird rau. Zeitweise schleppen wir wieder Leinen achteraus. Tagelang geht das so. Die Nächte schlafen wir oft erschöpft durch, nur wenn zufällig einer von uns wach wird, schiebt er das Luk auf und hält kurz Ausschau. Jeden Morgen der gleiche unwirtliche Anblick: eine aufgewühlte See, Schaumkronen und Wellenberge, nichts als Wellenberge bis zum Horizont. Wir sind erschöpft, die Stimmung an Bord ist eine Mischung aus Niedergeschlagenheit und Gereiztheit. In dieser aufgeladenen Atmosphäre schlägt Andreas mit einem seiner Lieblingsbücher nach mir. Wütend reiße ich ihm das Buch aus den Händen und werfe es über Bord. Das hätte ich nicht machen sollen. Das Buch hat er von seiner Freundin Anna geschenkt bekommen und er kann nicht fassen, warum sein Vater so etwas Gemeines tut. Später entschuldige ich mich, wir vertragen uns wieder, und wie Kinder so sind, hat er die Sache schnell vergessen. Mich aber quält der Gedanke an dieses geliebte Buch, das im Kielwasser zurückbleibt, noch lange so heftig, als wär's ein Teil von Andreas gewesen.

Am 26. Tag der Reise ist Carola gerade draußen im Cockpit, während Andreas und ich so gemütlich, wie es die Umstände zulassen in der Kajüte sitzen. Plötzlich ein ängstliches Rufen: »Das Ruder bricht ab!« Augenblicklich schieße ich von der Koje hoch und blicke nach draußen zum Heck. Der untere Teil des Steuerbordruders ist genau auf Höhe der Wasserlinie zur Seite abgeknickt. Ich stürze ins Cockpit. Doch entweder bin ich zu langsam, oder der Weg ist zu weit: Bevor ich am Heck bin und das Teil fassen kann, bricht es ganz ab. Wir sind alle drei wie gelähmt, starren aufs Wasser, sehen das mit seinem leuchtendroten Antifouling-Anstrich im Wasser treibende Teil unseres Ruders. Aber Moment mal: Es geht nicht unter, es schwimmt! So leicht will ich mich nicht geschlagen geben, das Teil hole ich mir zurück! Ohne einen genauen Plan zu haben, wie ich das jetzt anstellen soll, schalte ich erst mal das GPS-Gerät im Cockpit ein. Es dauert ewig, bis es eine Position hat. Dann drücke ich die Mann-Über-Bord-Taste. »Carola, behalt das Ruder im Auge«, weise ich sie an. Die beiden ausgebaumten Vorsegel einzurollen ist eine Sache von wenigen Sekunden. Jetzt den Motor ins Wasser. Hoffentlich läuft er, sonst ist alles umsonst. Obwohl er vier Wochen ungenutzt am Heck gehangen hat, springt er beim zweiten Versuch an. Gut, jetzt Kurs auf das Ruder. Die See ist rau, ringsherum hohe Wellen. Immer wieder kommt der Propeller aus dem Wasser und der Motor heult auf. So geht das nicht, ich muss vorsichtiger sein.

»Carola, siehst du das Teil noch?«

»Gerade nicht. Doch da, ich hab's wieder.«

Ich nehme etwas Gas weg, so geht das besser mit dem Motor. Den Kurs bestimmte ich durch Blick auf das Plotdisplay des GPS-Gerätes und nach Carolas Anweisungen.

»Ich glaube, wir kommen näher«, ruft sie, »etwas mehr nach Backbord.«

Tatsächlich, als ich einmal kurz aufsehe, erkenne ich unser Ruder auf einem Wellenberg. Doch ich darf nicht übermütig werden. Wenn eine steile Welle kommt, muss ich das Gas ganz wegnehmen. Nach einer Ewigkeit haben wir uns endlich bis auf ein paar Meter genähert. Jetzt ganz ruhig bleiben. Beim ersten Versuch bin ich nicht nah genug dran. Tief durchatmen. Einen Kringel drehen. Nicht zu viel Gas geben. Aber auch nicht zu wenig! Beim zweiten Mal verschwindet es direkt vor dem Bug aus meiner Sicht. Das ist schon besser. Wird das reichen? Und habe ich das Teil auf der richtigen Seite erwischt? Carola lehnt sich an Steuerbord über die Bordwand – und hat es in der Hand. Wie um uns allen Mut zu machen, hält sie es triumphierend in die Höhe. Noch wichtiger als das Ruderblatt ist aber eigentlich die Erkenntnis, dass sich der Wal auch noch ganz gut mit dem verbliebenen Backbordruder steuern lässt. Würde das auch mit der Selbststeueranlage funktionieren? Das muss ich sofort ausprobieren. Wir rollen die Passatsegel wieder aus, nur so weit, dass wir vielleicht drei bis vier Knoten machen. Dann hole ich den Motor hoch, lasse das Pendelruder der Windpilot-Anlage ins Wasser und hänge die Steuerkette in den Beschlag auf der Pinne ein. Tatsächlich, der Wal bleibt auf Kurs! Zwar werden die Abweichungen zu jeder Seite größer und es dauert länger, bis die Selbststeuerung wieder auf Sollkurs zurückgesteuert hat. Aber erst mal können wir so weiterfahren. Mir fällt ein Stein vom Herzen. Wieder sind wir mit einer neuen, unangenehmen Situation gut klargekommen. Nach einer Weile und etwas beruhigt setzen wir uns alle drei in die Kajüte und überlegen, wie es weiter gehen soll.

Noch 380 Seemeilen bis zu den Marquesas. Das können wir schaffen. Unvermittelt sagt Carola: »Die Schildkröte.«

Natürlich! Jetzt fällt mir unsere Kollision mit einer Meeresschildkröte auch wieder ein. Ist schon am fünften oder sechsten Tag nach der Abreise aus Galapagos passiert. Plötzlich hatte es einen Ruck gegeben. Ich hatte am Heck eine riesengroße Schildkröte gesehen, die wie in Zeitlupe von dem Steuerbordruder auf den Rücken gedreht wurde. Danach war das Pendelruder der Selbststeueranlage verstellt gewesen. Das war aber nicht schlimm, es ist so konstruiert, dass es bei übermäßiger Belastung nach hinten klappen kann. Ich hatte es wieder gerichtet und alle anderen Teile der Ruderanlage sorgfältig kontrolliert. Hatte aber keine Schäden feststellen können. Jetzt fällt mir auch ein, dass ich in den vergangenen Tagen manchmal ein leises Klacken am Heck gehört habe. Ich habe zwar nach der Ursache gesucht, aber nichts gefunden. Ich hätte viel sorgfältiger kontrollieren müssen! Jetzt ist es zu spät. Manchmal dreht eine besonders hohe Welle den WAL soweit quer zum Wind, dass die Selbststeuerung es nicht schafft, wieder auf den Sollkurs zurückzusteuern. Dann muss einer von uns raus ins Cockpit und den WAL von Hand zurück auf Kurs steuern. In der Nacht bummeln wir dahin, der Wachhabende muss ausnahmsweise seinem Namen alle Ehre machen und kommt nicht zum Schlafen, aber dafür kommen wir unserem Ziel näher.

Am nächsten Tag beschließen wir, dass ich versuchen soll, ein Notruder zu bauen. Carola steuert fast den ganzen Tag von Hand, damit wir mehr Segelfläche fahren können und schneller vorankommen. Währenddessen hänge ich den verbliebenen Ruderstumpf aus und mache mich in der Kajüte an die Arbeit. Unsere Auswahl an Werkzeugen und Ersatzteilen ist so begrenzt, dass ich lange ratlos vor dem kaputten Ruder sitze. Alles, was ich mir zum Bau eines Notruders wünsche, ist nicht an Bord. Nicht mal eine vernünftige Säge habe ich mitgenommen! Schließlich habe ich eine Idee, von der ich hoffe, dass sie funktioniert. Aus einem Kojendeckel aus dem Vorschiff säge ich zwei passende, möglichst lange Bretter, was endlos lange dauert, denn ich habe nur ein kleines dünnes Sägeblatt von vielleicht 15 Zentimetern Länge, wie sie in den kleinen Bügelsägen für Heimwerker verwendet werden. In Ermangelung selbst dieses kleinen Bügels halte ich es direkt in der Hand, die ich mit einem Arbeitshandschuh schütze – immerhin. Dann säge ich stundenlang in der stickigheißen Kajüte, denn Schiebeluk und Steckschotts müssen wegen der rauen See geschlossen bleiben. Andreas hilft mir, hält die Werkzeuge fest und findet alles total aufregend. Als ich mit dem Sägen fertig bin, habe ich blutige Hände. Am nächsten Tag schraube ich die Bretter dann unten zusammen und oben an dem Ruderstumpf an. Die Schrauben sind zum Verzweifeln klein für die Kräfte, die die Konstruktion aushalten soll, aber größere sind nicht an Bord. Wenn ich so viele wie möglich nehme, wird es vielleicht halten, so mein Kalkül. Wenigstens hält der Akkubohrer durch, bis ich alle Löcher gebohrt habe. Schließlich umwickle ich alles mit mehreren Lagen Tape. Am Abend will ich das Not-Ruderblatt einhängen. Das ist im Prinzip so einfach wie eine Zimmertür einzuhängen: Die beiden Lagerhülsen genau über den beiden Zapfen positionieren und dann das Ruder nach unten rutschen lassen. Aber es funktioniert nicht, denn der untere Teil des Ruders steckt ja im Wasser und wird mit solcher Kraft von den Wellen hin- und herbewegt, dass ich dagegen nicht ankomme. Ich kriege es einfach nicht über den Lagerzapfen positioniert. Frustriert gebe ich auf.

Über Nacht heulen Böen im Rigg. Ohne Segel, mit nachgeschleppten Leinen und festgelaschter Pinne lassen wir uns treiben. Hört denn das nie auf? Wir haben keine Kraft mehr. Am nächsten Tag flaut es etwas ab. Als die See sich beruhigt hat, starten Carola und ich einen neuen Versuch, das Ruder einzuhängen. Zu zweit gelingt es uns schließlich – nach unzähligen Fehlversuchen. Dann muss ich noch das Lenkgestänge befestigen. Eine ziemlich fummelige Arbeit mit unzähligen Schrauben, Muttern und Unterlegscheiben, von denen mir keine aus der Hand fallen darf, sonst würde sie durch das offene Heck sofort in der Tiefe verschwinden. Doch alles geht gut und das Notruder arbeitet hervorragend. Wir können wieder die volle Segelfläche setzen, und die Selbststeuerung arbeitet einwandfrei. Allerdings biegen sich die angeschraubten Bretter im Seegang ein bisschen hin und her, manchmal knackt die ganze Konstruktion auch. Ich kann nur hoffen, dass sie hält und dass die Bedingungen nicht zu rau werden. 250 Seemeilen haben wir mit nur einem Ruder zurückgelegt. Nur noch 130 Seemeilen bis zu den Marquesas.

Am Abend des 30. Tages kommt Land in Sicht. Steil ragen die hohen, schroffen Berge der kleinen Insel Ua-Huka aus dem Meer empor. Aber hier gibt es weder einen sicheren Ankerplatz noch irgendwelche Versorgungsmöglichkeiten für uns. Wir wollen weiter bis zur 20 Seemeilen weiter westlich gelegenen Hauptinsel Nuku-Hiva. Ich reduziere die Segelfläche auf ein Minimum, damit wir erst am nächsten Morgen ankommen, wenn es wieder hell wird. Während der Nacht weht der Wind nur schwach. So ist die See ruhig, als wir am nächsten Morgen die Südost-Spitze von Nuku-Hiva passieren. Steil ragt auch diese Insel mit ihren grünen Bergen aus dem Meer. Zur Einfahrt in die Taiohae Bay nehmen wir den Motor zur Hilfe. Morgens um sechs Uhr lassen wir dann auf zehn Meter Wassertiefe den Anker fallen. Wir haben es geschafft. Oder sind wir nur mal wieder davongekommen? Ich bin mir nicht mehr so sicher. Wir setzen uns alle drei ins Cockpit, ganz dicht aneinander.

Während Carola aus dem Logbuch die Statistik der zurückliegenden Strecke vorliest, frage ich mich, wann sie das alles eigentlich ausgerechnet hat: 30 Tage, 3124 Seemeilen, 104 Seemeilen pro Tag, macht im Schnitt 4,3 Knoten. Ziemlich lahm für heutige Zeit. Doch wir kommen zu der Überzeugung, dass wir in Anbetracht unseres Mini-WALS und der aufgetretenen Schwierigkeiten wirklich zufrieden sein können. Schließlich ist das hier ein Familien-Törn. Diesmal küsse ich Carola ganz besonders leidenschaftlich.

Der lange Weg nach Australien

Do, 11.10. Abfahrt Pago Pago
11:00 LT ≙ 22:00 UTC

Fr, 12.10., 12:00 LT, 1.
S 14° 59' / W 171° 03'
Trip 76 sm, Avspeed 3,1 Kn
(GPS 1) E: 76 sm

Sa, 13.10. 12:15 LT, 2.
S 15° 34' / W 171° 20'
Trip 48 sm (GPS 2)
E: 48 sm, Avsp. 2,6 kn

So, 14.10. 12:00 LT, 3. T.
S 16° 14' / W 172° 44'
Trip (GPS2): 143 sm
E: 95 sm, Avsp. 3,0 Kn

Mo, 15.10., 12:10 LT, 4. T.
S 16° 29' / W 174° 34'
Trip (2): 259 sm
E: 116 sm, Avsp. 3,5 kn

Di, 16.10., 12:10 LT, 5. T.
S 17° 45' / W 175° 43'
Trip (2): 372 sm
E: 113 sm, Avsp. 3,7 Kn

Mi, 17.10., 12:00 LT, 6. T.
S 18° 59', W 177° 05'
Trip (2): 481 sm
E: 109 sm, Avsp. 3,9 Kn

Do, 18.10. 12:15 LT, 7. T.
S 19° 29' / W 178° 53'
Trip (2): 591 sm
E: 110 sm, Avsp. 4 Kn

Sa, 20.10., 12:15 LT = 00:15 UTC, 8. T.
S 20° 35' / E 179° 40'
Trip (2): 702 sm
E: 111 sm, Avsp. 4,1 kn
Datumsgrenze 180° morgens gegen 08:00 (LT Pago) überquert und Datum einen Tag vor-, Uhrzeit 1h zurückgestellt.

So, 21.10., 12:00 LT, 9. T. 1012 mbar
S 21° 19' / E 177° 59'
Trip (2): 807 sm
E: 105 sm, Avsp. 4,1 kn
Kocher: Spiritus nachgefüllt ca. 800 - 900 ml

Logbuchauszug Pazifiküberquerung 2001:
Über die Datumsgrenze

Zuerst fallen uns die zahlreichen Feuer auf, deren blauer Rauch aus dem dichten Grün emporsteigt. Den Rauchfahnen nach zu urteilen, sind sie nicht groß, eher so, als wenn dort Lagerfeuer brennen. Sie geben der Umgebung etwas Archaisches. Als nächstes bemerken wir die Geländewagen. Dicht an dicht sind sie auf der Straße rings um die Bucht unterwegs und relativieren den ersten Eindruck – nachhaltig. Jetzt, kurz nach sechs Uhr morgens, scheint hier so etwas wie eine Rushhour zu herrschen. Auch Motorroller knattern vorbei, ein Mann reitet auf einem Pferd den Uferweg entlang, viele sind zu Fuß unterwegs. Wir ankern höchstens 200 Meter vom Ufer entfernt im rechten Teil der Bucht. In der Nähe befindet sich ein Betonpier, an dem ein kleines Fahrgastschiff festgemacht hat, die KAOHA NUI. Daneben liegen noch ein paar einheimische Motorboote an Muringbojen mit Heckleine zum Pier. An Land stehen ein paar kleine Wirtschaftsgebäude sowie drei Bootsschuppen. Die Bucht ragt weit ins Land, ist schätzungsweise einen Kilometer breit und von einem Strand gesäumt, der auf unserer Seite aus dunkelbraunem Sand besteht. Von der anderen Seite der Bucht leuchtet heller Sandstrand herüber. Die Ortschaft, in der laut Handbuch etwa 3000 Menschen wohnen, erstreckt sich über das gesamte Kopfende der Bucht. Die meisten Häuser sind eingeschossig, ein paar Gebäude auf unserer Seite, sie sehen wie Verwaltungsgebäude aus, haben drei Geschosse. Sie sind auf die Hügel gebaut, die sich unmittelbar hinter dem schmalen Uferstreifen erheben. Dahinter ragen ringsum fast senkrecht Bergwände empor, so hoch, dass sie von den ziehenden Wolken immer mal wieder eingehüllt werden. Durch die hohen Berge und dadurch, dass die Bucht fast drei Kilometer ins Land einschneidet, macht sie einen kesselartigen Eindruck und verleiht ein angenehmes Gefühl von Geborgenheit.

Dann entdecken wir Deborah und Rolf, die begeistert vom Ufer winken. Andreas hatte sich mit diesem amerikanisch-schwedischem Paar während unseres Panama-Aufenthaltes angefreundet. Mehrmals hatten sie ihn in ihrem Beiboot mit kräftigem Außenbordmotor mitgenommen. Jedes Mal war Andreas begeistert gewesen von der schnellen Fahrt. Jetzt eilen sie den Uferweg entlang zu ihrem Beiboot und nach ein paar Minuten kommen sie am WAL längsseits.

»Herzlich willkommen im Paradies«, begrüßt uns Deborah voller Begeisterung und legt eine kleine Bananenstaude und ein großes Paket Speiseeis an Deck, »wir haben jeden Morgen nach euch Ausschau gehalten.«

»Kommt an Bord«, lädt Andreas sie sofort ein. Mittlerweile paddelt noch ein älterer Mann mit seinem kleinen Beiboot interessiert um uns herum. Ich frage ihn, von welchem Boot er sei. Er stellt sich als Nils vor, von dem kleinen Segelkanu da drüben. Vor sieben Jahren sei er von Schweden aus um die Welt gestartet – wie lange die Reise noch dauern wird, könne er nicht abschätzen. Ich schaue zu dem Boot, auf das er zeigt. Tatsächlich, jetzt fällt es mir auf. Das ist gar kein Einheimischen-Boot, wie ich anfangs vermutete. Ein Winzling, ebenso klein wie der WAL, aber viel schmaler, trägt nur einen kurzen, unverstagten Mast und eine kleine schwedische Flagge. Ich lade auch ihn ein, an Bord zu kommen. So sitzen wir schließlich morgens um halb sieben und keine halbe Stunde nach unserer Ankunft zu sechst im WAL-Cockpit, erzählen wild durcheinander unsere Geschichten und löffeln Eis. Dass unser Boot schmutzig ist nach dem langen Törn, Salz überall, dazu Kekskrümel, Reste von fliegenden Fischen, auch unsere Kleidung abgerissen und dreckig, geht zum Glück in dem Trubel unter.

Nachdem ich von unserem Ruderbruch erzählt habe, stellt sich schnell heraus, dass das Häufchen Yachten, das hier noch in der Bucht liegt, im Grunde genommen eine Ansammlung von Fast-Schiffbrüchigen ist. Die NORTHERN LIGHT von Deborah und Rolf hatte unterwegs den Besanmast verloren. Ein Umlenkblock war gebrochen und die Schot hat daraufhin die Verstagung des Mastes weggerissen, sodass er haltlos ins Meer kippte. Nils' PETER PAN fährt eigentlich mit zwei unverstagten Masten. Aber einer war bei Starkwind mitten durchgebrochen, sodass er nur noch mit höchstens zwei Knoten vorankam und mit dem letzten Tropfen Trinkwasser Nuku Hiva erreicht hatte. Dann hören wir noch die Geschichte der schwedischen Yacht ONYX, deren Selbststeueranlage schon bald nach der Abfahrt von Galapagos kaputt gegangen war, sodass das Ehepaar an Bord wochenlang selber steuern musste. Nachts hatten sie sich treiben lassen, um etwas Schlaf zu finden, 35 Tage waren sie unterwegs gewesen. Und der französische Katamaran KAILOU, den wir zuletzt in Galapagos gesehen haben, hat unterwegs einen Wassereinbruch erlitten, als in voller Fahrt irgendein treibender Gegenstand den Skeg vor dem Ruderblatt weggerissen hat. Nun sind alle damit beschäftigt, die Schäden vor der Weiterfahrt, so gut es geht, zu reparieren.

Ich muss das Ruderproblem lösen, vorher ist an eine Weiterfahrt nicht zu denken. Zuerst frage ich die anderen Segler um Rat. Der frühere Goldschmied Rolf rät mir, eine Manschette aus Blech um die beiden Bruchstücke zu legen, schön glatt auf Form zu hämmern und mit vielen Schrauben zu fixieren. Frank, der ehemalige Maschinenbauingenieur meint da helfen nur ein Paar kräftige Flacheisen, die zu einer soliden Konstruktion zusammengeschweißt werden müssten. Sebastian hingegen, beurlaubter Richter, empfiehlt mir, mich an die Etap-Werft zu wenden und um die kostenlose Lieferung eines Ersatzruders zu bitten. Schließlich überzeugt mich Nils, der ehemalige Bootsbauer, mit seinem Vorschlag. »Warum baust du dir nicht einfach ein neues Ruder aus Sperrholz?«, fragt er.

Ich guckte skeptisch und sage: »Habe ich noch nie gemacht. Woher weiß ich, dass ich mich dann hundertprozentig darauf verlassen kann?«

»Kein Problem«, antwortet Nils, »ich baue mir oben in den Workshops gerade einen neuen Mast. Ich kann dir helfen. Komm einfach mit und sieh dir die Werkstatt mal an.« Am nächsten Morgen steige ich zusammen mit ihm den gewundenen Weg hinauf, bis wir eine große Werkstatthalle erreichen. Hier oben über der Bucht geht ein angenehmer Wind, gleich neben dem Gebäude wachsen Bananen. Weit unten sehe ich den WAL vor Anker liegen. Phillip, der Besitzer der Schreinerei, ist ein eher mürrischer Mann in meinem Alter. Er ist ursprünglich Engländer, hat dann aber zusammen mit seiner französischen Frau viele Jahre in Frankreich eine Schreinerei betrieben. Irgendwann habe er von Frau und Leistungsdruck die Nase voll gehabt, die wichtigsten Werkzeuge in seine Yacht gepackt und ist im Pazifik herumgezogen, bis er hier von einem Polynesier das neu errichtete Gebäude gemietet und die Werkstatt eröffnet hat. Angeblich hat er gut zu tun. Unterm Dach seiner Werkstatt hat er sich aus Brettern einen Verschlag gezimmert, in dem er wohnt. »Je höher, desto besser«, meint er, »zum Schutz gegen Ungeziefer.« Ich beschließe, gleich zwei neue Ruder zu bauen. So hab ich eins in Reserve. Wir einigen uns auf einen annehmbaren Preis, 200 Euro, für den ich seine Werkstatt samt Werkzeugen nutzen darf. Alle Arbeiten muss ich bis auf gelegentliche Hilfen selbst erledigen, auch ums Material muss ich mich selbst kümmern.

Von jetzt ab bringt Carola mich jeden Morgen per Beiboot an Land, dann marschiere ich den Weg hoch zu Phillips Werkstatt und arbeite an den Rudern. Arbeitstage fast wie im »normalen« Leben. Wasserfest verleimte Sperrholzplatten guter Qualität habe ich im Ort besorgt, sogar Epoxydharz und Zwei-Komponenten-Grundierung haben sie in einem Laden vorrätig. Wider Erwarten komme ich gut mit der Arbeit voran. Nach einer Woche sind die Ruder so weit, dass ich ihnen ein Profil geben muss. Nur, wie gehe ich das an? Ratlos stehe ich vor dieser Aufgabe. Was ist mit Anströmungswinkel, Steifigkeit, möglichen Vibrationen? Was ich jetzt zu viel oder an der falschen Stelle wegnehme, kann ich nicht wieder ausgleichen. Beunruhigt wende ich mich an Nils. In wenigen Minuten hat er mit einem Streichmaß ein paar Striche auf das Holz gezeichnet und mir erklärt, was sie bedeuten. Alles klar! Die Profilierung ist dann mit einem Bandschleifer bald erledigt. So sehen die Ruder schon ganz gut aus. Nun muss ich sie nur noch möglichst perfekt gegen Wasser schützen, denn sie sollen ja viele tausend Seemeilen halten. Nils hat inzwischen seinen Mast fertiggestellt und die Werkstatt verlassen. Phillip wird zusehends mürrischer. Immer wieder behauptet er, ich würde ihn von seiner Arbeit abhalten, obwohl ich ihn nur selten in der Werkstatt sehe. Als ich morgens einmal erst gegen neun Uhr erscheine und entschuldigend erzähle, dass Andreas noch unbedingt mit mir spielen wollte, meint er trocken: »Du solltest deine Familie ertränken.«

Unser Verhältnis wird immer gespannter, er redet nur noch das Notwendigste mit mir, offensichtlich geht ihm meine Anwesenheit auf die Nerven. Eines Morgens, als ich mich gerade wieder vom Pier auf den Weg machen will, kommt er mit seinem kleinen, alten, rostigen Auto, einem Fiat Panda, die Straße entlanggefahren, hält an und fragt mich ungewohnt freundlich, ob ich ihm das vereinbarte Geld geben könne, er müsse heute unbedingt seine Telefonrechnung bezahlen. Ach ja, und weil ich seine Werkstatt viel länger als gedacht benutze, müsse er noch 50 Euro extra verlangen. Trotz meines Protestes bleibt er hart, sodass ich schließlich keine andere Möglichkeit für eine gütliche Einigung sehe, als auf seine unverschämten Forderungen einzugehen. Dafür verspricht er mir, dass ich auf jeden Fall noch eine weitere Woche seine Werkstatt nutzen könne, um die zeitaufwändigen Anstricharbeiten zu erledigen.

Nachdem ich das Geld vom WAL geholt habe, fahren wir zum Gebäude der Telefongesellschaft, in dem er für kurze Zeit verschwindet. Dann fahren wir die Straße zu seiner Werkstatt hoch. Dort angekommen, schließt er die Hallentür auf, dreht sich zu mir um und sagt unvermittelt und ohne erkennbare Regung: »Pack deine Sachen zusammen und verschwinde hier.«

Zuerst bin ich sprachlos, dann erinnere ich ihn an unsere Abmachung von vorhin. Er zeigt sich völlig unbeeindruckt davon, meint nur, ich solle mich beeilen, wenn ich meine Sachen überhaupt wiederhaben wolle. Wir stehen mittlerweile in der Werkstatt. Ich kann es einfach nicht glauben und will die Hoffnung nicht aufgeben, denn zum Auftragen der Farbschichten brauche ich unbedingt einen trockenen Raum. Die Arbeit auf unserem kleinen Boot zu erledigen, scheint mir unmöglich, und im Freien muss man täglich mit Regenschauern rechnen.

»Phillip, das kannst du nicht machen, wir kommen hier ohne neue Ruder nie mehr weg. Was soll aus uns werden?« Ich bin total verzweifelt.

Plötzlich hat Phillip eine Machete in der Hand und macht damit drohend einen Schritt auf mich zu: »Mach, dass du hier verschwindest!«

Das ist nun allerdings sehr deutlich. Unwillkürlich weiche ich ein paar Schritte zurück. Schlagartig fällt mir eine Geschichte ein, die Phillip mir schon vor einiger Zeit erzählt hat. Als er noch nicht lange auf der Insel war und gerade die Halle gemietet hatte, habe er immer wieder Besuch von Einheimischen bekommen, die ihm geraten hätten, auf dieser Insel keine Zimmerei zu eröffnen. Er habe zu dieser Zeit noch unten im Dorf gewohnt und sei immer zu Fuß gegangen, da er kein Auto hatte. Eines Abends hätten ihm unten an der Straßenkreuzung ein paar junge Burschen aufgelauert. Aber er sei vorbereitet gewesen und habe sein Messer gezückt. Dann hatte er mir den Daumen seiner linken Hand gezeigt, der merkwürdig verkrüppelt aussah, und gesagt: »Das haben sie getan. Haben den Daumen getroffen. Aber dann habe ich einen von ihnen mit meinem Messer erwischt. Mitten durch die Hand. Da sind sie geflüchtet.«

Als ich die Geschichte hörte, tat ich sie als Aufschneider-Gehabe ab. Jetzt aber glaube ich ihm jedes Wort, und mir ist klar, dass er es ernst meint und vor dem Einsatz seiner Machete nicht zurückschreckt. Ich gehe rückwärts bis auf die Straße. Phillip verschwindet wieder in der Werkstatt, holt meine halbfertigen Ruder und wirft sie mir zornig vor die Füße. Wie in Trance hebe ich sie sorgsam auf. Mir ist zum Heulen. Behutsam nehme ich die Ruder, trage sie ein paar dutzend Meter weg von der Werkstatt, setze mich an den Straßengraben – und weine. Irgendwie scheint der Ruderbruch nun doch das Ende meiner Träume zu bedeuten. Ich habe keinen Mut mehr.

Die Sonne steht schon hoch am Himmel, als ich mit den Rudern unterm Arm am Pier ankomme. Dort treffe ich Nils, der gerade sein Beiboot festmacht. Ich schildere ihm mit wenigen Worten das Vorgefallene. Er zeigt sich wenig überrascht und sagt: »Da hast du noch Glück gehabt. Ich habe das Dreifache des vereinbarten Preises zahlen müssen. Dieser Phillip ist ein Betrüger.«

»Aber warum hast du mich nicht gewarnt?«, frage ich verständnislos.

»Ach weißt du«, antwortet er, »ich finde, jeder muss im Leben seine eigenen Erfahrungen machen.«

Ich spüre, wie aus seinen Worten die ganze Härte spricht, die das Leben ihm in siebzig Jahren gegeben hat. In diesem Moment kommt er mir wie ein alter, einsamer Wolf vor, und unwillkürlich durchfährt mich ein tiefes Glücksgefühl darüber, dass ich mit meiner geliebten Carola und mit meinem geliebten Andreas unterwegs sein kann.

Carola sorgt dafür, dass ich wieder neue Kraft schöpfe und die Ruder doch noch fertig kriege. Zuerst nimmt sie mich liebevoll in den Arm und tröstet mich, dann kocht sie abends mein Lieblingsessen: Spaghetti mit angebratenem Frühstücksfleisch. In den folgenden Tagen geht sie mit Andreas jeden Morgen von Bord und kommt erst am Abend zurück. So kann ich die beiden Ruderblätter in der Kajüte viermal mit Grundierung, zweimal mit Lack und zweimal mit Antifouling streichen. Nach einer Woche ist die Arbeit getan und wir montieren die Ruder. Alles passt auf Anhieb und macht einen wirklich Vertrauen erweckenden Eindruck. Obwohl wir noch keine Meile mit den neuen Rudern gesegelt sind, entscheiden wir uns, das noch intakte Originalruderblatt sowie das Bruchstück, das wir mit so viel Mühe aus dem Meer gefischt haben, auf den Müll zu werfen. Wir haben an Bord einfach keinen Platz dafür.

Vier Wochen sind seit unserer Ankunft vergangen, die meisten Yachten sind schon weitergezogen. Einer, der außer uns einfach nicht loskommt, ist James, ein amerikanischer Einhandsegler mit einer schönen Zwölf-Meter-Yacht. Seit Jahren kreuzt er im Pazifik herum, und seiner Meinung nach ist Nuku Hiva der schönste Platz, den er bisher gefunden hat. Während unserer gesamten Reise wird er der einzige bleiben, der unumwunden zugibt, von ehrlicher Arbeit nicht viel zu halten. Mit einer Mischung aus amerikanischem Selbstbewusstsein und britischem Understatement erklärt er: »Meine Mutter hat mir etwas Geld hinterlassen. Und ich versuche, es auszugeben.« Als wir Wasser für die Weiterreise brauchen, lässt er stundenlang seinen Watermaker laufen, um uns zu versorgen, denn das Wasser aus dem öffentlichen Leitungsnetz ist ohne Abkochen nicht trinkbar.

Bevor es weitergeht, feiern wir aber noch Andreas' Geburtstag. Fünf Jahre wird unser kleiner Junge schon alt, ein richtiger Wirbelwind, manchmal ein bisschen zu frech. Aber wenn Carola meint, wir müssten mal härter durchgreifen, entgegne ich: »Lieber zu frech als zu schüchtern.« Morgens singen wir »Happy Birthday« und schenken ihm ein kleines Lego-Flugzeug, eine Zeitschrift mit Puzzle und zwei Luftballons. Mittags kommen seine Freunde aus dem Ort, die er beim Spielen am Strand kennen gelernt hat, in einem verbeulten Alu-Opti angerudert. Für die Kleinen ist der Aufenthalt auf einem Boot mit richtiger Kajüte total aufregend, sie würden am liebsten gleich in See stechen. Glücklicherweise sind sie dann aber auch mit einem großen Nudelessen zufrieden und machen sich schließlich fröhlich auf den Rückweg.

Am späten Nachmittag klettern wir drei in unser Beiboot und rudern ein ganzes Stück über die Bucht zu einem einsam gelegenen Strand. Dort ziehen wir das Boot auf den hellen feinen Sand und sehen uns um. Der Strand ist nur zehn bis zwanzig Meter breit, dahinter beginnt ein Dickicht aus kleinen Bäumen. Andreas spielt Entdecker, klettert zwischen den tief hängenden Ästen der Bäume umher. Mittlerweile dämmert es und er wird müde. Nachdem er ein Butterbrot gegessen hat, schlummert er im Beiboot ein. Sitzend! Carola zieht mich ein Stück weg, dann setzen wir uns mit Blick auf das Meer in den warmen Sand. Über uns bewegen sich ein paar lichte Zweige. Aneinander gelehnt unterhalten wir uns eine Weile. Als es dunkel ist, verführt sie mich. Erst zieht sie ihren Bikini aus, dann muss ich sie fangen. Schließlich rollen wir im Sand, sie zieht meine Hose herunter und wir haben wundervollen, aufregenden Sex miteinander. Danach liegen wir lange zufrieden nebeneinander, bis ein paar vorwitzige Krebse anfangen wollen, an uns herumzukrabbeln. Wir packen unsere Sachen, schieben das Beiboot samt Andreas ins Wasser und machen uns auf den Heimweg. Auf dem WAL betten wir Andreas auf einer der Seitenkojen, Carola und ich schlafen vorne auf der Dreieckskoje. Bevor ich wegdämmere, flüstert sie mir zärtlich ins Ohr: »Deshalb bin ich von der Karibik weitergefahren. Weil ich einmal mit dir an so einem Traumstrand schlafen wollte.«

Tage später, am 29. August, hole ich den Anker auf. Aber die Ankerleine ist dermaßen bewachsen, dass wir gleich wieder an einer Muringboje festmachen. Fast zwei Stunden brauche ich, um die 30 Meter lange Trosse zu reinigen. Im ersten Durchgang knibbele ich die Seepocken ab, im zweiten schrubbe ich, so gut es geht, das Seegras ab. Dann setzen wir das Großsegel, aber weil der Wind in der Bucht stark dreht und böig ist, nehmen wir den Motor zur Hilfe, um auf See hinauszukommen. Draußen machen uns ideale Bedingungen das Abschiednehmen leicht: mäßiger Wind aus Ost, dazu nur wenig Welle. Nachdem die Insel achteraus liegt, rolle ich die Passatsegel aus, und mit vier bis fünf Knoten nehmen wir Kurs auf die Nordspitze des Tuamotu-Archipels. Wenn das Wetter so bleibt, können wir in einer Woche da sein.

Die nächsten Tage bringen schönstes Segeln über einen friedlichen Ozean. Zwar knallt die Sonne mittags senkrecht vom Himmel, aber wir können alle Luken geöffnet lassen, sodass es in der Kajüte nie zu heiß wird. Am Nachmittag spenden dann die beiden Vorsegel Schatten im Cockpit und die schönste Zeit des Tages beginnt: Stundenlang sitzen wir draußen, beobachten Vögel, die neugierig unser Boot umkreisen, und Delfine, die uns hin und wieder besuchen. Und wir haben alle Zeit der Welt, Andreas' Fragen zu beantworten: Woher kommt der Himmel? Was ist unter dem Meer? Woher weiß das GPS, wo wir sind? Wann küssen sich die Vögel?

Bis zum dritten Tag nach unserer Abreise gibt es mittags Baguette-Brot, eine willkommene Abwechslung zu den sonst üblichen Keksen. Noch länger halten sich die Früchte, die wir von freundlichen Einwohnern geschenkt bekommen haben, vor allem Limonen und Pampelmusen, so süß wie Erdbeeren. Unser Sundowner besteht aus frisch gepresstem Limonensaft mit Wasser und etwas Zucker, einfach großartig. Aber keine Freude ohne Dämpfer: Zu unserer Enttäuschung finden wir in den Dosen mit Haferflocken wieder Maden. Doch bevor wir sie über Bord werfen, probieren wir eine neue Strategie aus: Wir schütten die benötigte Menge Haferflocken in einen Topf mit kochendem Wasser und rühren ein paar Mal kräftig um. Der Versuch funktioniert, denn die Maden treiben als gut erkennbare schwarze Punkte tot an der Oberfläche, sodass wir sie einfach abschöpfen und mit Appetit unsere Haferflocken essen können.

Lange sind wir unentschlossen, ob wir auf den Tuamotus einen Zwischenstopp einlegen sollen. Dagegen sprechen vor allem zwei Gründe: Die Inseln des Tuamotu-Archipels bestehen aus einem Ringriff, das einen Bereich mehr oder weniger flachen Wassers umschließt. Nur dieser innere Bereich bietet Schutz vor den heranrollenden Wogen des Ozeans. Um ihn zu erreichen, muss man eine relativ enge Durchfahrt durch das Ringriff passieren. Leider muss man in dieser Durchfahrt immer mit heftigsten Strömungen rechnen. Um unter allen Umständen manövrierfähig zu sein, braucht man dazu eine starke Maschine als Antrieb. Und als »starke Maschine« kann man unseren Dreieinhalb-PS-Außenborder wahrlich nicht bezeichnen. Außerdem wollen wir zum Arbeiten nach Australien. In zwei Monaten, Anfang November beginnt im Pazifik die Zeit der Wirbelstürme, bis dahin müssen wir Australien erreicht haben. Noch liegt mehr als die Hälfte dieses riesigen Ozeans vor uns. Also gilt: Augen auf und durch.

Als dann am siebten Tag der Reise das nördlichste Atoll Tikehau in Sicht kommt, sind wir uns unserer Entscheidung nicht mehr so sicher. Einfach paradiesisch wirkt dieses Eiland, wie es in der Weite des Meeres daliegt. Zuerst erkennen wir große Palmen am Horizont. Dann, als wir bis auf drei Meilen herangekommen sind, sehen wir den hell leuchtenden Sand, auf dem die Palmen stehen. Das Ganze überwölbt von einem tiefblauen Himmel mit ein paar weißen Passatwölkchen. Schweren Herzens bleiben wir auf Kurs Südwest. Wir trösten uns mit dem Gedanken, dass es bis zu den Inseln Raiatea und Bora Bora, die zur Gruppe der Gesellschafts-

Inseln gehören, nicht mehr weit ist. Eine von ihnen wollen wir unbedingt anlaufen. Ihre Einfahrten sind größer, die Strömung berechenbarer und damit nicht so gefährlich. Und Trauminseln sind das schließlich auch. Nur noch drei Tage!, denken wir.

Doch das Wetter macht uns mal wieder einen dicken Strich durch die Rechnung. Am achten Tag wird der Wind unbeständig und dreht erst auf Nordost, dann auf Nord, schließlich auf Nordwest. Mit Fock und Großsegel laufen wir auf Am-Wind-Kurs Richtung Westen. Ein Fehler, wie sich herausstellt, denn hätten wir wissen können, was uns erwartet, dann hätten wir jede Möglichkeit genutzt, nach Süden voranzukommen. Aber unser kleines Kurzwellenradio empfängt in diesem Teil der Welt keine Wettervorhersage. Am Abend stellt sich totale Flaute ein, die Segel schlagen erbärmlich in der alten Dünung. Besonders das Großsegel, das oben zwei bis zum Mast durchgehende Latten hat, verursacht einen Höllenlärm, weil die Lattenschlitten in der Mastnut hin- und herpoltern. Laut wünsche ich alle durchgelatteten Segel zur Hölle. Das bringt natürlich nichts. Das einzige, was hilft, ist, die Segel zu bergen. So treiben wir die ganze Nacht hilflos herum. In meinen Wach-Träumen wünsche ich mir eine schöne starke Einbaumaschine, mit der wir die noch vor uns liegenden 100 Seemeilen bis Raiatea bei der Flaute bequem in einem halben Tag hinter uns bringen könnten. Ein Atmen ganz nah neben unserem Boot reißt mich aus meinen Gedanken. Das ist kein Delfin, viel lauter und mächtiger klingt das. Ich stelle mich ins offene Schiebeluk und beobachte die See um uns herum, kann aber in der stockdunklen Nacht nichts erkennen. Dann höre ich das Atmen wieder, ganz nah: ein lautes, lang gezogenes Prusten. Das muss ein großer Wal sein, der sich für unser Boot interessiert. Ich wecke Carola. Flüsternd beratschlagen wir kurz, was zu tun sei, dann ziehen wir die Schwimmwesten an. Auch Andreas schnallen wir im Schlaf seine Schwimmweste um und legen die Seenot-Funkboje bereit. Ein großer Wal ist, Namensgleichheit hin oder her, eine Bedrohung für unser Boot. Wenn er es berührt, kann er Schäden verursachen, es vielleicht sogar zum Kentern bringen. Wir hören noch ein drittes Atmen, das aber schon weiter entfernt scheint. Dann verschwindet das Geräusch und mit ihm der Wal. Noch lange lauschen wir in die Nacht, aufgewühlt und ergriffen von dem eben Erlebten.

Der neunte Tag beginnt wieder mit totaler Flaute. Durch die spiegelglatte Wasseroberfläche hindurch erhellen die Sonnenstrahlen das Meer noch tief unter uns. Es ist wie der Besuch in einem gigantischen Aquarium. Zuerst entdeckt Carola weit unten viele kleine Fische, dann liegen wir alle drei im Cockpit, die Köpfe über die Bordwand gehängt und beobachten fasziniert ganze Fischschwärme. In welcher Tiefe sie schwimmen, ist schwer zu schätzen, vielleicht sind es fünfzehn Meter, vielleicht aber auch das Doppelte.

Am frühen Nachmittag kommt der Wind wieder – aus Süd. Auf Am-Wind-Kurs mit einem Reff im Großsegel und etwas eingerollter Fock segeln wir weiter, nur noch 80 Seemeilen bis Raiatea. Am Abend macht sich am ganzen südlichen Horizont eine dunkle Wolkenwand breit. Ängstlich beobachten wir, wie sie immer dunkler wird, und, zuerst kaum wahrnehmbar, näher kommt. Ich ändere den Kurs von Südwest auf West Richtung Bora Bora und denke, dass wir auf die Weise nicht in sie hineinsegeln werden. Aber dann muss ich erkennen, dass wir keine Chance haben, ihr zu entkommen. Bedrohlich, dunkel und immer schneller walzt sie sich auf uns zu. Als sie uns erreicht, lässt der Wind für kurze Zeit nach. Ein kurzes Atemholen, denn auf dem Wasser kann ich schon den dunklen Streifen erkennen, der viel Wind ankündigt. Ich springe an Deck, reiße das Großsegel herunter, rolle die Fock auf Handtuchgröße ein und ziehe mir noch schnell die Regenjacke über. Dann bricht der Sturm los. Innerhalb einer Minute nimmt der Wind auf acht oder mehr Beaufort zu, heult im Rigg, peitscht Gischt gegen das Boot, wühlt das Meer auf, sodass unser Wal wieder wild zu schaukeln beginnt. ›Hauptsache ablaufen‹, denke ich. Erst als ich Segel und Windfahne entsprechend eingestellt habe und einen Moment durchatmen kann, fällt mir der neue Kurs auf:

Wir segeln nach Nordosten, wieder zurück! Vorsichtig ändere ich den Kurs, bis wir auf einem Halbwind- bis Raumschot-Kurs segeln. Das GPS-Gerät zeigt an, dass wir genau nach Norden fahren.

Ich krabbele in die Kajüte und unterrichte Carola von der Kursänderung. Sie will es nicht glauben: »So kommen wir doch nie nach Raiatea. Können wir denn nicht wenigstens Kurs Nordwest laufen, um Bora Bora zu erreichen?«

»Nein, keine Chance, das wäre hoch am Wind.«

»Dann müssen wir eben hoch am Wind fahren. Werden wir schon eine Zeit lang aushalten«, versucht sie mich zu überreden.

Aber ich bleibe hart: »Vielleicht würden wir und das Boot das für 100 Seemeilen aushalten. Aber dies ist keine Regatta über 100 Meilen, das Rigg muss noch ein paar tausend Meilen halten.«

Ich spüre, dass sie die Nase voll hat von unserem Boot, als sie sagt: »Auf jeder vernünftigen Yacht würde es jetzt heißen: Augen zu und durch. Höchstens einen Tag noch, dann sind wir da.«

Aber wir haben eben keine vernünftige Yacht, wir sind nichts weiter als ein kleiner Spielball von Wind und Meer. Der WAL lässt die hohen Wellen sicher unter sich durchrollen. Das ist die Hauptsache. Alles, was ich spüre, ist eine aufregende Freiheit.

Drei Tage braucht der Wind, um wieder auf östliche Richtung zu drehen. Die ganze Zeit segeln wir auf Halbwind- bis Raumschot-Kurs. Im Ergebnis beschreiben wir einen Bogen um die Inseln, die wir ursprünglich anlaufen wollten. Als wir fast wieder auf Westkurs sind, liegt Bora Bora nur 54 Seemeilen südlich von uns. Aber genau aus Süden kommt der Wind, und der bläst immer noch mit schätzungsweise sechs Windstärken. Zuviel um auf hoher See gegenan zu gehen. Am zwölften Tag liegen wir wieder auf West-Kurs, und der Wind kommt wieder aus Osten, sodass wir die Passatsegel setzen. Dann studieren wir die Beschreibungen im Seglerhandbuch für den Pazifik und entscheiden uns für Amerikanisch-Samoa. Bis dahin sind es noch 1020 Seemeilen, also mindestens zehn Tage. Carola kalkuliert den Proviant durch, er müsste eigentlich reichen. Beim Durchstöbern der Kojen gibt es sogar eine positive Überraschung: Außer den vermuteten zwei Flaschen Ketchup findet sich noch eine dritte, sodass wir mit Ketchup nicht zu sparen brauchen. Um das kostbare Trinkwasser nicht unnötig zu verbrauchen, bekommt nur noch Andreas Süßwasser zum Zähneputzen. Carola und ich nehmen Salzwasser, allerdings nur so lange, bis einer von uns auf die Idee kommt, ganz aufs Mundausspülen zu verzichten. Beim Kochen verwendet Carola ein Drittel Salzwasser.

Einmal kollidieren wir bei rauer See mit irgendwas, vielleicht ist es wieder eine Schildkröte. Das Pendelruder der Selbststeueranlage ist verstellt, doch die beiden neu gebauten Ruder halten. Leider vibrieren sie ein bisschen, sobald wir schneller als fünf Knoten fahren. Ein anderes Mal bemerke ich zwei Haie, jeder vielleicht eineinhalb Meter lang, die uns folgen. Offensichtlich wurden sie durch die Vibrationen der Ruder angelockt, denn sie schnappen immer wieder nach ihnen, erwischen sie aber nie. Schließlich konzentrieren sie ihre Bemühungen auf das kleinere Pendelruder in der Mitte. Tatsächlich erwischt es einer von ihnen, lässt aber sofort wieder los. Das Pendelruder ist lediglich etwas nach hinten geklappt, andere Schäden kann ich nicht entdecken. Nachdem die Haie verschwunden sind, warte ich sicherheitshalber noch eine ganze Weile, bevor ich am Heck liegend mit einer Hand ins Wasser greife und das Pendelruder wieder in seine richtige Position ziehe.

Am 18. September 2001 finde ich zum ersten Mal seit unserer Abfahrt von den Marquesas die Muße, das Radio einzuschalten, Deutsche Welle mit Nachrichten. Anfangs verstehe ich gar nicht, um was es in der ersten Meldung geht. Etwas unvorstellbar Schreckliches muss passiert sein, von Tausenden von Toten in den USA ist die Rede. Erst nach und nach gelingt es mir, die Bruchstücke von Informationen zusammenzusetzen. Beim Wachwechsel berichte ich dann Carola. Wir sind entsetzt, brauchen einen Tag, bis wir Worte finden, um Andreas von der Katastrophe um das World-Trade-Center zu erzählen. Und wir machen uns Sorgen.

Denn ausgerechnet jetzt wollen wir amerikanisches Gebiet anlaufen. Amerikanisch-Samoa ist zwar kein Staat der USA, gehört aber zu ihrem Hoheitsgebiet. Im Radio hieß es, alle Seehäfen der USA seien auf absehbare Zeit gesperrt. Sollen wir nach West-Samoa, einem kleinen Inselstaat nur 80 Seemeilen weiter westlich gelegen, ausweichen? Nach drei Wochen auf See brauchen wir unbedingt neuen Proviant, und den werden wir madenfrei und günstig am wahrscheinlichsten in Amerikanisch-Samoa kaufen können. Wir wollen es auf den Versuch ankommen lassen, weitersegeln können wir immer noch.

Als wir nach 2030 Seemeilen und 22 Tagen auf See in den Hafen von Pago Pago einlaufen, hindert uns niemand daran. An einer etwas heruntergekommenen Segelyacht, die im Schutz eines Steindamms liegt, gehen wir vorläufig längsseits.

Auf dem Damm parken mehrere amerikanische Geländewagen, davor stehen Männer, einige in Behördenuniform, andere in T-Shirts und knöchellangen gewickelten Röcken. Offensichtlich warten sie auf uns. Kaum haben wir die Leinen fest, fordert uns einer von ihnen auf, zum Einklarieren zu kommen. Na, das hört sich ja zumindest so an, als wollten sie uns nicht gleich wieder wegschicken. Weil ich noch weitere Leinen ausbringen will, schnappt Carola sich Andreas und unsere Papiere und klettert an Land. Die beiden steigen in eins der Autos, und die Kolonne braust davon. Es vergeht nicht mal eine Stunde, dann sind Carola und Andreas wieder da.

»Wir können vier Wochen bleiben«, berichtet Carola erleichtert. Am nächsten Tag kommt ein großgewachsener, drahtig aussehender Samoaner, der den typischen bunten Wickelrock trägt, zu uns ans Boot. Es stellt sich heraus, dass er der Hafenkapitän ist. Nicht behördliche Pflicht führt ihn zu uns, sondern Neugier: Er will unbedingt das Boot aus Deutschland mit dem kleinen blonden Jungen an Bord sehen. Dabei streicht er Andreas freundlich über den Kopf. »Mein Sohn tut bei der Army in Deutschland Dienst«, erzählt er und die Begeisterung für das ferne Land ist ihm deutlich anzumerken. Ich nutze die Gelegenheit und bitte um einen besseren Liegeplatz, denn der übliche Ankerplatz für Besucheryachten weiter hinten in der Bucht würde zur Tortur für uns werden. Durch die hohen Berge, die rechts und links aufragen, faucht der Passatwind wie in einem Windkanal durch die langgezogene Bucht und wirft beachtliche Wellen auf. Bei jeder Fahrt an Land würden wir in unserem Beiboot pitschnass. Der Hafenkapitän zeigt Verständnis, ausnahmsweise dürfen wir in dem kleinen Hafen, der für Fischerboote reserviert ist, festmachen. Fröhlich fahren wir an den neuen Platz. Festgemacht an einem Fischerboot namens TOMTOM gelangen wir nun mit ein paar Schritten auf den Steg und von dort an Land. Ideal für Andreas. Das Boot, an dem unser WAL hängt, ist ein acht Meter langer Alubau mit zwei Katamaranrümpfen und einem großen Dach darüber. Auf den ersten Blick wirkt es äußerst solide, ist aber irgendwie eine Fehlkonstruktion. Während der Zeit unseres Aufenthaltes gibt es nämlich fast jeden Tag tropische Regengüsse, die die Rümpfe der TOMTOM in ein paar Tagen voll laufen lassen. Zwar erscheint hin und wieder der Besitzer des Bootes, ein hellhäutiger junger Amerikaner, der sich mit »Tom« vorstellt, parkt seinen riesigen Pick-up am Pier, schöpft Kaugummi kauend etwas Wasser aus den Rümpfen und verschwindet wieder. Aber manchmal fürchte ich, dass der Kahn absäuft, bevor sein Besitzer sich das nächste Mal blicken lässt. Deshalb greife ich oft selber zum Eimer und lenze das Boot. Hoffentlich merkt Tom rechtzeitig, wenn wir nicht mehr da sind ...

Das Hauptverkehrsmittel auf der Insel sind Pick-ups mit Allradantrieb. Dicht an dicht rollen sie über die am Ufer langziehende Hauptstraße, immer wieder kommt es zu Staus. Die meisten Einwohner scheinen so einen Wagen zu besitzen oder zumindest jemanden zu kennen, bei dem sie, meist auf der Ladefläche stehend und sich am Überrollbügel festhaltend, mitfahren können. Daneben gibt es noch Busse, die aus dem abgesägten Vorderteil eines Pick-ups bestehen, an das hinten ein Aufbau für die Fahrgäste angefügt worden ist. Dieser Aufbau aus Holzspanten, Blech und Kunststoff-Fenstern ist nur wenige Meter lang, bietet mit seinen kleinen Sitzbänken rechts und links vom Mittelgang aber mindestens zwanzig Personen Platz. Entsprechend eng geht es in den Bussen zu, denn viele Fahrgäste haben zahlreiche Einkaufstaschen bei sich.

Weil Pago Pago sich über mehrere Kilometer rund um die Bucht erstreckt und die billigen Supermärkte zu Fuß kaum zu erreichen sind, benutzen wir, ebenfalls beladen mit Einkäufen, oft die Busse, die zudem billig sind. Die Menschen in den Bussen sind freundlich, aufgeschlossen und neugierig. Ja, oft herrscht sogar eine ausgesprochen fröhliche Atmosphäre, an der sicher auch die Musik, die ununterbrochen läuft, einen Anteil hat. Ohne gute Musik scheinen die Fahrer nicht fahren zu wollen, und mehrmals erlebe ich, wie sie unterwegs anhalten, um die CD zu wechseln. Absoluter Renner bei der Musikauswahl ist die Abba-Gold-CD, und ich erwische mich dabei, wie ich schließlich manchmal mitsumme, während ich aus dem Fenster aufs Meer hinausschaue, wo sich auf dem Korallenriff meterhohe Wellen mit weißer Gischt brechen. So lässt es sich aushalten! Weil die CD schon 1996 erschienen ist, frage ich mich allerdings manchmal, ob sie hier erst kürzlich entdeckt worden ist oder ob sie schon die ganze Zeit über dudelte. Die Mitfahrer, die ich danach frage, verstehen aber meine Frage nicht recht und geben sich viel lieber weiter dem Rhythmus hin.

Natürlich wollen viele wissen, woher ich komme. Schnell lerne ich die »uneingeschränkte Solidarität« zu schätzen, die der deutsche Bundeskanzler den Amerikanern nach den Terroranschlägen in New York und Washington versichert hat. Denn wenn ich auf ihre Frage nach dem Woher antworte: »Aus Deutschland« halten die meisten den Daumen hoch und sagen freundlich: »Du bist okay, Junge. Die Deutschen stehen zu uns.«

Die Samoaner gehören wie die Einwohner von Nuku Hiva zu den Polynesiern. Seit alters her gilt bei diesem Volk eine möglichst große Leibesfülle als Zeichen von Wohlstand und Macht. Kein Wunder also, dass die meisten Menschen hier ausgesprochen fett sind. Schnell gewöhne ich mich daran, dass ich in den Bussen immer ganz in die Ecke rücken muss, um ihnen Platz zu machen. Einmal muss ich einen von ihnen so verschrocken angeguckt haben, dass er entschuldigend zu mir meint: »Ja, das ist ein Problem. Hier in Pago sind die Menschen fett und die Busse viel zu klein. Auf unserer Nachbarinsel Westsamoa haben sie schöne große Busse. Und das, obwohl die Menschen dort dünn sind.«

Ich frage, warum um alles in der Welt sie dann dort so große Busse haben.

»Alle von der Entwicklungshilfe geliefert«, antwortet er, »und die meisten Menschen dort sind wirklich arm.«

Manchmal treffen wir einen der armen Westsamoaner, der das Glück hatte, in Amerikanisch-Samoa eine Arbeitserlaubnis erhalten zu haben. Die meisten dieser Gastarbeiter arbeiten in der großen Tunfischfabrik auf der anderen Seite der Bucht. Pago Pago ist nämlich der Standort der amerikanischen Tunfischfänger-Flotte. Sie besteht aus hochseetüchtigen Schiffen, zirka 60 Meter lang, die wochenlang auf See bleiben, bis ihre 900 Tonnen fassenden Tiefkühlräume gefüllt sind. Dann landen sie den Fisch zur Weiterverarbeitung hier an. Das alles erfahren wir, als Andreas so ausdauernd staunend vor einem Tuna-Fänger steht, bis uns die Besatzung auf einen kleinen Rundgang an Bord einlädt. Am meisten fasziniert Andreas oben die kleine Landeplattform, auf der ein winziger Einmann-Hubschrauber festgezurrt ist. Der Offizier erzählt, dass der Helikopter für die Suche nach Fischschwärmen gebraucht wird. Seit die Preise für Tuna aber stark gefallen sind, lohnt sich sein Einsatz nicht mehr.

In der Zeitung lese ich einen Bericht über die Tunfischfabrik, in dem erwähnt wird, dass sie noch Arbeiter suchen. Da der Stundenlohn nur drei Doller beträgt, finden sich nicht genug Einheimische, die den Job machen wollen. An diese Geschichte erinnere ich mich wieder, als Carola mit einer wahren Hiobsbotschaft aus dem Internetladen kommt. Sie hat beim Lesen der Webseiten der australischen Behörden den Hinweis gefunden, dass die Arbeitserlaubnis für ausländische Touristen nur an Personen unter 30 Jahren erteilt würde. Pech gehabt, wir sind älter! Hätte ich mich doch nicht auf die deutsche Übersetzung verlassen!

»Ich frage in der Tunafabrik nach einem Job«, entscheide ich spontan. Drei Dollar pro Stunde sind zwar wenig, aber von rund 500 Dollar pro Monat müssten wir gut leben können, zumal wir keine Gebühren für den Liegeplatz bezahlen müssen. Ich marschiere um die Bucht herum bis zur Fabrik. Dort frage ich mich zum Personalbüro durch. Endlich angekommen, bitte ich um einen Job. Zu meiner Enttäuschung erklärt man mir, dass ich keine Chance auf eine Arbeitserlaubnis habe. Frustriert marschiere ich wieder zurück.

Also doch Australien. »Wie wär's mit Neuseeland?«, wirft Carola ein, »dort soll's leichter sein, einen Job zu finden.«

»Viel zu gefährlich«, entgegne ich, womit ich den Weg dorthin meine, denn Neuseeland liegt so weit südlich, dass man auf dem Weg dorthin immer mit ausgewachsenen Stürmen rechnen muss. »Dann lieber illegal in Australien arbeiten«, sage ich mit einer Mischung aus Verzweiflung und Leichtsinn.

Am nächsten Tag besorgt Carola die Visa-Anträge für Australien. Beim Ausfüllen lästert sie: »Was die alles wissen wollen. Ist ja schlimmer als Bafög-Antrag und Steuererklärung zusammen.«

Zum Schluss müssen wir noch eine handschriftliche Erklärung schreiben, dass wir genug Geld haben und auf keinen Fall in Australien arbeiten wollen. Dann bringt Carola den Antrag zu einer Agentur, bezahlt 155 US-Dollar, und drei Tage später haben wir unser Visum, gültig ab erstem November für die Dauer von sechs Monaten.

Vor uns liegt wieder ein langes Seestück über mehr als 2600 Seemeilen. Einen Zwischenstopp wollen wir nur noch im Notfall einlegen, weil in weniger als sechs Wochen die Wirbelsturmsaison beginnt. Je eher wir in Australien ankommen, um so sicherer ist die Überfahrt, denn schon vor Beginn der gefährlichen Jahreszeit können sich sogenannte tropische Tiefdruckgebiete bilden. Nach den Beschreibungen, die ich über sie gelesen habe, können sie unserem

Boot durchaus gefährlich werden. Bevor es losgeht, muss ich unbedingt noch mal den Bewuchs vom Unterwasserschiff abkratzen. Zwar schwimmt auf der Wasseroberfläche immer eine Menge Plastikmüll und auch ein dünner Ölfilm, doch dadurch will ich mich nicht abhalten lassen. Gerade als ich zur Reinigung des Rumpfes ins Wasser steigen will, weht ein ekelhafter Gestank ums Boot. Andreas entdeckt einen großen, aufgeblähten Hundekadaver, der im Hafenbecken herumtreibt. Das ist zu viel. Ich hole einen Arbeitshandschuh und einen großen Plastiksack. Dann fasse ich den toten Hund an einem Bein, ziehe ihn aus dem Wasser, stecke ihn in den Plastiksack und werfe ihn in einen Abfallcontainer. Erst dann steige ich ins Hafenbecken. Erstaunlicherweise ist das Wasser unter der Oberfläche glasklar, und die Arbeit geht leicht und schnell voran. Nur wenn ich zum Luftholen an die Oberfläche muss, sehe ich mir vorher genau an, was da oben herumtreibt.

Schließlich ist es wieder mal so weit: Nachdem wir am Vormittag des 11. Oktober für unsere letzten US-Dollar ein paar eiskalte Fanta- und Cola-Dosen gekauft haben, verlassen wir Pago Pago. Mit dem Passatwind kommen wir gut voran und noch vor dem Dunkelwerden ist Samoa hinter dem Horizont verschwunden. In den folgenden Tagen sind wir vor allem damit beschäftigt, Andreas vorzulesen. In Amerikanisch-Samoa waren Bücher so preiswert, dass wir für ihn mehrere Sachbücher gekauft haben. Zu seinem Lieblingsbuch avanciert schnell das über den Aufbau der Erde und des Sonnensystems.

Am 14. Oktober, ein Jahr und drei Monate nach unserem Aufbruch von Brambauer, können wir vom GPS-Gerät ablesen, dass wir die halbe Erde umrundet haben. Nicht mehr zurück, sondern nach vorne ist nun der kürzeste Weg nach Brambauer. Aber nach Feiern ist uns nicht zu Mute. Der Wind weht mal wieder kräftig, die See ist rau, kein Horizont in Sicht, und wir fühlen uns nach dem prallen Leben an Land einsam und verlassen in der Wasserwüste.

Dabei ist das nächste Land gar nicht so weit weg. Die Inseln der zu Fidschi gehörenden Lau-Gruppe liegen höchstens 100 Seemeilen vor unserem Bug. Auf der Seekarte sind in dem Gebiet, durch das wir fahren, zahlreiche unterseeische Vulkane eingezeichnet. In der Nacht schrammen irgendwelche Gegenstände mit lautem Poltern an der Bordwand entlang. Wir vermuten, dass es sich um Vulkanasche handeln könnte, denn in der stockdunklen Nacht ist nichts zu erkennen. Am nächsten Morgen ist der Spuk vorbei. Bei meiner morgendlichen Kontrollrunde über Deck finde ich dann ein kleines Aschestück. Es ist kaum fingernagelgroß und offensichtlich von den Wellen an Deck gespült. Wir nehmen es mit als Souvenir vom Pazifik. Später am Tag passieren wir in ein paar Meilen Abstand kleine bergige Inseln. Weiter, weiter, wir wollen endlich Australien erreichen. Aber unsere Ausdauer wird noch mal auf eine harte Probe gestellt.

Nachdem die Inseln von Fidschi nämlich hinter uns liegen, wird der Wind immer unbeständiger. Die folgenden drei Wochen kämpfen wir mit Flauten, Sturmböen, Gegenwind. Himmel, was soll denn das? Wir wollten doch gemütlich vor dem Wind segeln! Doch nie hält der Wind länger als einen halben Tag durch. Und wenn wir hoch am Wind gegenan knüppeln müssen, wird auch das zur Tortur, denn die Wellen laufen chaotisch durcheinander. Der WAL fängt immer unüberhörbarer an zu knarzen. Die Risse zwischen Ringschott und Kajütdach werden größer. Richtig geschockt bin ich, als ich entdecke, dass eine Poppniete, mit der das Hauptschott befestigt ist, abgerissen ist. Ich hadere mit mir selbst, dass ich mit einem Boot auf diese Reise gegangen bin, bei dem das Hauptschott lediglich mit einer Handvoll Aluminiumnieten befestigt ist. Carola ist pragmatischer. Sie sagt: »Lass dir lieber was einfallen, bevor sich der Kahn ganz auflöst.«

Also lasse ich mir was einfallen. Auf jeder Seite bohre ich fünf Löcher durch Schott und dahinterliegenden Kunststoff-Flansch und drehe Schrauben rein. Das Knarzen wird weniger, die Schrauben halten.

Am 11. November 2001, nach 30 Tagen, sehen wir Land. Endlich! Australien! Mir fehlen die Worte für diesen Augenblick. Carola hat

Tränen in den Augen. Die letzten Meilen rauschen wir mit raumem Wind dem Hafen entgegen. Der Pazifik liegt hinter uns. Und mit ihm die Anstrengungen, die Ängste, die Sorgen. Ich begreife, wie lächerlich meine Vorstellung von einem Ozean gewesen ist, auf dem der Passatwind ununterbrochen und gleichmäßig wie in einem Windkanal wehen würde. Dieser riesige Ozean umfasst mehr als ein Drittel der gesamten Erdoberfläche. Hier steigen jeden Tag Millionen Tonnen Wasser in die Erdatmosphäre auf. Das Meer ist warm wie ein Brutkasten, und die Sonne hält alles am Kochen. Der Pazifik ist das Herz der Erde, und all die kleinen Widrigkeiten sind gleichsam der Herzschlag, den wir gespürt haben.

Entscheidung in Down Under

Meine Freundin Heidi mit Schwimmbrille und Bikini an unserem Lieblingsstrand Oaks Beach. Zeichnung Andreas, Bundaberg 2002

Eine Seemeile fahren wir den Burnett River hoch, dann liegt hinter einer Biegung des breiten Flusses mit seinen flachen sandigen Ufern die Bundaberg Port Marina. Gelbe Schilder weisen uns darauf hin, dass Yachten aus Übersee nur am Quarantänesteg anlegen dürfen. Wir machen an dem Steg fest, der durch einen hohen Zaun und eine Gittertür von den übrigen Stegen abgetrennt ist, und warten. Hinter der Tür stehen einige Menschen in T-Shirts und Shorts und mustern uns neugierig. »Wie im Zoo«, raunt Carola mir leise zu. Nach einer halben Stunde kommt eine ältere, hagere Dame im grauen Kostüm, sagt, sie sei von der Einwanderungsbehörde, wuchtet einen großen Aktenkoffer ins Cockpit und setzt sich. Als Erstes unterrichtet sie uns davon, dass wir statt der üblichen Einklarierungsgebühr in Höhe von 130 australischen Dollar insgesamt 280 Dollar zu zahlen haben. Feiertagszuschlag, weil Sonntag ist. Ich frage, ob wir das Einklarieren auf morgen verschieben können. »Zu spät. Da hätten Sie draußen auf See warten müssen«, sagt sie und lächelt dabei höflich. Für die kommende Nacht hatte der Seewetterbericht im Radio bis zu 50 Knoten Wind angekündigt, Sturm. Ich bin froh, dass wir im Hafen sind.

Als die Einklarierungsprozedur beendet ist, scheinen alle erleichtert. Andreas beginnt fröhlich zu erzählen und Pläne zu schmieden. Die Menschen hinter dem Tor kommen näher, stehen bald angeregt schwatzend neben dem WAL. Einige schenken uns Zitrusfrüchte und Bananen, dazu Süßigkeiten für Andreas. Unter allgemeiner Zustimmung stellt einer fest, dass hier noch keine Yacht vom Pazifik angekommen sei, deren Besatzung einen so entspannten und ausgeruhten Eindruck gemacht habe wie wir. Aber das kann eigentlich allenfalls auf Andreas zutreffen, Carola und ich fühlen uns unendlich müde.

Geoff, der Marinamanager, gratuliert uns und drückt mir eine Infomappe in die Hand. Dann will er die Zeitung anrufen, schließlich sei hier noch nie ein so kleines Boot ... Ich winke ab. Diese Reise nach Australien gehört uns ganz alleine. Ich habe keine Lust, auf die neugierigen Fragen eines Journalisten zu antworten. Wir sind nach dreißig Tagen auf See gesund und munter angekommen, sind wieder unter Menschen. Die Sicherheit der Zivilisation zu spüren, das reicht mir. Wir bekommen einen schönen geschützten Liegeplatz, auf den wir unseren WAL unverzüglich verholen. Das Beste ist der kleine Seitensteg direkt am Boot. Andreas kann jederzeit problemlos alleine von Bord klettern und zurückkommen. Wir machen einen kurzen Rundgang an Land, dann gehen wir zurück an Bord und ziehen Andreas die Schwimmweste an. Während er eilig auf den Steg klettert, krabbeln Carola und ich in die Vorschiffskoje, kuscheln uns aneinander und halten einen Mittagsschlaf.

Die Luft ist raus. Wir sind angekommen, haben das Ziel erreicht, in das wir in den zurückliegenden eineinhalb Jahren unsere ganze Kraft investiert haben. In einem vorher nie gekannten Zustand aus äußerer Entspanntheit und innerer Leere lassen wir uns durch die kommenden Tage treiben. Andreas spielt die meiste Zeit auf dem Marina-Gelände, Carola läuft auch irgendwo herum und schwatzt mit anderen Yachties, ich versuche, notwendige Aufräumarbeiten an Bord zu erledigen. Aber ich komme dabei nicht recht voran. Erst nach einer Woche habe ich das Vorsegel abgeschlagen, um es vor der intensiven Sonnenstrahlung zu schützen. Eine weitere Woche vergeht, bis auch das Großsegel im Segelsack verstaut ist. Stundenlang liege ich dösend in der Koje oder lasse mich durch Unterhaltungen mit anderen von der Arbeit abhalten. Sobald ich dabei »zufällig« das Gespräch aufs Geldverdienen bringe, werden die Leute sehr einsilbig. Keiner hat einen guten Tipp. Ich spüre, was die meisten denken, aber nicht laut aussprechen: ›Unverantwortlich, so mit Kind, aber ohne Geld unterwegs zu sein.‹ Vielleicht haben sie Recht und es wäre vernünftiger, das Boot zu verkaufen und zurück nach Deutschland zu fliegen. Moderne Kunststoffboote sind in Australien gefragt, und wir würden bestimmt einen guten Preis erzielen können. Oder haben wir vielleicht in einer der großen Hafenstädte weiter im Süden bessere Chancen, Geld zu verdienen? Als im Marinabüro ein unschlagbar günstiges Angebot für einen Langzeitaufenthalt aushängt, fällt die Entscheidung: Wir werden für die nächsten Monate hier bleiben. Der Sommer steht bevor und mit ihm die Zeit der Wirbelstürme. Zwar bin ich keinesfalls sicher, ob Wirbelstürme kommen werden, aber die meisten Segler suchen sich einen sicheren Hafen, machen bei beständiger Wetterlage höchstens mal einen Tagestörn und nutzen ansonsten die Zeit zur Überholung und Instandsetzung des Bootes. Frühestens im April wird die Fahrt Richtung Norden wieder sicher sein, heißt es. Die Beantwortung der Frage, ob wir am Ende des Sommers weitersegeln wollen, verschieben wir auf später.

Erst mal brauchen wir einen Job. Tagelang überlegen Carola und ich, auf welche Weise wir Geld verdienen können. Die meisten Ideen verwerfen wir nach kurzer Überlegung.

»Arbeitserlaubnis beantragen?«

»Als Sportlehrer? Keine Chance.«

»Für ein paar Monate nach Deutschland fliegen?«

»Viel zu teuer für uns drei.«

»Dann fliegt eben nur einer, der andere bleibt mit Andreas hier.«

»Nur wegen des Scheiß Geldes monatelang getrennt, ist das der Sinn der Reise? Vielleicht finden wir eine bessere Möglichkeit.«

»Die Fischfabrik?«

»Ist einen Versuch wert.«

Die Fischfabrik besteht aus einer großen Halle und liegt direkt neben der Marina. Wir haben erfahren, dass sie immer auf der Suche nach Arbeitern sind. Doch in der Fischfabrik geht ohne Steuernummer gar nichts, und die haben wir natürlich nicht. Jetzt haben wir ein Problem, denn Marina und Fabrik sind gewissermaßen auf der grünen Wiese errichtet worden. An Land stehen ein paar Wirtschafts- und Verwaltungsgebäude, dazu ein kleines Café und Restaurant, drum herum ein paar gepflegte Rasenflächen, das ist alles. Bis in die Stadt Bundaberg sind es zwanzig Kilometer. Jeden Vormittag fährt ein kleiner Gästebus der Marina in die Stadt und kommt kurz nach Mittag wieder zurück. Dieser Service ist Gott sei Dank im Preis für den Liegeplatz inbegriffen, und während einer Fahrt mit dem Bus kommt mir endlich eine Idee. Die Straße führt nämlich an riesigen Zuckerrohrplantagen vorbei, dazwischen liegen Felder, auf denen Tomaten, Melonen und Orangen angebaut werden. Wo Landwirtschaft betrieben wird, sind auch Bauernhöfe, schießt es mir durch den Kopf. Vielleicht habe ich dort eine Chance.

In den nächsten Tagen mache ich mich frühmorgens zu Fuß auf den Weg, um bei den Farmen in der Umgebung nach Arbeit zu fragen. Bei den meisten komme ich jedoch nicht mal dazu, meine Frage vorzutragen, denn sobald ich von der Straße abbiege und mich dem Gehöft nähere, formiert sich eine Meute von kläffenden Kötern und rückt beängstigend schnell gegen mich vor. Dann drehe ich schleunigst wieder um und mache mich im wahrsten Sinne des Worts wieder vom Acker. Andere haben schon genug Erntehelfer engagiert und geben mir den Rat, beim Backpacker-Büro in der Stadt zu fragen. Diese Büros sind darauf spezialisiert, jungen Menschen, die aus aller Welt nach Australien kommen und monatelang durchs Land reisen, Unterkünfte und Verdienstmöglichkeiten zu vermitteln. Jeder bis 30-Jährige kann ihre Dienste kostenlos in Anspruch nehmen. Nicht unbedingt der beste Rat also, wenn man 42 ist. Mittlerweile bin ich ziemlich mutlos. Die Sonne brennt senkrecht vom Himmel, auf dem Asphalt steht die Hitze und ein Job ist nicht in Sicht.

Für den Rückweg wähle ich die kleine einspurige Straße entlang des Flusses, dort geht ein wenig Wind und es ist nicht ganz so heiß. Als ich an einem etwas verwahrlost aussehenden Gehöft vorbei komme, unternehme ich einen weiteren Versuch. Die Hunde sind zwei alte träge Wesen, die mich nur ein bisschen beschnüffeln. Noch bevor ich das Wohnhaus ganz erreicht habe, tritt ein ebenfalls betagter, ziemlich kleiner Mann heraus. Er ist freundlicher als ich erwartet hatte, hört mir geduldig zu und antwortet, dass er mit seiner Frau sprechen wolle, ich solle so lange draußen warten. Nach einer Weile kommt er zurück. Ja, sie könnten schon jemanden brauchen, der ordentlich anpacken könne, wenn auch nur für gelegentliche Hilfsarbeiten. Ich jubiliere innerlich. Endlich habe ich einen Job gefunden! Ab jetzt arbeite ich einmal in der Woche einen Tag bei Don und Gill. Sie haben das meiste Land verpachtet, ihre Kinder arbeiten in Brisbane und kommen nicht oft zu Besuch. Rund ums Haus gibt es eine Menge Sachen zu tun, die liegen geblieben sind. Ich schneide Buschwerk zurück, setze das Hoftor in Stand, lade Schutt und Müll zur Abfuhr auf den Pick-up, repariere das Dach der Scheune, zimmere eine neue Hundehütte. Manchmal haben sie auch zwei Tage in der Woche Arbeit für mich.

Das Geld, das ich verdiene, reicht für Essen und Trinken. Nach einiger Zeit findet auch Carola eine Gelegenheit, Geld zu verdienen. In der Marina liegen nämlich ein paar größere Motoryachten, mit denen ihre Besitzer am Wochenende regelmäßig zum Hochseeangeln rausfahren. Einer von ihnen, der Leiter einer großen Anwaltskanzlei in der Stadt, stellt Carola als Putzfrau ein. Jedes Mal, wenn er am Sonntagabend vom Angeltörn zurück kommt, reinigt Carola das Boot. Ein durchaus einträglicher Job. Allerdings nur bis zu dem Tag, an dem der Wind ein paar Matten über Bord weht. Zum Reinigen des Cockpits hängte Carola nämlich den dort liegenden Teppichboden über die Bordwand. Der Wind erfasste ihn, wehte ihn ins Wasser und die Strömung trug ihn sofort davon. Die Matten waren eine Spezialanfertigung und der Anwalt besteht auf Begleichung des gesamten Schadens, was ungefähr der Summe entspricht, die Carola vorher in mehreren Monaten verdient hat.

Doch Aufgeben kommt nicht in Frage. In dem kleinen Restaurant neben dem Marinabüro steht ein Computer mit Internetzugang, den jeder gegen eine geringe Gebühr nutzen kann. Regelmäßig machen wir davon Gebrauch, um mit Verwandten und Freunden per E-Mail in Kontakt zu bleiben. John, den wir mit seiner TROIKA in Spanien getroffen haben, schreibt uns regelmäßig. Beim Lesen seiner Zeilen wird mir klar, warum er es so eilig hatte, durch den Panamakanal zu kommen: Er hat tatsächlich seine Traumfrau gefunden. In Panama hatte er sie kennen gelernt und ein Wiedersehen auf Tahiti verabredet. Dort trafen sie sich wieder und beschlossen kurzerhand, sich zu verloben. Die TROIKA wurde schleunigst verscherbelt. Dann flogen die beiden nach Kanada, wo die Frau als gefragte Anwältin tätig ist, und heirateten. John macht nun den Hausmann, »ein schönes Leben«, wie er schreibt.

Auch für die PETER PAN von Nils, dem »einsamen Wolf« von Nuku Hiva, war in Papeete Endstation. Nils schreibt, dass er mit über 70 Jahren zu alt für sein kleines Segelkanu sei. Er hatte es in Papeete verkauft und ist nach Schweden zurückgeflogen.

Völlig überrascht sind wir, als eine Mail von der Redaktion der Segelzeitschrift »Yacht« im Posteingang ist. Irgendwie haben sie von unserem Törn erfahren und wollen unbedingt ihre Korrespondentin aus Sydney zu uns schicken. Carola ist sofort einverstanden: »Das bringt uns doch Geld.«

Ich zögere, weil ich keine Lust habe, über einen Törn zu reden, dessen Ausgang noch nicht abzusehen ist: »Wenn was schief geht, zerreißen die uns in der Luft. Wartet doch jeder nur drauf, dass mit so einem kleinen Boot was schief geht.« – Bis wir uns zu einem klaren »Nein« durchgerungen haben, ist die Korrespondentin schon fast auf dem Weg zum Flughafen, und ich habe alle Mühe, dem enttäuschten Redakteur unsere Entscheidung verständlich zu machen. Zu Carola sage ich: »Diese Reise gehört uns ganz alleine. Wenn's gut geht, können wir vielleicht hinterher ein Buch darüber schreiben, für diejenigen wie wir, mit wenig Geld und großen Träumen.« Ich erinnere mich daran, wie ich als Jugendlicher die Weltumsegler-Bücher verschlungen habe.

»Und wenn's schief geht?«

»Es darf nichts schief gehen.«

Andreas hat mittlerweile eine gute Freundin gefunden. Heidi ist ein kleines pummeliges Mädchen aus Neuseeland, drei Jahre älter als Andreas. Sie hat Spaß daran, mal die große Schwester zu sein und dann wieder zusammen mit ihm den größten Quatsch zu machen. Regelmäßig stürmen sie das Marinabüro und erbetteln sich Süßigkeiten. Manchmal schleppt Andreas aus den Supermärkten in der Stadt große Pappkartons an. Mit denen spielen sie Schiff, indem sie sich abwechselnd über den Rasen ziehen. Am nächsten Tag sind dieselben Kartons dann ihre Höhle, ihr Haus oder ihr Auto. Nur wenn sie dabei den Rasen vor den Gebäuden allzu sehr malträtieren, schreitet Geoff ein: »Jetzt reicht's aber, spielt auf der Wiese hinter dem Haus.«

Carola findet das zwar herzlos, aber ich kann seine Sorge um den Rasen verstehen. Der ist nämlich eine Art Aushängeschild für den

Club und muss stundenlang gewässert werden, um nicht zu vertrocknen. Dazu heben sich jeden Morgen um Punkt fünf Uhr wie von Geisterhand gesteuert zahlreiche Wasserdüsen aus dem Rasen und verschwinden einige Zeit später nach dem Sprengen ebenso geheimnisvoll wieder. Heidi lebt mit ihren Eltern Julie und Bevan und mit ihrer drei Jahre älteren Schwester Jamie auf der RAKIURA. Vor einem Jahr ist die Familie mit der fünfzehn Meter langen Segelyacht von Neuseeland aufgebrochen. Die Eltern haben ihr Unternehmen für Helikopterrundflüge verkauft und die Yacht perfekt für eine Weltumseglung ausgerüstet. Doch dann sind sie hier hängen geblieben. Julie unterrichtet die Kinder den Vormittag über an Bord. Sobald der Unterricht vorbei ist, steht Heidi neben dem WAL und ruft nach Andreas. Die beiden sind bald unzertrennlich. Zusammen spielen sie stundenlang an dem nahen Sandstrand, stellen vom Steg aus mit Kescher oder Angel den Fischen nach und sind abends dann so salzig und sandig, dass sie erst mal unter die Dusche müssen. Zu ihrem Vergnügen gibt es einen großen abschließbaren Duschraum, der eigentlich für Rollstuhlfahrer gedacht ist. Diesen belegen sie regelmäßig gemeinsam und meistens so lange, bis entweder das von Sonnenkollektoren erwärmte Wasser oder das Duschgel alle ist. Das kann durchaus eine ganze Weile dauern und währenddessen ist ihr vergnügtes Quieken und Plaudern bis zu den Stegen zu hören. Zum Glück hat das Marinapersonal dann schon Feierabend, und da sich sonst niemand beschwert, lassen wir den beiden ihren Spaß, schließlich lernt Andreas dabei auch noch spielend Englisch. Heidis Eltern sind ausgesprochen warmherzig und behandeln Andreas, als gehöre er zur Familie. Abends bleibt er oft noch zum Abendessen auf der RAKIURA an Bord. Julie bringt ihm viele englische Wörter bei, und so spricht er nach drei Monaten fließend Englisch – mit dem original breiten Aussie-Akzent, wie Einheimische anerkennend feststellen. Heidis Vater vermittelt ihm das Angeln und ganz nebenbei eine Begeisterung fürs Hubschrauberfliegen. Kein Wunder, denn während ihrer Angeltouren schildert Bevan ihm atemberaubende Verfolgungsjagden mit dem Helikopter. In Neuseelands Bergland hatte er im Tiefflug Hirsche verfolgt, damit die Jäger an Bord sie erlegen konnten.

Wenn Bevan keine Zeit hat, mit dem Schlauchboot rumzufahren, nehmen Heidi und Andreas unser Beiboot und paddeln damit im Hafen herum. Abends ziehe ich es dann aus dem Wasser und hieve es an Deck. Ein einziges Mal habe ich jedoch keine Lust zu der Aktion, lasse unser Schlauchboot aus Faulheit im Wasser liegen und binde es lediglich am Heck des WAL fest. In der hereinbrechenden Dämmerung sitzen wir drei im Cockpit und erzählen noch ein bisschen. Neben dem Boot ist hin und wieder ein leises Platschen zu hören, denn um diese Tageszeit beginnt im Meer das große Fressen, und manchmal weiß ein verfolgter kleiner Fisch keinen anderen Ausweg mehr als wild zappelnd in die Luft zu springen. Eigentlich kennen wir das, aber plötzlich lässt uns ein ungewohntes Geräusch aufhorchen. Hört sich an, als sei so ein gejagtes Fischlein aus Versehen in unserem Beiboot gelandet und zappelt nun darin herum. Doch nach ein paar Sekunden verstummt das Geräusch, offensichtlich ist dem Fisch der Sprung zurück ins Wasser gelungen. Obwohl … ist da nicht noch ein ganz leises Pfff... zu hören? Ich sehe mir das Beiboot genauer an und entdecke tatsächlich zwei kleine Löcher, aus denen die Luft entweicht. Ich bin fassungslos: Der Prospekt, aus dem wir das Beiboot ausgesucht hatten, hatte den Eindruck erweckt, die Luftkammern aus fünflagigem Gewebe wären beinahe unzerstörbar. Und nun hat ein herumzappelndes Fischlein in Todesangst ruck, zuck dafür gesorgt, dass dem Bötchen die Luft ausgeht.

Trotz der vielen Zeit zum Spielen muss Andreas aber auch regelmäßig bei den täglichen Arbeiten im Bootshaushalt helfen. Abwaschen steht bei ihm ganz unten auf der Beliebtheitsskala. Weiter oben rangiert schon Fegen, bei dem er mit dem Handfeger mit größter Geschicklichkeit bis in den letzten Winkel reicht. Wenn Carola kocht, ist er mit Interesse dabei, rührt im Topf herum und darf bald auch Gemüse schneiden. Am beliebtesten ist jedoch der wöchentliche Waschtag. In Australien gibt es eine große Auswahl an vorzüglichen Kaltwaschmitteln, und so können wir die Kosten für die Benutzung der Waschmaschine im Marinagebäude sparen. Stattdessen machen wir die Wäsche in unserer Pütz, einem soliden Eimer mit sieben Litern Fassungsvermögen. Dorthinein kommt Wasser, etwas Waschpulver und die Wäsche. Dann beginnt der Waschvorgang, indem Andreas mit seinen Füßen die Wäsche durchwalkt. Nach einiger Zeit entscheiden Carola oder ich – zugegebenermaßen recht willkürlich –, dass die Wäsche nun sauber genug ist. Für den folgenden Spülvorgang wird die Wäsche im Cockpit verteilt und dann muss Andreas sie mit Unmengen von Salzwasser übergießen, wobei er zu seinem größten Vergnügen ebenso nass wie die Wäsche wird. Schließlich spülen wir am Steg alles mit Süßwasser aus dem Wasserhahn aus. Zum Aufhängen der Wäsche habe ich eine Leine über Deck gespannt. Andreas hängt seine Sachen an der Reling auf. Obwohl die Wäsche nur von Hand ausgewrungen wird, ist sie abends von dem beständigen warmen Wind knochentrocken. Beim Abnehmen der Sachen fallen Andreas so oft Wäscheklammern über Bord, dass ich ihn schließlich auffordere, besser aufzupassen. Das verspricht er mir und tatsächlich scheint ihm danach nie mehr eine Klammer über Bord zu gehen. Aber nimmt unser Vorrat an Wäscheklammern nicht doch weiter ab? Erst als ich zufällig mitbekomme, wie er Carola im Flüsterton von seinem Plan erzählt, komme ich ihm auf die Schliche: Er blickt nicht mehr staunend hinterher, wenn mal wieder eine Wäscheklammer im Wasser versinkt, sondern macht einfach weiter, als sei nichts geschehen.

Regelmäßig muss Andreas mitkommen, wenn ich in die Stadt fahre, um Lebensmittel einzukaufen. Dazu nehmen wir erst den Marinabus in die Stadt. Unser Favorit unter den billigsten Supermärkten heißt passenderweise »Sugarland« (Zuckerland), liegt aber außerhalb in einem Einkaufszentrum auf der grünen Wiese, was weitere vier Kilometer bedeutet. Natürlich könnten wir einen öffentlichen Bus nehmen, aber das kostet Geld, und wir haben ja schließlich Zeit und außerdem macht uns ein bisschen Training fit für die Abschnitte, wenn wir wieder unterwegs sind und wochenlang auf dem WAL hocken werden. Also machen wir uns zu Fuß auf den Weg. Zuerst führt der Weg vorbei an zahlreichen Ladenlokalen von Immobilienmaklern. Hin und wieder bleibe ich vor den Schaufenstern stehen und lese die aushängenden Angebote durch. Für deutsche Maßstäbe sind die angebotenen Häuser und Grundstücke ausgesprochen billig. Später erfahre ich allerdings von Einheimischen, dass in Australien das Lohnniveau deutlich niedriger ist, was die Preise natürlich relativiert. Außerdem müssen die meisten Menschen in den großen Zentren weiter im Süden leben, weil sie nur dort, in Brisbane oder Sydney, einen Arbeitsplatz finden. Dementsprechend höher fallen die Immobilienpreise im Süden aus. Die niedrigen Preise im Norden nutzen viele, um nach ihrem Ausscheiden aus dem Berufsleben im ewigen Sommer zu leben.

Nachdem wir die Geschäftshäuser hinter uns gelassen haben, führt der Weg durch ausgedehnte Wohnsiedlungen. Bundaberg hat zwar nur zwanzigtausend Einwohner, doch weil die meisten Menschen in eingeschossigen Häusern mit eigenem Garten drumherum wohnen, dehnt sich die Stadt weit ins Umland aus. Zu unserem Glück ist die dicht befahrene vierspurige Ausfallstraße von einem breiten Fußweg gesäumt, auf dem uns nur höchst selten mal ein Fußgänger oder ein Radfahrer begegnet. Als abwechslungsreiche Highlights bietet der Weg ein – für eine kleine Stadt beachtlich großes – Fußballstadion und ein riesiges Friedhofsgelände, das lediglich von einer lückenhaften Reihe von Büschen eingefasst ist. So kann man hervorragende Einblicke in die Friedhofsrituale »Down Under« gewinnen.

»Da fahren ja Autos herum«, wundert sich Andreas eines Tages.

»Wahrscheinlich ein Friedhofsgärtner«, vermute ich, ohne mich besonders dafür zu interessieren.

»Nein«, beharrt Andreas, »da stehen mehrere.« In diesem Moment fährt gerade ein Pick-up direkt vor unserer Nase durchs

Tor auf den Friedhof. Hier ist es tatsächlich üblich, seinen Friedhofsbesuch mit dem Auto zu erledigen.

Hinter dem Friedhof ist es nicht mehr weit, dann sind wir endlich bei Sugarland. Dort kaufen wir ein, soviel unsere Rucksäcke fassen, und machen uns auf den Rückweg. Der ist durch die Mittagshitze viel beschwerlicher, obendrein drückt mein schwerer Rucksack.

Ralf, ein Maschinenbau-Ingenieur im Ruhestand, wird mein bester Freund. Er hat seine Segelyacht hier im Hafen liegen, und immer, wenn er an seinem Boot was zu tun hat, schaut er auch bei mir vorbei. Er klopft und fragt schon, bevor ich überhaupt aus der Kajüte aufgetaucht bin: »Na, was bastelst du denn heute?« Meistens frage ich ihn nämlich um Rat, wenn ich vor einem technischen Problem stehe – also ziemlich oft. Weil er seit vielen Jahren in Australien lebt, weiß er, welche Sachen wo zu bekommen sind. Und ich bin froh, dass ich die Sachen mit ihm auf deutsch erörtern kann, denn unser kleines Reisewörterbuch muss bei vielen technischen Begriffen passen.

»Ich brauche ein paar Stoppmuttern mit metrischem Gewinde.«

»Kein Problem, ich kenne einen Laden in Bundaberg, da bekommst du die.«

»Für eine Verstärkung fehlt mir ein Blech aus Nirosta oder Alu.«

»Morgen fahren wir zu einem Schrotthändler, da findet sich bestimmt ein passendes Stück für wenig Geld.«

»Schau dir diese merkwürdigen Spreiznieten an. Kriege ich die irgendwo?«

»Hier nicht, müssen wir in Melbourne bei einem Spezialhändler bestellen.«

In seiner Garage hat er eine Werkstatt, die einer Schlosserei zur Ehre gereichen würde, und die ich freizügig benutzen darf – anders als damals Phillips Werkstatt in Nuku Hiva. »Du kannst deine Ruder bei mir schleifen«, ist eine der unzähligen Einladungen, die ich gerne annehme. Schnell schraube ich die beiden Sperrholzruder ab, klemme sie mir unter den Arm und mache mich auf den

Weg. Die Straße nach Burnett Heads, wo er wohnt, wäre ein Riesenumweg. Deshalb folge ich ein Stück dem Burnett River flussabwärts, bis ich zu einem Bach komme, den ich durchwaten muss. Dann bin ich schon in Burnett Heads, einem kleinen Ort direkt am Meer. Ralfs Haus ist nicht besonders groß, aber gemütlich eingerichtet und von einem Garten umgeben, in dem Mangos, Ananas, Limonen, Paprika und Bananen wachsen. Lächelnd erzählt er mir die Geschichte von dem Container, in den er damals in Deutschland seinen Hausstand verpacken wollte. Nachdem er ihn voll gepackt hatte, stellte sich heraus, dass er viel zu klein war. Die Nachbarn spotteten nach Herzenslust: »Haben wir doch gleich gesagt, das wird nichts mit Australien.« Doch unbeirrt hatte er einen größeren Container kommen lassen und alles umgepackt. »Ich hab Getriebe für Autos entwickelt«, plaudert er. »In Deutschland, da machen sie zuerst eine perfekte Konstruktionszeichnung, um dann am Modell festzustellen, dass das so nicht funktioniert. Hier basteln sie erst mal ein Modell zusammen und gucken, wie das am besten läuft, und dann erst machen sie die Zeichnungen.« Er hat seinen Umzug nie bereut.

Die Ruderblätter bekommen nach dem Schleifen einen Überzug aus Glasfaser-Gewebe und Epoxydharz. So ist ihr Sperrholz-Kern perfekt gegen Wasserkontakt geschützt. Danach schleife ich sie so glatt wie es nur geht und gebe ihnen vier Anstriche mit Epoxyd-Grundierung und zwei mit Antifouling.

»Sieht ja aus, als wär's schon entschieden, dass wir weitersegeln«, stellt Carola fest, als ich die Ruderblätter wieder montierte. Nein, das ist noch lange nicht entschieden. Abends grüble ich oft darüber nach, ob wir die Weiterfahrt wagen können. Einerseits spüre ich, wie mein Vertrauen in das Boot wieder zurückkommt, indem ich die Schwachstellen und Schäden beseitige. Andererseits habe ich in Reiseberichten gelesen, dass sowohl der Weg um Südafrika herum als auch durchs Rote Meer extrem gefährlich für ein kleines Boot werden kann. Wenn ich nur jemanden um Rat fragen könnte. »Schreib doch mal an den Erdmann oder den Schenk und frag sie«, schlägt Carola vor. Aber ich zögere, denn wenn wir überhaupt eine Antwort bekämen, so lautet die bestimmt »unmöglich« und dann ist's vorbei. Doch dann läuft eine zwanzig Meter lange Segelyacht vom Typ Oyster in den Hafen ein – das wird meine Chance! Mit der Millionenyacht ist ein junges amerikanisches Paar auf Weltreise. Andreas freundet sich mit der Frau an und so bekommen wir eine Einladung zu einem Drink. Die Eiswürfel im Glas klimpern lustig, als wir in einem Cockpit Platz nehmen, das alleine fast so groß ist wie unser ganzes Boot. Das Ehepaar hat nicht viel Ahnung vom Segeln und deshalb einen Bootsmann eingestellt, Ron. Ron ist ein sympathischer, bescheiden auftretender Australier Anfang fünfzig, der, wie sich bald herausstellt, schon mit seiner Familie auf einer Zehn-Meter-Yacht um die Welt gesegelt ist, und zwar auf der Route durchs Rote Meer. Außerdem hat er vorher viele Jahre bei der Marine gedient und ist Reserve-Offizier. Einen besseren Fachmann hätte ich nicht finden können. Sicher wirkt das Meer aus der Perspektive dieser Megayacht anders als von Deck unseres Minikreuzers. Doch nachdem ich mich eine Weile mit Ron unterhalten habe, bin ich überzeugt, dass er mit seiner Meinung nicht hinterm Berg halten würde. Ich frage ihn: »Sag mal ehrlich, hältst du es für möglich, mit unserem Schiffchen heile durchs Rote Meer zu kommen?«

Seine Antwort kommt ohne Zögern, und sie klingt wirklich überzeugt: »Ja.«

Ich hake nach: »Nur vielleicht und mit viel Glück?«

»Es wird hart«, antwortet er, »aber nicht gefährlich. Wenn ihr's bis hier geschafft habt, dann habt ihr die gleiche Chance, das andere auch zu schaffen.«

Noch am selben Abend fassen wir den Entschluss, weiterzusegeln. Andreas fragen wir nicht, aber das ist auch nicht nötig, denn ich hatte zufällig aufgeschnappt, wie er der Eignerin seine Pläne erläutert: »Eine kurze Zeit bleiben wir in unserem Zuhause in Brambauer. Und wenn wir dann wieder losfahren, kommen wir euch besuchen.«

Am 3. Mai 2002 hebt ein fahrbarer Kran, ein sogenannter Travellift, den WAL aus dem Wasser und setzt ihn auf einem großen betonierten Platz an Land. Hier sind schon andere Yachten und Fischerboote aufgepallt, um in Ruhe an ihrem Unterwasserschiff arbeiten zu können. Das Kranen und Aufpallen erledigt Toni mit seinen beiden Helfern. Der WAL bereitet ihnen einiges Kopfzerbrechen, denn die wirbelsturmsichere Aufpall-Vorrichtung ist offensichtlich nicht für so kleine Boote wie unseres gedacht. Nach einigem Ausprobieren und Unterstellen von großen Böcken schaffen sie es schließlich, unser Boot sicher aufzupallen. Das Unterwasserschiff ist völlig mit Seegras, Tang und kleinen Muscheln bewachsen. Das alles muss erst einmal runter. Dann will ich neues Antifouling auftragen, das erneuten Bewuchs hoffentlich für einige Zeit verhindern wird. Der Rumpf soll wieder perfekt glatt werden, damit er möglichst wenig Widerstand bietet und leicht und schnell durchs Wasser gleitet. Ich hatte gehofft, dass ich die Arbeit in einer Woche schaffen könnte, aber da habe ich mich gewaltig geirrt. Schließlich brauchen Carola und ich fast vier Wochen, bis die Arbeit geschafft ist. Während der ganzen Zeit wohnen wir weiter auf dem WAL. Jedes An- und Von-Bord-Kommen erfordert eine Kletterpartie über die steile, drei Meter hohe Leiter. Abwasser können wir nicht mehr einfach so in die Spüle gießen, denn es würde nicht wie sonst ins Meer abfließen, sondern sich auf die Betonfläche unter dem Boot ergießen. Also muss das Abwasser in einem extra Eimer gesammelt und regelmäßig über die Leiter nach unten balanciert werden. Bei Andreas verlangt die Kletterpartie jedes Mal den Einsatz der ganzen Familie, indem einer von oben und der zweite von unten sichert. Das Leben auf dem Boot ist doppelt so anstrengend wie sonst – und außerdem ungewohnt. Mir fehlt das sanfte Wiegen des Bootes in den Wellen, das leise Plätschern des Wassers an die Bordwand, das ständige leichte Schwojen, all das, was mir auf dem Boot das Gefühl der Unabhängigkeit und der Leichtigkeit gibt. Unser Boot ist keine Insel mehr. Wenigstens bringt der herannahende Herbst erträgliche Temperaturen zum

Arbeiten; der Hochsommer, der das Thermometer fast jeden Tag auf 35 Grad im Schatten hat ansteigen lassen, ist vorbei. Jeden Tag arbeite ich von acht Uhr morgens bis abends zum Dunkelwerden gegen neunzehn Uhr, unterbrochen nur von einer kurzen Mittagspause. Zeit ist Geld, jeder Tag auf dem Trockenen kostet eine zusätzliche Gebühr. Am meisten hält mich der gusseiserne Kiel auf, der unter seinem Anstrich schon ziemlich verrostet ist. Ihn schleife ich bis aufs blanke Metall ab und trage dann mehrere Anstriche Epoxyd-Grundierung auf. Das Schleifen und Streichen ist eine ziemlich langweilige Arbeit, und so bin ich für etwas Abwechslung immer dankbar. Der bärtige, alte Bruce ist morgens immer der Erste, von dem ich Besuch bekomme. Mit seinem Hund auf dem Beifahrersitz fährt er in seinem alten, klapprigen Kombi die Straße hinter dem Lagerplatz entlang. Sobald er mich sieht, hält er an, kurbelt die Scheibe herunter und ruft: »Na Junge, wie geht's? Hat sich ja nicht viel getan seit gestern« – Tag für Tag, nicht sehr aufmunternd. Dann ruft er mir die aktuelle Wettervorhersage für den Tag zu, legt den Gang ein und fährt wieder weiter. Manchmal, wenn ein deutlicher Fortschritt bei meiner Arbeit zu sehen ist, weil ich zum Beispiel damit angefangen habe, über die schwarze Grundierung rotes Antifouling zu streichen, steigt er aus, stellt sich neben mich und bewundert das Werk: »Gute Arbeit, Junge. Wirst heute fertig, was?« Dabei streicht uns sein alter, träger Schäferhund um die Beine. Später am Tag kommt Brian vorbei, ebenfalls regelmäßig. Er war früher Polizeichef in einer größeren Stadt und ist immer an theoretischen Betrachtungen interessiert. Die Funktion der Doppelruderanlage erörtern wir ebenso ausgiebig wie die Vor- und Nachteile des Tandemkiels. Ihm will einfach nicht einleuchten, wozu das Loch in der Mitte gut sein soll. »Brian, betrachte die Profilierung der beiden senkrechten Flächen«, erkläre ich, »die bringen einfach mehr Auftrieb am Wind.«

»Die gleiche Wirkung erreichst du aber auch mit einem durchgängigen und tieferen Profil«, ist sein Einwand. Schließlich einigen wir uns darauf, dass die Aussparung zumindest für das Hase-und-

Igel-Spiel gut ist: Wenn ein kleiner Fisch von einem großen Hai verfolgt wird, kann der kleine Fisch einfach durch das Loch schwimmen. Der Hai hingegen muss erst um den Kiel herumschwimmen. Und bis dahin ist das schlaue Fischlein schon wieder auf der anderen Seite.

Eines Tages, als ich mit der Arbeit schon fast fertig bin, hält ein mir bis dato unbekannter Geländewagen neben mir. Ein Mann, vermutlich nicht viel älter als ich, steigt aus, kommt zu mir herüber und sagt ohne sich mit Floskeln aufzuhalten: »Haben Sie schon das kleine weiße Boot gesehen, das draußen im Fluss ankert?« Klar ist mir das Boot aufgefallen, vor einigen Tagen schon, aber dann habe ich es vergessen. »Das ist die Trekka, genauer gesagt ein Nachbau. Kennen Sie die Geschichte von Guzzwell?« Der Name sagt mir nichts. »John Guzzwell, Trekka Round the World, sollten Sie mal lesen.« Dann wünscht er mir noch einen guten Tag, steigt wieder in seinen Wagen und fährt davon.

Obwohl ich fortan nach dem Unbekannten Ausschau halte, begegnet er mir nicht noch einmal, aber er musste unser Boot schon länger beobachtet haben und wusste offenbar gut Bescheid. Das empfohlene Buch leihe ich mir von einem anderen Segler. Es ist die faszinierende Geschichte eines jungen Mannes, der Ende der fünfziger Jahre des vorigen Jahrhunderts einhand um die Welt segelte. Sein Boot, die TREKKA, war seinerzeit das kleinste Boot, das diese Fahrt geschafft hat. Und es war genauso lang wie unser WAL: sechseinhalb Meter. Die Original-TREKKA würde ich mir ja gerne genauer ansehen. Das geht natürlich nicht, aber einige Tage später hebt der Travellift den Nachbau aus dem Wasser. Toni pallt sie direkt gegenüber von unserem Boot auf.

Die HEART OF GOLD gehört Steve, einem jungen Burschen, der mich sofort an Bord einlädt. Schnell ist eine Flasche Rum hervorgeholt. »Selbstgebrannt«, verkündet er stolz und füllt zwei Gläser halb voll. Es ist ein fürchterliches Gesöff, und nachdem ich einmal daran genippt habe, rühre ich den Rest nicht mehr an. Doch Steve lässt sich davon nicht stören, trinkt und erzählt. Er ist Musiker in Brisbane und hat das Boot oben in Cairns gekauft. Dann hat er es in tagelanger Knüppelei gegen den Wind nonstop bis hierher gesegelt. »Ist ein perfektes Boot. Ich hatte nicht die geringsten Probleme.« Allerdings habe ich den Eindruck, dass Steve auch ein Typ ist, der ganz hart im Nehmen ist. Trotzdem vergleiche ich die beiden Boote in den nächsten Tagen oft. Manchmal gehen mir Details an jenem und an unserem Boot nur im Kopf rum, manchmal schleiche ich ruhelos um beide Boote herum und vergleiche sie miteinander. Zwar ist die HEART OF GOLD stärker gebaut und hat einen tieferen Kiel, aber je länger ich darüber nachdenke, desto sicherer bin ich mir, dass die Unterschiede in der Seetüchtigkeit gar nicht so groß sind. Entscheidend für eine sichere Überquerung des Indischen Ozeans scheinen sie mir schon gar nicht zu sein. Ich bin überzeugt davon, dass wir eine reelle Chance haben, wenn wir und unser Boot gut vorbereitet sind. Während ich den WAL abschließend poliere, setzt sich ein Gedanke in meinem Kopf fest: Das wirklich Entscheidende ist, dass wir wieder losfahren.

Am 28. Mai kommt der WAL wieder zurück ins Wasser. Danach brauchen wir noch vier Wochen, bis wir bereit zum endgültigen Ablegen sind. Carola und ich prüfen jede Schraube am Boot und machen eine Probefahrt auf dem Fluss. Die Stauräume werden wieder mit Proviant gefüllt. Alle drei besuchen wir den Zahnarzt, was uns fast 300 Australische Dollar kostet. Wir schicken ein Paket mit überflüssigen Sachen nach Hause – das kostet uns 75 Dollar für zehn Kilogramm. Und schließlich besuchen wir noch mal alle Freunde, die wir hier gefunden haben. Dann ist der Tag des Abschieds da. Andreas läuft noch vor dem Frühstück zur RAKIURA und schenkt Heidi sein Lieblingskuscheltier, einen kleinen Koala-Bären. Heidi hat für Andreas ein Känguru gemalt: Zur Erinnerung an die Kängurus, die sie gemeinsam gesehen haben, als wir mal nach Burnett Heads spaziert sind. Und von Julie und Bevan bekommt er eine schöne neue Schwimmweste geschenkt. Weil die alte zu klein geworden ist. Dann machen Carola und ich die Leinen los und klettern an Bord. Heidi und Andreas stehen noch auf dem Steg. Sie umarmen sich. Die beiden scheinen ein bisschen bedrückt, aber nicht wirklich traurig zu sein. Wahrscheinlich ahnen sie gar nicht, dass sie sich vielleicht nie mehr wieder sehen werden. Und falls sie sich doch irgendwann einmal wieder sehen sollten, werden sie andere Menschen sein als während der vielen kindlich-unbeschwerten Stunden dieses Sommers. Ihr Glück war unser Glück. Ich weine beim Abschied.

Der Indische Ozean

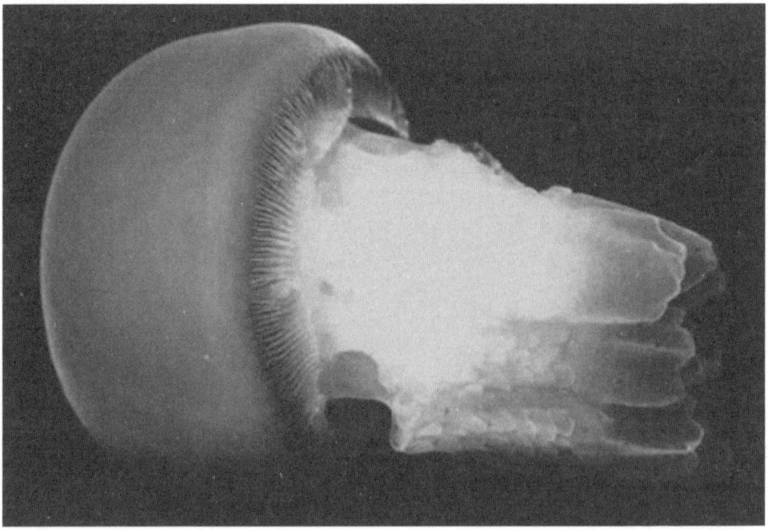

Qualle im Indischen Ozean, ihr Vorderteil ist braun und hart wie Holz. Nachts kommen sie massenhaft an die Oberfläche, poltern gegen den Rumpf, verstellen das Pendelruder. Wir nennen sie Kokosnussquallen. Ihr richtiger Name: Crambionella orsini.

In der Mündung des Burnett River bläst der Wind gegen den Strom. Die Wellen sind kurz und steil, überall Schaumkronen, das Wasser kocht. Als ich das aufgewühlte Wasser vor uns sehe, denke ich einen Moment ans Umdrehen. Aber die Strömung des Flusses zieht uns mit sich aufs Meer hinaus. Bundaberg liegt hinter uns, ein neuer Abschnitt hat begonnen. Wir gehen auf Raumschot-Kurs und stellen die Windfahne der Selbststeuerung ein. Vor uns liegen eintausend Seemeilen bis zum Cape York, der Nordspitze Australiens. Der Weg dorthin führt durch das Great Barrier Reef, das größte Riffgebiet der Erde. In einem Abstand von bis zu

100 Seemeilen von der Küste liegt eine dichte Kette von Korallenriffen, auf denen sich die anrollenden Wellen des offenen Pazifiks brechen. Wir wollen an der Küste entlangsegeln und immer im Schutz dieses Riffgürtels bleiben. Laut Handbuch werden die Wellen bei den üblichen Windstärken nicht höher als zwei Meter. Nicht gefährlich für uns, und außerdem liegt immer ein Hafen in Reichweite, in dem wir vor einem Sturm oder bei zuviel Gegenwind Schutz suchen können. Endlich mal ein Revier, für das unser WAL gebaut worden ist. Den kommenden Tagen sehe ich gelassen entgegen.

Mit raumem Wind gleitet der WAL über die ruhige See. Carola steht mit Andreas im Niedergang, ich sitze im Cockpit. Nach der langen Zeit im Hafen ist alles zuerst ungewohnt hier draußen. Nach etwa einer Stunde sagt Carola: »Ungewohnt und doch vertraut, die Geräusche, das Gefühl, dass unser WAL segelt.«

»Einfach schön«, finde ich.

»Aber ich bin traurig, dass Heidi nicht mehr da ist«, meldet sich Andreas.

»Komm, ich lese dir eine schöne Geschichte vor«, schlägt Carola vor, um ihn zu trösten. Die beiden legen sich in die Koje, ich bleibe draußen sitzen. Gegen Abend nimmt der Wind ab, dann flappen manchmal die Segel. In der Nacht leuchtet der Vollmond so hell, dass es gar nicht richtig dunkel wird. Das erleichtert den Abschied. Wie viele Yachten wir schon getroffen haben, die den Mond im Namen trugen: MOONWALKER, MOONDANCE, BLUE MOON ... Ja, ihre Namensgeber haben Recht, der Mond ist für ein kleines Boot auf See ein treuer Begleiter durch die Nacht. Um 23 Uhr löst Carola mich ab. Auch sie bleibt draußen sitzen, die Schulter an das Kajütschot gelehnt, und betrachtet das silbrig glänzende Meer um uns herum.

So segeln wir die nächsten Tage und Nächte Richtung Norden. Tagsüber frischt der Wind auf, nachts flaut er meistens ab. Dann muss ich oft das Großsegel bergen, weil es ohne Winddruck in der alten kabbeligen See wild hin- und herschlägt und einen Höllenlärm verursacht, der dem Wachhabenden an den Nerven zerrt und die Schlafenden aufzuwecken droht. So treiben wir nachts oder bummeln unter Fock dahin, was auch nicht viel schneller ist. An Backbord ist stets die Küste zu sehen, meistens ist sie hügelig, dazwischen auch mal flach. Hin und wieder liegen kleine Inseln in unserem Weg. Zum Glück haben wir detaillierte Seekarten an Bord, mit deren Hilfe ich unseren Kurs schon weit voraus abstecke und dann auf das GPS-Gerät draußen im Cockpit übertrage. So wissen wir immer genau, wo wir sind und welcher Kurs zu steuern ist.

Als wir Gladstone, eine mittelgroße Hafenstadt, passieren, müssen wir mehrmals den Motor zur Hilfe nehmen, um Frachtschiffen auszuweichen. Danach sehen wir nur noch selten ein Frachtschiff, aber immer öfter andere Segelyachten. In der Nähe von Percy Island kommt eine große Yacht mit voller Beseglung schnell näher. Sie hält schräg auf uns zu, und indem ich sie durch das Fernglas mit Peilkompass beobachte, stelle ich fest, dass wir auf Kollisionskurs liegen. Aber weil wir in Lee von ihr sind, haben wir Vorfahrt. Deshalb halte ich unseren Kurs und warte darauf, dass sie ihren Kurs deutlich ändert um auszuweichen. Doch nichts passiert. Als sie schätzungsweise nur noch hundert Meter entfernt ist, wird mir die Situation zu brenzlig und ich leite ein Ausweichmanöver ein. Weil kaum Wind ist, reagiert unser Boot nur träge, während die andere Yacht bedrohlich schnell herankommt. Schließlich schießt sie nur wenige Meter vor unserem Bug vorbei. Erst da höre ich, dass ihre Maschine mitläuft. Das erklärt natürlich auch, warum sie so schnell ist. Wie leicht wäre es für den Skipper gewesen, ein bisschen anzuluven und damit seiner Ausweichpflicht nachzukommen! Ich bin wütend und zeige ihm die geballte Faust. Das hätte ich besser nicht tun sollen, denn damit provoziere ich eine heftige Schimpfkanonade: »Verdammter Deutscher, verschwinde hier, sieh zu, dass du wieder in dein Nazi-Deutschland kommst.« Ich bin niedergeschmettert, denn damit, dass uns die deutsche Geschichte hier, so fern der Heimat, so gnadenlos einholen könnte, habe ich nicht gerechnet. Noch lange beschäftigt mich dieser Vorfall, aber ich komme zu keinem Ergebnis. Ich nehme mir vor, in Zukunft allen Schiffen auszuweichen, egal ob wir Wegerecht haben oder nicht. Eine gute Entscheidung, wie sich zeigen wird, denn wir geraten nie mehr in so eine brenzlige Situation.

Nach weiteren zwei Tagen scheint der Wind endgültig eine Pause einzulegen, den ganzen Nachmittag schleppen wir uns bei Fast-Flaute dahin. Deshalb entscheiden wir uns, in der Bowling Green Bay vor Anker zu gehen und auf Wind zu warten. Als wir um die mit Palmen bewachsene Landzunge in die Bucht einbiegen, trauen wir unseren Augen nicht. Die Yacht, die dort vor Anker liegt, kommt uns vom Aussehen her bekannt vor: Roter Rumpf, weißes Deck und zwei Masten – das muss die NORTHERN LIGHT von Deborah und Rolf sein! Beim Näherkommen sehen wir die beiden an Deck stehen. Das ist unglaublich, nach Monaten und vielen tausend Seemeilen treffen sich zwei Boote wieder, nur weil die Flaute sie in dieselbe einsame Bucht getrieben hat. Wir winken begeistert und sie winken ebenso begeistert zurück. Nachdem sich unser Anker eingegraben hat, kommen Deborah und Rolf mit ihrem Beiboot herüber gerudert, und wir erzählen lange über Erlebtes und Zukunftspläne. Zum Abschied machen wir noch einen Plan für den nächsten Morgen, denn ich will endlich ein paar schöne Fotos vom WAL unter vollen Segeln. Auf See unser Beiboot aufzubauen, aus dem dann einer Fotos macht, während der andere drumherum segelt, habe ich mich nie getraut. Schon vor Anker ist allein das Auspacken und Aufpumpen des Beiboots eine Riesenaktion, die das gesamte Cockpit belegt. Nun sollen beide Yachten am nächsten Morgen gleichzeitig aufbrechen, sodass Deborah fotografieren kann, während Rolf neben uns hersegelt. Leider kommt mitten in der Nacht ein frischer Wind aus derart ungünstiger Richtung auf, dass wir so schnell wie möglich aus der Bucht rausmüssen. Als ich zum Ankeraufholen nach vorne krabble, sind die Wellen schon so hoch, dass sie über den Bug spülen. Ich blickte zur NORTHERN LIGHT hinüber: Die schwere Stahlketsch bewegt sich kaum und an

Deck ist erwartungsgemäß niemand zu sehen. Vermutlich schlummern die beiden da drüben friedlich in ihren Kojen, während mir hier das Wasser in die Gummistiefel läuft. Aus den Fotos wird also nichts.

Den nächsten Zwischenstopp auf unserem Weg nach Norden machen wir in Townsville, mit fast einhundertfünfzigtausend Einwohnern die größte Stadt im nördlichen Australien. Trotzdem hat sie sich die Ausstrahlung einer idyllischen kleinen Stadt in den Tropen bewahrt. Ruhig liegen die Holzhäuser mit den zwecks Sonnenschutz weit überstehenden Dächern zwischen dem wuchernden Grün der ringsum liegenden Berghügel. Andreas findet die Stadt vor allem wegen der vielen riesigen Rauchsäulen interessant, die um sie herum in den Himmel steigen: Der Rauch entsteht durch das Verbrennen der Zuckerrohrreste nach der Ernte und sorgt je nach Windrichtung für einen leichten Brandgeruch über der Stadt. Für Carola und mich ist sie vor allem wegen ihrer Versorgungsmöglichkeiten auf europäischem Niveau interessant. Erst als wir zehn Monate später das Mittelmeer erreichen, finden wir wieder ein ähnliches Warenangebot. Ganz oben auf meiner Liste stehen neue Wanten. Zwar habe ich in Bundaberg alle Teile sorgfältig auf Risse kontrolliert, aber da das Material ermüdet, würde ich am liebsten bei einem zuverlässigen Takler neue Wanten fertigen lassen. In Townsville habe ich die Auswahl zwischen gleich mehreren Firmen, die ich alle zu Fuß abklappere, um mir die Läden anzusehen. Schließlich vereinbare ich mit dem, der mir den professionellsten Eindruck macht, einen Termin zum Maßnehmen bei uns an Bord. Zur vereinbarten Zeit steht tatsächlich ein junger Mann vor unserem Boot, der unter seinem breiten Hut ein ebenso breites Grinsen im Gesicht hat. »Hallo Kumpel«, sagt er, »ich suche eine Yacht, bei der ich das Rigg vermessen soll.« Ich antworte ihm, dass er da genau richtig sei. Er schaut mich an wie einen Schwindler, den er gerade bei einer besonders dreisten Lüge ertappt hat. Und obwohl er sich dann ins Cockpit setzt, wo ich ihm mein Anliegen schildere, werde ich das Gefühl nicht mehr los, dass er mich und unser Boot einfach nicht ernst nehmen will. Nachdem er sich ein paar Maße notiert hat, verabschiedet er sich hastig mit der Versicherung, dass er morgen mit dem Kostenvoranschlag vorbeikommen will. Natürlich sehen wir ihn nie wieder, und die alten Wanten müssen weiterhin halten.

Carola und Andreas fahren jeden Tag zu einem der billigen Supermärkte am Stadtrand, kaufen gerade so viel ein, wie in den Rucksack passt und kommen dann zum Boot zurück, um alles zu verstauen. So geht das mehrere Tage hintereinander, bis alle Stauräume bis oben hin gefüllt sind. Ich erledige unterdessen die letzten Arbeiten am WAL, schraube hier noch eine Klemme an, versetze eine andere, damit ich sie besser erreichen kann. Im Tankraum am Heck bringe ich mit Sikaflex eine Aluminiumplatte an. Ich hoffe, dadurch endlich das Herumpoltern der Benzinkanister verhindern zu können. Sobald sie leer sind, schwimmen sie nämlich auf, weil immer Wasser in dem nach hinten offenen Tankraum herumschwappt. Anfangs hatte ich die leeren Kanister in der Backskiste verstaut, aber sie waren leider nicht geruchsdicht und so hatte sich der Benzingestank auch in der Kajüte verbreitet.

Am 22. Juli um 9 Uhr verlassen wir den Hafen. Wir ahnen nicht, dass es bis zu den Malediven unser letzter richtiger Hafen bleiben wird. Auf Vor-Wind-Kurs stürmt der WAL voran. Je weiter wir nun nach Norden kommen, um so dichter rückt der Riffgürtel an die Küste heran. War der Bereich zwischen der Küste und den Riffen anfangs noch bis zu 20 Seemeilen breit, so ist er jetzt nur noch zwei bis drei Seemeilen breit, an manchen Stellen kaum eine Seemeile. Unterwegs programmiere ich unzählige Wegpunkte am GPS-Gerät, und wir müssen genau auf der Kurslinie bleiben, um sicheren Abstand von den Riffen zu halten. Am dritten Tag segeln wir ganz früh morgens an Cairns vorbei, der letzten größeren Stadt im Norden Australiens. Danach wird die Küste einsam, das ganze Land, das wir nun oft mit weniger als einer Meile Abstand betrachten, macht einen menschenleeren, wilden Eindruck. Die kleinen Hügel werden zusehends schroffer, sind nicht mehr so tropisch üppig bewachsen. Am Cap Melville passieren wir ein paar Felsen in kaum einer Kabellänge Abstand. Carola und ich haben mit Navigation, Segelbedienung und Steuern alle Hände voll zu tun.

Erst als Andreas von seinem sicheren Ausguck auf der Treppenstufe am Niedergang fragt: »Was sind denn das für Tiere? Habe ich noch nie gesehen«, fallen sie uns auf.

»Das sind Seekühe«, weiß Carola.

Hinter dem Kap brist es mächtig auf, überall zeigen sich Schaumkronen auf dem Wasser, schließlich heult es im Rigg: Ein sicheres Zeichen für mehr als sechs Windstärken. Wir sehen zu, dass wir unser Ölzeug anziehen, denn immer wieder kommt Spritzwasser ins Cockpit. Immer öfter tauchen entgegenkommende Frachter auf und dazwischen noch Fischkutter, die unberechenbare Kurse fahren.

»Ich könnte eine Pause vertragen«, stöhnt Carola.

Mir geht es genauso, aber wo sollen wir hier ankern? Die Buchten sind offen und bieten nicht viel Schutz. Vielleicht würde eins der Korallenriffe ausreichend Schutz bieten, manche sehen mit einer kleinen Palmen bestandenen Sandinsel wirklich verlockend aus. Doch mögliche Ankerplätze in Lee der Riffe wären extrem schaukelig, weil der Schwell ganz um die Riffe herumläuft. Außerdem haben wir nur einen einzigen Anker; das Risiko, dass wir den durch eine Ungeschicklichkeit verlieren, ist mir einfach zu groß, ich muss nur an den eingeklemmten Anker auf Galapagos denken. »Wir müssen noch einen Tag durchhalten«, sage ich zu Carola, »dann sind wir am Cape York. Dort werden wir bestimmt eine gute Ankerbucht finden.«

Am siebten Tag lassen wir dann im Schutz der Mount Adolphus Insel und in Sichtweite von Cape York den Anker fallen. Das Eiland ist ein paar hundert Meter lang, hat ein paar Hügel in der Mitte und einen hellen Sandstrand davor. Eine richtige Robinson-Insel. Aber wir sind zu geschafft, um Lust auf Landausflüge zu haben. Zwei Tage ankern wir in der ruhigen Bucht, ohne an Land zu gehen. Dann verspricht der australische Wetterbericht weniger

Wind für die kommenden Tage. Wir sehen uns an, holen tief Luft, gehen Anker auf und machen uns auf in den Indischen Ozean.

Bei schönstem Wetter, Sonnenschein und einer leichten Brise von achtern runden wir Cape York. Dank des mitlaufenden Stroms liegen die Torres Straße und damit der Pazifik am Abend hinter uns. Nun segeln wir wieder auf West-Kurs. Vor uns breitet sich endlich wieder die offene See aus, und es kommt nicht darauf an, ob wir ein paar Meilen nach der einen oder anderen Seite von der direkten Linie zum nächsten Wegpunkt abweichen. Wenn wir die Segel eingestellt haben, können wir den WAL wieder der Selbststeuerung überlassen und brauchen nur vier- oder fünfmal in der Stunde alles zu kontrollieren. Meistens halten wir uns in der Kajüte auf, dösen, schlafen oder spielen mit Andreas. Als wir den Golf von Carpentaria schon zu zwei Dritteln überquert haben, geraten wir in eine Flaute. Jedes Mal, wenn der WAL von einer Welle angehoben wird, schlägt das Großsegel. Wir müssen selbst steuern, abwechselnd, stundenlang. Als Carola einmal am frühen Nachmittag vergisst, sich rechtzeitig mit Sonnenschutzmilch einzucremen, sind ihre Beine nach zwei Stunden puterrot und sie hat einen Sonnenbrand, der noch tagelang schmerzt.

Stundenlang sinniere ich, wie ich das Schlagen des Großsegels verhindern könnte, ohne es vollständig zu bergen, denn ohne Großsegel kommen wir kaum noch vorwärts. Jetzt fehlt uns ein schöner leichter Spinnaker oder wenigstens eine große Genua. Unsere Durchschnittsgeschwindigkeit von vorher fast fünf Knoten sinkt auf weniger als vier Knoten. Dennoch sehen wir als am fünften Tag die Sonne hinter uns aufgeht voraus flaches Land, aus dem zwei hohe Schornsteine und ein paar große Gebäude aufragen: das Industriegebiet von Gove, einem großen Bauxitabbaugebiet. An der Verladebrücke liegt ein großer Frachter aus der Türkei.

»Kann der uns nicht als Decksfracht mitnehmen bis ins Mittelmeer?«, witzelt Carola

»Wahrscheinlich reicht schon sein Proviantkran locker aus, um unsern WAL an Deck zu hieven«, überlege ich. Ja, der Gedanke, nach

Hause zu kommen, gewinnt an Bedeutung. Aber als wir die idyllische Bucht vor dem Gove Yachtclub sehen, verdrängen wir solche Gedanken erst mal wieder. Vielleicht fünfzig Yachten liegen hier, vertäut an Muringbojen oder ankernd. Das Wasser schimmert türkisblau und nicht der geringste Schwell erreicht die Bucht. Hinter dem breiten Sandstrand recken sich hoch die Palmen, unterbrochen nur von einem zweistöckigen, langgezogenen Gebäude, offenbar dem Yachtclub. Ein bisschen morbide wirkt die ganze Szene durch zwei Masten, die im rechten Teil der Bucht meterhoch aus dem Wasser ragen. Sie gehören offensichtlich zu einer gesunkenen Ketsch. Wir suchen uns eine freie Muringboje in Landnähe, bauen das Beiboot auf und rudern an Land. Dort ist das Erste, was uns auffällt, der rote Staub. Er ist einfach überall, auf den Betonplatten zum Clubhaus, auf der Terrasse und dem Dach des Gebäudes, auf den Autos, die daneben parken. Aber das ist auch kein Wunder, denn die Erde ist hier nicht schwarz oder braun oder beige, sie ist ockerrot. Schnell lernen wir, dass das die Farbe des Bauxits ist, Grundstoff für die Aluminiumproduktion, der in der Nähe in riesigen Tagebauen abgebaut wird. Als nächstes fällt uns auf, wie locker die Menschen hier sind. Auf Förmlichkeiten scheint niemand Wert zu legen, unkompliziert kommt man mit jedem sofort ins Gespräch. Die ganze Atmosphäre hat was von einem Westerndorf, einer Siedlung von Pionieren in der Wildnis. Die eigentliche Stadt Gove liegt zwanzig Kilometer landeinwärts, aber dorthin fahren keine öffentlichen Verkehrsmittel – ohne Auto geht nichts. Die einzige Möglichkeit für uns, dort hinzukommen, ist das Trampen. Wenn ein Auto kommt, hält sein Fahrer mit an Sicherheit grenzender Wahrscheinlichkeit auch an. Das Problem ist nur, dass es einige Zeit dauern kann, bis überhaupt mal jemand vorbeikommt. Als ich zum ersten Mal die Stadt erreiche, bemerke ich ein großes weißes Schild am Straßenrand. In dem hier üblichen Slang mit breitem australischen Akzent erklärt mir mein Fahrer, was es bedeutet:

»Weißt du, Kamerad, das ganze Land hier gehört den Ureinwohnern, diesen Aborigines. Wir dürfen das Land eigentlich gar nicht

20 Günstige Einkaufsmöglichkeit: der tägliche Markt in Male (Malediven).

21 Ruhe und Geborgenheit in der Weite des Meeres: der Fischerhafen von Male.

22 Nach einem tropischen Regenguss: Straßenszene in Male.

23

24

23 Kurs Nordwest, Richtung Horn von Afrika.

24 Traditionelle Bootsbaukunst: Dhoni in Male.

25 Mittagessen auf See.

26 Obst- und Gemüsehändler in Male.

27 Weihnachten 2002 in Male.

28 Die Treppenstufe als Werkbank.

26

27

25

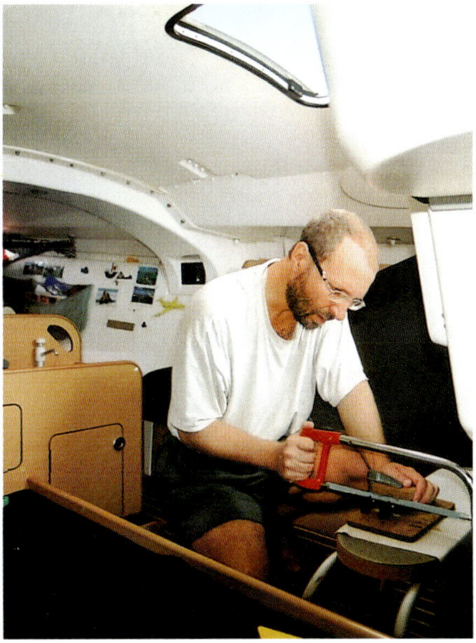

28

29

30

29 Endlose Sanddünen, eintöniger Suezkanal: Völlig unerwartet eine Brücke, die sich langsam öffnet.

30 Am Stadtrand von Massawa (Eritrea): Kameltreiber vor den mit Feuerholz beladenen Tieren.

31 Im Hafen von Djidda (Saudi-Arabien): Einfühlungsvermögen ist gefragt, denn alles ist anders.

32 Souvenirläden in Jerusalem (Israel) im Frühjahr 2003: Aus Furcht vor Terroranschlägen bleiben die Touristen aus.

31

32

33

34

35

33 Einbahnverkehr im Kanal von Korinth (Griechenland).

34 Auf dem Canal du Midi (Frankreich): Morgens um sieben ist die Welt noch in Ordnung ...

35 Canal du Midi: Talwärts schleusen ist kinderleicht.

36 ... bergwärts schleusen dagegen verlangt höchste Konzentration.

37 Überfüllter Yachthafen im Mittelmeer.

36

37

38

39

40

38 Zurück auf der Oosterschelde: Zum letzten Mal die Segel geborg

39 September 2003 Glücklich wieder zu Hause in Lünen-Brambaue

40 Der WAL neben unserer Haustür auf dem Trocken oder: Die größte Flaute kommt na der Reise.

betreten. Das heißt, nur wenn die Behörde der Aborigines uns die Erlaubnis gibt. Das Stadtgebiet und draußen das Fabrikgelände hat die Regierung nur gepachtet. Fast alle sind zum Geldverdienen hier oben im Norden. Ansonsten ist hier nicht viel los.«

»Scheint aber den meisten zu gefallen«, werfe ich ein.

»Klar«, fährt er fort, »Nabalco zahlt gut.« Als er mein fragendes Gesicht sieht, erklärt er: »Nabalco ist die Firma für den Bauxitabbau. Denen gehört alles hier. Sie bauen die Wohnhäuser, die Straßen, das schöne Freibad mitten in der Stadt, auch der Yachtclub draußen gehört ihnen. Die meisten Leute bleiben zwei, drei Jahre und haben dann genug Geld, um sich im Süden ein schönes Häuschen zu kaufen oder um sich selbständig zu machen. Lange halten's hier nur die wenigsten aus.«

»Wie lange sind Sie denn schon hier?« will ich wissen.

»Seit 15 Jahren«, antwortet er und lacht rau.

Am Sonntagvormittag kommt Leben in den sonst eher geruhsamen Club, eine Menge Kinder und Jugendlicher versammelt sich, dann werden aus am Strand stehenden modernen Garagen schicke Segeljollen gezogen, und die Kids segeln den Vormittag auf der Bucht herum. Eine der Mütter, die ihren Sohn hier hergebracht hat, spricht uns an, weil sie die deutsche Flagge gesehen hat. Sie ist Schweizerin und geradezu begeistert, mal wieder deutsch sprechen zu können. Auf Carolas Frage, wie lange sie denn hier ist, antwortet sie: »Schon sechs Jahre. Eigentlich wollten wir nur zwei Jahre bleiben. Aber es ist gut für die Kinder hier. Gute, kostenlose Schulen, keine Drogen.«

»Sind die Schulen im übrigen Australien nicht kostenlos?«, fragt Carola erstaunt.

»Doch, im Prinzip schon«, antwortet sie, »aber die staatlichen Schulen haben keinen guten Ruf, und Eltern, die es sich irgendwie leisten können, schicken ihre Kinder auf Privatschulen. Und die sind nicht billig. Aber hier wird auch in den staatlichen Schulen für beste Lehrer und gute Ausstattung gesorgt.«

Der Bauxitabbau muss offensichtlich eine lohnende Sache sein.

Doch die meisten Aborigines scheinen nicht viel davon zu haben, obwohl ihnen per Gesetz das Land mit seinen Bodenschätzen gehört. Mag sein, dass in den Verwaltungsgebäuden in der Stadt gut ausgebildete Aborigines sitzen, die die Rechte und Interessen der Ureinwohner vertreten. Aber die, denen wir begegnen, sind bedauernswerte Geschöpfe. Viele hängen, die unvermeidliche Bierflaschen in der Hand, vor dem Woolworth-Supermarkt im Stadtzentrum herum. Anderen begegnen wir draußen am Yachtclub. Dort sitzen sie tagsüber herum, die Männer kaufen sich ein Bier nach dem anderen, die Frauen trinken etwas weniger. Alle ihre Gesichter sehen alt, faltig und zernarbt aus. Sogar die jungen Frauen haben alte, eingefallene Gesichter. Die meisten von ihnen können kein Wort Englisch. Manchmal fragen sie uns nach der Uhrzeit, indem sie auf ihr Handgelenk zeigen. Abends klettern sie dann alle in ein großes offenes Aluminiumboot mit einem starken Außenborder dran und düsen über die Bucht, bis sie hinter einer Landzunge verschwinden. Das Boot ist nagelneu, wird aber wenig pfleglich behandelt. Einmal beobachte ich, wie der Fahrer das Boot zum Ablegen mit Vollgas vom Strand zieht, obwohl der Propeller noch halb im Sand wühlt. Ein anderer Segler, der das ebenfalls verfolgt hat, meint zu mir: »Der australische Staat müsste viel mehr für sie tun, für Bildung und Arbeit sorgen. Sonst wird das nie was.«

»Wo ist die Integration von Ureinwohnern denn überhaupt gelungen?«, frage ich zweifelnd zurück, »Indianer, Nomaden, alles Negativbeispiele.«

»Schau dir Französisch-Polynesien an, das ist ein Beispiel für gelungene Integration«, antwortet er.

Aber nach meinen Erlebnissen auf Nuku Hiva bezweifle ich das. Wo immer die moderne Zivilisation auf alte Stammesgesellschaften traf, blieben den Ureinwohnern doch nur die totale Anpassung oder ein paar aussichtslose Rückzugsgefechte.

Einmal nimmt ein alter Australier Andreas und mich aus der Stadt in seinem klapprigen Geländewagen mit. Unterwegs erzählt er, dass er Maler sei und auf dem Weg zum Yachtclub noch bei einer

Aborigine-Siedlung vorbeifahren müsse, um dort ein paar Sachen abzuliefern. »Einige der Ureinwohner sind sehr gute Künstler und ich unterstütze sie, indem ich Malutensilien für sie besorge«, sagt er. Begeistert erzählt er von ihren künstlerischen Fähigkeiten, die daher rührten, dass die Aborigines niemals so etwas wie Schrift kannten. Er biegt von der Hauptstraße ab und fährt ein oder zwei Kilometer auf einem staubigen Feldweg, der durch einen lichten Wald aus kleinen Eukalyptusbäumen führt. Dann erreichen wir eine kleine Siedlung, die aus vielleicht zwanzig selbst gezimmerten kleinen Holzhütten besteht. Als die Bewohner den Wagen kommen sehen, drängen sie sich ums Auto und begrüßen den Maler. Ganz offensichtlich ist er ihr Freund. Uns hat er geraten, im Auto sitzen zu bleiben. In dem freundlichen Gedränge scheint mir das aber nicht mehr so wichtig, deshalb lasse ich Andreas aussteigen. Sofort sagt einer der Aborigines in bemüht würdevollem Ton auf Englisch zu ihm: »Dies ist unser Land.« (»This is our land.«) Eingeschüchtert zieht Andreas sich sofort ins Auto zurück. Ich erkläre ihm, dass wir einen Fehler gemacht haben, von dem sich die Menschen provoziert fühlen. Andreas hat der Spruch tief und nachhaltig beeindruckt. Zukünftig wird er immer, wenn andere etwas von ihm wollen, das ihm absolut nicht passt, das Ansinnen in würdevollem Ton mit den Worten »This is my land« (»Dies ist mein Land«) zurückweisen. Besonders gern probiert er die Wirkung bei seinen Eltern aus.

Am 24. August feiern wir Andreas' Geburtstag. Früh morgens weckt er uns und verkündet stolz: »Jetzt bin ich sechs!« Nach dem Frühstück bekommt er die Geschenke: ein Lineal, einen Radiergummi und einen Bleistift mit einem Känguru oben drauf. Dann rudern wir im Beiboot an den Strand und verbringen dort den Tag. Andreas will nämlich so lange wie möglich mit seiner Freundin Cindy spielen. Sie ist eine kleine Chinesin, genauso alt wie Andreas und jeden Tag hier draußen, denn ihre Eltern sind die Pächter des Clubrestaurants. Das hat den Vorzug, dass sie Andreas und sich jederzeit kostenlos mit Speiseeis aus der Restaurantküche versorgen kann. Am Nachmittag setzt sich der alte Josh zu uns an den Zementtisch unter Palmen. Er ist so was wie der Hausmeister der Anlage, werkelt vormittags in seinem etwas abseits vom Clubhaus gelegenen Schuppen herum. Ab mittags sieht man ihn dann meistens mit einem Glas Schnaps in der Hand. Ihm fehlen schon ein paar Zähne, und seine Brille droht dauernd von der Nase zu rutschen. Auch ihn frage ich: »Josh, wie lange sind Sie schon hier?«

»Viel zu lange«, antwortet er, »dreißig Jahre sind's mindestens schon. Seit ich aus Brisbane weggegangen bin.«

»Waren Sie mal wieder dort?«

»Nie mehr«, schüttelt er den Kopf und lacht, als wäre das eine völlig abwegige Idee, »ein-, zweimal im Jahr komme ich nach Cairns runter, das reicht mir. Weiter nach Süden gehe ich nicht mehr.«

»Warum?«

Er rückt näher und antwortet: »Hier oben findest du noch echten Pioniergeist. Im Süden sind die Menschen unfreundlich und eingebildet, alles ist fürchterlich kompliziert. Vergiss es.« Dann steht er auf, sucht ein passendes Palmenblatt, setzt sich wieder, holt sein Taschenmesser hervor und bastelt für Andreas aus dem Blatt eine Heuschrecke.

Am Tag vor unserer geplanten Abfahrt besteht Andreas darauf, im Yachtclub Musik zu machen. »Ich muss noch Geld verdienen, damit wir im neuen Hafen genug Essen kaufen können«, begründet er seinen Plan. In eine kleine rote Stofftasche packt er seine Mundharmonika, seine Trommel, die er sich aus einer leeren Plastikdose und einem Luftballon selbst gebastelt hat, sowie den als Trommelstock mit Klebeband und Papier umwickelten Strohhalm. Außerdem steckt er seinen Geldbeutel ein. Dann muss Carola ihn an Land rudern. Als sie später zurückkommen, erzählt sie, dass er erst ins Clubbüro ging und um Erlaubnis für seine Straßenmusik fragte. Die gab ihm die freundliche Angestellte und so setzte er sich auf die Terrasse vors Restaurant. Dann stellte er seinen

Geldbeutel auf und spielte auf seiner Mundharmonika. Gespannt frage ich Andreas: »Und, hast du auch was verdient?«

»Ja klar«, antwortet er und zeigte mir stolz den Geldbeutel, »siebzig Cents. Hat Mama schon gezählt.«

Am 29. August verlassen wir die Bucht von Gove. Die Segel schimmern rötlich in der Morgensonne, allerdings nicht vom Licht, sondern von dem roten Staub, der während unseres Aufenthaltes aufs Boot geweht ist. Nördlich von Gove erstreckt sich ein schmaler Felsenrücken weit ins Meer. Um den hinter sich zu lassen und auf West-Kurs gehen zu können, gibt es zwei Möglichkeiten: Erstens das sogenannte Hole-in-the-Wall (Loch in der Wand), eine schmale Durchfahrt nicht weit von Gove, zwei Seemeilen lang und stellenweise nur eine Kabellänge breit. Je nach Phase von Ebbe und Flut sowie anderen schwer kalkulierbaren Einflüssen von Mond und Wind, tobt durch diesen engen Felskanal eine mörderische Strömung. Aber wenn man zur richtigen Zeit da ist, sollte die Passage möglich sein. Im Yachtclub hingen ausführliche Abhandlungen darüber aus, wie der richtige Zeitpunkt zu berechnen sei. Da die zweite Möglichkeit einen Umweg von achtzig Seemeilen nach Norden bedeutet, machen die meisten Segler Gebrauch von der Abkürzung. Und wenn eine Yacht ankam oder abfuhr war das Gesprächsthema Nummer eins: Hole-in-the-Wall. Wenn ich diesen Gesprächen zuhörte, hatte ich oft den Eindruck, als ginge es in Wahrheit um eine Mutprobe für kleine Jungs. Ich habe keinen Bedarf an Mutproben und deshalb schon früh entschieden, dass wir den langen Weg außen um die Felsen herum nehmen würden. Unterwegs bereue ich mehrmals meinen Entschluss, denn wir müssen die achtzig Seemeilen hoch am Wind gegenan knüppeln, bis wir endlich Kap Melville runden können.

»Das fängt ja gut an«, bemerkt Carola spöttisch, »kaum aus dem Hafen und schon alles pitschnass.«

Ich muss ihre Ironie ertragen, schließlich war ich es, der als einen der wichtigsten Grundsätze immer verkündet hatte: »Wir fahren nur los, wenn wir die nächsten 24 Stunden nicht nass werden.« Immerhin ist der Strom die meiste Zeit mit uns und so runden wir in der Nacht das Kap und gehen auf Westkurs. Wohin wir wollen, wissen wir noch nicht so genau. Zwischenstopp in Darwin? Direkte Reise nach Bali? Ein Besuch von Christmas Island? Oder wie wäre es mit Cocos Island? Dann Richtung Rotes Meer – oder doch um Südafrika herum? Alles ist offen.

Die ersten Tage kommen wir flott voran, immer liegt das Etmal über hundert Seemeilen. Also lassen wir Darwin links liegen und bleiben auf Westkurs. Was dann geschieht, dokumentieren am besten die im Logbuch eingetragenen Tagesstrecken, gemessen in Seemeilen jeweils von 12 Uhr mittags bis 12 Uhr mittags am nächsten Tag: 101 – 70 – 23 – 15 – 15 – 8 – ... Flaute, unendliche Flaute, nichts als Flaute. Nicht das geringste Lüftchen regt sich, lediglich die Meeresströmung trägt uns jeden Tag ein paar Meilen nach Westen. Zehn endlose Tage warten wir auf Wind. Die Segel haben wir geborgen. Tagsüber suchen wir vor der sengenden Sonne Schutz in der Kajüte, abends setzen wir uns ins Cockpit und übergießen uns gegenseitig mit Meerwasser zur Erfrischung und um den Schweiß abzuspülen. Nach ein paar Tagen legt sich sogar der Schwell, der normalerweise auf dem offenen Meer immer vorhanden ist. Der WAL liegt völlig ruhig und bewegungslos da. Andreas ist begeistert: »Endlich kein blödes Schaukeln mehr.« Wenn wir wenigstens ganz in Ruhe auf das Ende der Flaute warten könnten, so wie ich mir das früher immer beim Lesen von Reiseberichten vorgestellt hatte. Aber die Realität sieht leider ganz anders aus, denn je länger die Flaute dauert, um so häufiger brauen sich riesige Wolken am Himmel zusammen. Erst fängt das mit normalen Quellwolken an, am Nachmittag schießen dann riesige Wolkentürme in den Himmel und wenig später sehen wir die Wasserhosen. Wie gierige dunkelgraue Rüssel fahren sie bis auf die Wasseroberfläche hinunter und wirbeln im Umkreis von vielleicht einhundert Metern das Wasser auf. Ich habe Angst. Eine einzige Frage beschäftigt mich: Was machen wir, wenn so ein Ungeheuer näher kommt? Wir haben nur fünf Liter Benzin mit, damit kommen wir nicht weit. Jeden Nachmittag sitze ich im Cockpit und beobachtete die Wasserhosen. Wie durch ein Wunder bilden sich diese riesigen Quellwolken nie direkt über unserem Boot, sodass auch die Wasserhosen nie zu nahe kommen.

Als am siebzehnten Tag der Reise der Wind ganz allmählich wieder aufbrist, ist bereits der 14. September. Damit sind die Würfel gefallen: Für Südafrika wird die Zeit zu knapp, denn schon ab Mitte Oktober können im südlichen Indischen Ozean Tropenstürme auftreten. Wir wollen erst mal nach Bali und dann sehen wir weiter. Also ändern wir den Kurs von West auf Nordwest und freuen uns, dass die Meilen endlich wieder durchlaufen. Wenn der Wind durchhält, werden wir in wenigen Tagen ankommen.

Während der Flaute hat sich kein einziger Delfin blicken lassen, aber jetzt bekommen wir wieder regelmäßig Besuch von ihnen. Zur hellen Freude von Andreas sind das hier die verspieltesten Delfine, die wir je gesehen haben. Sie springen meterhoch aus dem Wasser, platschen, dass das Wasser bis ins Cockpit spritzt, lassen sich aber auch lässig neben unserem Boot treiben und schauen uns an, bevor sie von einer Sekunde auf die andere wieder Fahrt aufnehmen und ihre Schau fortsetzen – oder abtauchen und verschwunden sind. Wir sind alle drei wieder guter Dinge.

Am 25. Tag kommt Land in Sicht, Lombok. Den halben Tag lang segeln wir in einigem Abstand an der dicht bewaldeten, bergigen Insel entlang. Gegen Abend erreichen wir die Lombok-Straße, eine Meerenge, die die Inseln Lombok und Bali voneinander trennt. Schon von Weitem erkennen wir, dass in der Meerenge das Wasser geradezu kocht. Mit einem Schlag erinnere ich mich an das, was ich in einem Handbuch für Segler gelesen hatte: Dass die Strömung meistens mit mehreren Knoten aus der Lombokstraße heraus steht und wenn überhaupt nur wenige Stunden am Tag in die andere Richtung geht. Um Benoa, die Hafenstadt auf Bali zu erreichen, müssen wir ein Stück in die Straße hinein. Hätte ich doch nur das Handbuch mitgenommen, um jetzt mit seiner Hilfe den richtigen Zeitpunkt berechnen zu können. Aber in der Überzeugung, dass es auf dem Weg Richtung Südafrika nur unnötiger Ballast an Bord wäre, hatte ich es mit anderen Sachen nach Hause geschickt. Nur eine Seekarte von Benoa hatte ich für alle Fälle mitgenommen. Aber die hilft mir jetzt auch nicht weiter. Lange überlegen Carola und ich, was zu tun ist. Dann haben wir einen Plan. Die Nacht über lassen wir uns im Schutz des kleinen Inselchens Nusapenida mitten in der Lombokstraße treiben. Im ersten Morgengrauen setzen wir die Segel und nehmen auch noch den Motor zur Hilfe, um die nur vier Seemeilen breite Meerenge zwischen Nusapenida und Bali zu überwinden. Mit voller Fahrt verlassen wir den Schutz der Insel und können tatsächlich direkt Kurs auf Benoa nehmen. Nur noch dreieinhalb Seemeilen. Doch dann nimmt offensichtlich die Strömung zu, die uns nach Süden versetzt. Ich muss weiter nach Norden vorhalten, um Kurs West zu halten. Noch drei Seemeilen bis zur Hafeneinfahrt, zeigt das GPS-Gerät an. Plötzlich packt uns die Strömung mit ganzer Wucht. Wir treiben immer mehr nach Süden ab. Ich gebe Vollgas. Der Bug zeigt nach Norden. Keine Chance. Wir treiben nach Süden. Es ist ein Drama, das wir wie in Zeitlupe erleben. Nicht viel mehr als zweieinhalb Seemeilen bis in den sicheren Hafen, aber der Strom drückt uns immer weiter weg. Wir sind alle drei wie gelähmt. Dann schreit Carola, die neben mir im Cockpit sitzt, ihre ganze Wut heraus, hämmert mit der Faust auf das Seitendeck. So habe ich sie noch nie erlebt, seit wir zusammen segeln. Andreas, der alles von seinem Platz auf der Treppenstufe in der Kajüte beobachtet hat, beginnt laut zu weinen. Auch mir ist zum Heulen zumute. Nur mit aller Willenskraft gelingt es mir, mich weiter auf die Situation zu konzentrieren. Denn mittlerweile ist frischer Wind aufgekommen, und zwar aus Süd, sodass Wind gegen Strom steht. In kürzester Zeit bilden sich meterhohe, gefährlich steile Wellenberge. Wir müssen hier weg. Ich gebe mich geschlagen und ändere den Kurs auf Süd, wieder auf den offenen Ozean hinaus.

Als wir die Südspitze von Bali achteraus haben, lässt die Strömung schnell nach und die See beruhigt sich wieder. Da entdecken wir ein paar größere Fischerboote mit Kurs auf Benoa. Vielleicht könnten die uns schleppen. Wir schöpfen noch mal Hoffnung. Ich habe die Idee, auf ein Blatt Papier groß »BENOA« zu malen. Sobald die Fischer in unsere Nähe kommen, wollen wir es hoch halten. Carola feuert mit unserem kleinen Signalgerät ein paar Knallsignale ab, um auf uns aufmerksam zu machen. Aber alles hilft nichts. In viel zu weitem Abstand ziehen die Schiffe der Fischer vorbei. Wir sind wieder alleine mit der See. Schrecklich. Resigniert gehen wir auf Westkurs, stellen Segel und Selbststeueranlage ein und legen uns in die Kojen. »Hans, was soll jetzt werden?«, fragt Carola mit trauriger Stimme. Andreas weint noch immer leise vor sich hin. Ich verfluche unsere Entscheidung, von Australien weiterzufahren. Und diesen Indischen Ozean verfluche ich gleich mit.

Andreas fängt sich als Erster, spielt mit seinen Legosteinen, später übt er ein Theaterstück mit seinen Kuscheltieren. Aber ich spüre, wie ich jedes Vertrauen in mich, in das Boot, in uns verloren habe. Ich habe mich auf nur eine einzige Möglichkeit verlassen, obwohl ich immer gepredigt habe, gute Seemannschaft verlange, mehrere Alternativen zu haben. Ja, ich habe Fehler gemacht. Aber macht das die Sache besser? Nein! Carola bringt alles auf den Punkt: »Dieses Nicht-Ankommen ist fürchterlich. Der absolute Tiefpunkt unserer Reise.«

Ich ergänze: »Wir sind Gefangene der See.«

Schweren Herzens nehmen wir Kurs auf Christmas Island, fast 600 Seemeilen entfernt. Dass wir am nächsten Tag eines der besten Etmale schaffen, 147 Seemeilen in 24 Stunden, kann uns nicht aufmuntern. Dabei hatten wir während der Flaute so viel in einer ganzen Woche nicht geschafft. Von nun an lebe ich in zwei Welten: Bei Andreas gebe ich mir alle Mühe, unsere gewohnte Welt aufrechtzuerhalten. Ich spiele und rede mit ihm wie immer. Aber in mir ist Leere, Enttäuschung, ja, Verzweiflung. Und Carola geht es genauso. Wir brauchen uns nur anzusehen, dann wissen wir Bescheid. Wie zwei, die ein Pleiteunternehmen abzuwickeln haben. Und dass auf Christmas Island laut Handbuch nur ein ungemütlicher, schaukeliger Ankerplatz auf uns wartet, macht alles nur noch schlimmer.

Nach vier weiteren Tagen und insgesamt neunundzwanzig Tagen auf See erreichen wir die Insel, nicht mal drei Knoten im Durchschnitt haben wir geschafft.

Christmas Island gehört zu Australien, und der Beamte in der Einklarierungsbehörde hat unsere Daten schon auf seinem Computermonitor, als ich sein Büro betrete. »Die Flugzeuge der Küstenwache hatten Sie immer auf dem Radar. Deswegen wussten wir, dass Sie bald kommen«, erklärt er.

»Ach so«, stammle ich und komme mir nach unserem Kampf da draußen wie von einem anderen Stern vor. Doch schnell fasse ich mich wieder. »Nächstes Mal bestelle ich bei denen ein Fass Benzin«, witzele ich. Na, immerhin gibt unser WAL noch ein Radarecho ab. In Bundaberg habe ich nämlich den Radarreflektor, den wir bis dahin unter der Saling gefahren hatten, abmontiert, weil er durch Regen immer voll gelaufen war und dann bei etwas mehr Wind das ganze Rigg zum Vibrieren gebracht hatte. Dabei war es ein bekanntes Markenfabrikat.

Eine Woche bleiben wir auf Christmas Island. So lange dauert es, bis mit der Post die Seekarten für die Malediven eintreffen. In Bundaberg haben wir zwar eine Menge US-Seekarten vom Indischen Ozean kopiert, aber an die Malediven habe ich dabei nicht gedacht. Deshalb müssen wir nun bei einem Seekartenhändler in Australien Britische Original-Seekarten bestellen. Meine Schludrigkeit kostet uns 300 Euro. Die Malediven sind jetzt unser Traumziel. Dort hoffen wir einen ruhigen Ankerplatz zu finden, wo wir wieder Kraft und Mut schöpfen können. Und wo wir uns zu annehmbaren Preisen neu verproviantieren können. Zwar soll Sri Lanka, das normalerweise von Fahrtenyachten angelaufen wird, billiger sein. Aber als wir auf einer Seekarte Christmas Island mit dem Ende des Indischen Ozeans am Horn von Afrika verbinden, liegen die Malediven direkt auf dem Weg, Sri Lanka dagegen würde einen beträchtlichen Umweg bedeuten. Müssten wir nicht auf die Seekarten warten, wären wir bestimmt schon eher weitergefahren, denn der Ankerplatz ist die Hölle. Die Bucht liegt zwar auf der windabgewandten Seite der Insel, ist aber zur See hin völlig offen. Dadurch läuft der Schwell bis in den hintersten Winkel der Bucht. Der WAL rollt ununterbrochen, Tag und Nacht, von Schandeck zu Schandeck. Alles Experimentieren mit einem zweiten Anker bringt keine Besserung, denn die Wellen werden von den steilen Felswänden reflektiert und laufen kreuz und quer durch die Bucht. Wir sehen zu, dass wir morgens mit allem, was wir für den Tag brauchen, von Bord kommen und erst abends wieder zurück auf den rollenden WAL müssen.

Am Samstagnachmittag holt Carola die Seekarten von der Post ab und am Sonntagmorgen segeln wir bereits raus aufs Meer, Kurs Addoo Atoll, die südlichste Insel der Malediven, 2000 Seemeilen entfernt. Sobald wir aus dem Windschatten der hohen, bergigen Insel heraus sind, können wir die Passatsegel setzen. Am zweiten Tag entdecken wir mal wieder Maden in den Haferflocken. Es gibt Dinge, an die kann ich mich einfach nicht gewöhnen! Wütend werfe ich die ganze Packung über Bord. Langsam wird mir das alles zuviel. Mehr als vier Wochen auf See, dann gerade mal eine Woche in einer unruhigen Bucht vor Anker und nun schon wieder wochenlang unterwegs. Ich bin fertig und bekenne Carola gegenüber: »Ich kann nicht mehr.«

Carola sagt lange nichts, sitzt nur da und nickt. Schließlich sagt sie leise: »Geht mir genauso. Woher sollen wir die Kraft nehmen, die uns das hier kostet?«

Gerührt blicke ich sie an, dann nehmen wir uns in den Arm und halten uns lange aneinander fest. Mehr Verlangen nach Zärtlichkeit verspüren wir nicht mehr. »Woher die Kraft nehmen?« Diese Worte lassen mich nicht los, gehen mir im Kopf herum. Woher die Kraft nehmen? Nach einer ganzen Weile sage ich unvermittelt: »Andreas.« Carola schaut mich fragend an. »Ja, von Andreas«, bekräftige ich, »lass uns mit ihm spielen.«

Fortan lassen wir den WAL unter kleiner Segelfläche laufen.

Selbst wenn die Segelfläche viel zu klein für den Wind ist, kümmert uns das nicht besonders, solange wir noch vorwärts kommen. Ob wir zwanzig oder dreißig Tage unterwegs sein werden, ist nicht wirklich wichtig. Wir zeichnen auf ein Blatt Papier ein Mensch-ärgere-dich-nicht-Spiel und spielen stundenlang zu dritt. Als Andreas das Spiel wegpackt, sehe ich, dass es zufällig auf der Rückseite unseres Benoa-»Anhalterschildes« ist. In den folgenden Tagen lesen wir ihm viel vor und erfinden selber Geschichten. Das gefällt Andreas ganz besonders, denn mit Begeisterung spielt er diese dann mit seinen Kuscheltieren nach. »Papa, du drückst mich ja gar nicht mehr richtig«, sagt er einmal als wir in der Koje liegen und ein Bilderbuch angucken. Das ist der Auftakt zu einem wilden Kuschelkampf, der erst endet, als ich völlig außer Atem bin und Andreas in die Hose pinkelt, weil ich ihn zu viel kitzle. Am siebten Tag hören wir im Radio von dem Terroranschlag auf Bali mit vielen Toten. Bali ist in diesem Moment unendlich weit weg. Wir leben in unserer eigenen kleinen Welt, zwei unbeschwerte Wochen lang.

Dann holt uns die See wieder ein.

Am achtzehnten Tag flaut der Wind ab, aber noch bevor wir uns darüber Gedanken machen können, springt er um auf Nord-West, Gegenwind also, steigert sich zum Sturm. Richtige Hammerböen sind dabei, fliegende Gischt und hohe, steile Wellen. Der WAL tanzt wie verrückt auf diesen Wasserungetümen, wirft uns in der Kajüte hin und her. Wir laufen nach Süd-Ost ab und verlieren so innerhalb weniger Stunden zwanzig Seemeilen zur Kurslinie. Ich spüre, wie die Verzweiflung ganz langsam wieder den Rücken hoch kriecht. Am Abend ist der Sturm vorbei, der Wind weg. Ich montiere den Motor und steuere zurück in Richtung Kurslinie. Eine Stunde habe ich das Dröhnen bestimmt schon in den Ohren, da horche ich erst auf: Klingt der Motor anders als sonst? Sekundenlang starre ich auf die Maschine. Brauche eine Zeit, bis ich verstehe, was meine Augen sehen: Die Motorhalterung hat einen Riss! Endlich reiße ich mich aus meiner Lethargie, springe auf und stelle den Motor aus. Dann bleibe ich am Ende des Cockpits hocken, kann mich nicht rühren, will mich nicht rühren, nicht denken, nicht sein, starre ins Meer und flüstere benommen: »Gott wohnt nicht im Indischen Ozean.«

Erst als Carola aus der Kajüte fragt: »Was ist los?«, schrecke ich hoch. Sie kommt ins Cockpit und wir besehen uns den Schaden gemeinsam. Klar, sie hat Recht, ich muss das reparieren, denn bis zum nächsten Land müssen wir noch durch die windarme Zone am Äquator. Der Motor muss einsatzbereit sein. Unbedingt. In der Nacht grübele ich darüber, was ich tun kann. Schließlich habe ich eine Idee. Am nächsten Morgen schraube ich zuerst den defekten Aluwinkel vom Heck ab. Ein original Etap-Teil, das ich in Bundaberg erst neu montiert habe, weil der alte ja kaputt war. Dann schraube ich im Vorschiff das Schott ab, das ist nämlich mit zwei stabilen Aluwinkeln am Kunststoff des Rumpfes befestigt. Einen der Winkel löse ich, indem ich die beiden Blindnieten aufbohre, mit denen er befestigt ist. Diesen Winkel lege ich anschließend über die gerissene Nahtstelle des Motorwinkels und befestige ihn mit mehreren Schrauben und Blindnieten. In der heißen Kajüte ist das eine ausgesprochen anstrengende Arbeit, im Knien vor der Stufe des Niedergangs, ohne Schraubstock … Doch als das Teil nach einem Tag Arbeit fertig ist, macht es einen vertrauenerweckenden Eindruck. Ich schraube es wieder am Heck fest.

In der Nacht auf den einundzwanzigsten Tag kommen die Lichter vom Addoo-Atoll in Sicht. Wir entscheiden uns, dort nicht an Land zu gehen, sondern mit Kurs Nord noch weiter bis Male, der Hauptinsel der Malediven zu fahren. Am zweiundzwanzigsten Tag überqueren wir zum zweiten Mal in unserem Leben den Äquator. Das wäre ein Grund zum Feiern gewesen, doch wie schon damals auf dem Weg nach Galapagos sind wir einfach zu erschöpft. Müde von ihrer letzten Wache schläft Carola in der Koje. So beschränkt sich unsere Zeremonie darauf, dass ich mit Andreas auf dem Schoß im Cockpit sitze und mit ihm beobachte, wie die Anzeige am GPS-

Gerät von Süd auf Nord wechselt. Nur kurz denke ich: Vielleicht hätten wir doch in Australien bleiben sollen. War wunderschön dort, viel schöner als in Europa. Aber dann schiebe ich den Gedanken weit weg. Das Meer ist ruhig, der Wind weht nur noch schwach, oft regnet es stundenlang. Motoren, segeln, motoren. Einmal sehen wir so viele Delfine wie nie zuvor, bestimmt zwanzig oder dreißig. Sie spielen um den Bug unseres WALS, springen weit aus dem Wasser und lassen uns endlich wieder lächeln. Carola und Andreas sitzen stundenlang am Bug und beobachten das Treiben. Dann sind die Delfine plötzlich verschwunden. Später taucht ein Wal unter unserem Boot durch. In der letzten Nacht lassen wir uns treiben, damit wir Male bei Tageslicht ansteuern können. Es regnet wie aus Kübeln, und am Horizont ziehen Gewitterblitze entlang, die zum Glück nicht näher kommen. Die letzte Meile bis zum Hafen wollen wir den Motor nehmen. Aber er läuft nicht richtig, geht immer aus, nimmt kein Gas mehr an. Jetzt, auf den letzten Metern so was. Immer dieser Scheiß Motor! Im Schleichtempo erreichen wir schließlich eine große Segelyacht, die weit draußen vor der Insel ankert. Erleichtert winken wir herüber und fragen, ob sie uns in den Hafen schleppen kann.

»Aber natürlich!«, schallt es uns entgegen. Sofort springt einer von der Besatzung in das Beiboot, kommt bei uns längsseits und bugsiert den WAL in den Hafen. Zum ersten und einzigen Mal auf der Reise müssen wir fremde Hilfe in Anspruch nehmen, um den Hafen zu erreichen. Aber egal. Nach 26 Tagen haben wir's geschafft!

Wir atmen auf, setzen uns ins Cockpit, sehen uns zum ersten Mal in Ruhe um. Mit dem Bug liegen wir an einer Betonmole, während uns der Heckanker von den groben Steinen abhält, auf denen die Mole errichtet ist. Auf der anderen Seite der Mole liegt das Meer, völlig ruhig, ohne Wellen oder den geringsten Schwell. Das nun wieder ist nicht verwunderlich, denn wir sehen nur das Innere eines Atolls, deren Ringriffe wir am Horizont nur erahnen können.

Der Hafen ist eher klein. Neben uns liegt ein altes, rostiges

Arbeitsboot, ist vielleicht früher mal ein Schlepper gewesen. Auch daneben liegen weitere kleine Schlepper, gegenüber an der Landseite gar zwei große. Das Hafenbecken ist durch einen hohen Eisenzaun eingegrenzt. Dahinter befindet sich eine Straße mit zweistöckigen Häusern, die meisten sind Geschäfte oder Werkstätten. Drei oder vier Rohbauten ragen höher hervor. Scheint so, als ob wir hier im Schlepperhafen gelandet sind. Wir fühlen uns nicht wohl. Dann kommt auch noch ein großes Küstenwachboot von vielleicht zwanzig Metern Länge in den Hafen gefahren und manövriert sich in unsere Nähe. Auf der Flybridge stehen ein paar Soldaten und rufen etwas zu uns herüber, aber ihre Maschine macht einen solchen Lärm, dass wir beim besten Willen nichts verstehen. Ihren Gesten entnehmen wir, dass wir warten sollen, und so bleiben wir fast eine halbe Stunde im Cockpit sitzen, das dröhnende graue Küstenwachboot im Rücken. Dann erscheinen auf der Betonmole endlich drei Männer, auch sie tragen Uniformen. Ich gehe zum Bug und erfahre, dass sie an Bord kommen wollen. Das ist mit einigen Schwierigkeiten verbunden, denn dazu müssen wir den WAL möglichst nah an die schräg ins Wasser abfallenden Steine ziehen, sodass die Männer den Bugkorb zu fassen kriegen und sich einer nach dem anderen an Bord ziehen können. Der letzte ist zu kräftig, holt unser Boot zu nahe an die Steine heran, sodass das Unterwasserschiff auf die Steine schlägt, als er an Bord steigt. Hier scheint wirklich alles schief zu gehen. Ich bin froh, als sie endlich im Cockpit sitzen und wir wieder achteraus gehen können. Als ich merke, wie sie sich wirklich alle erdenkliche Mühe geben, uns einen freundlichen Empfang zu bereiten, ist meine schlechte Laune verflogen. Zuerst bitten sie um Verständnis für die lange Wartezeit. Heute sei ja Freitag, deshalb konnten sie erst nach dem Mittagsgebet kommen. Irgendwie habe ich das über all unsere Anstrengungen vergessen: Die Malediven sind ein muslimischer Staat, und wir sind ausgerechnet an ihrem Wochenfeiertag, ihrem »Sonntag« angekommen. Nach der problemlosen Einklarierung erhalten wir die Erlaubnis, an Land zu gehen. Erst mal bleiben wir aber an Bord und schlafen bis zum nächsten Morgen aus. Dann nehme ich grimmig entschlossen unseren Außenborder auseinander und habe den Fehler bald gefunden: Das Schwimmergehäuse des Vergasers ist bis zum Rand mit Wasser gefüllt. Klar! Herunterlaufendes Wasser von der Windpilot-Anlage tropft fast genau auf den Tankdeckel, und bei dem vielen Regen der letzten Wochen oft stundenlang. Ich hätte unterwegs nur die Schraube unten am Vergaser lösen müssen, um das Wasser abzulassen. Nachdem ich das jetzt erledigt habe, läuft der Motor wieder einwandfrei. Ich bin erleichtert und zugleich erstaunt, wie leicht mir mit zunehmender Erschöpfung Fehler unterlaufen.

Dann machen wir uns endlich fertig zum Landgang. Alle drei ziehen wir lange Hosen an und auch langärmelige Hemden, die wir extra noch auf Christmas Island gekauft haben. Obwohl sie aus ganz leichtem Material sind, fühlen wir uns bei der herrschenden Temperatur von fast dreißig Grad viel zu warm angezogen. Wir sind zum ersten Mal in einem muslimischen Land und spüren eine Mischung aus Unsicherheit und Neugier. Was erwartet uns? Dass wir am Ausgang des Hafengeländes unsere geöffneten Rucksäcke zur Kontrolle vorzeigen müssen, verstärkt unsere Unsicherheit. Zu Unrecht, wie wir schnell feststellen. Die Menschen erweisen sich als freundlich und aufgeschlossen. Natürlich fallen wir auf, denn alle haben eine dunklere Hautfarbe, etwa wie Inder, und sind relativ klein. Selbst die meisten Männer sind nicht größer als Carola, die gerade mal einen Meter sechzig misst. Die Straßen sind meist eng, voller Fußgänger, Radfahrer, Motorrollerfahrer und Autos. Schnell verlieren wir die Orientierung und wissen nicht mehr, wo es zum Supermarkt geht. Alles ist neu für uns, die engen Gassen, die vielen Menschen. Bevor wir noch weiter umherirren, frage ich einen älteren Mann, der zwar kein Englisch kann, aber immerhin den Namen des gesuchten Ladens versteht. Kurz entschlossen fasst er mich freundlich am Arm und zieht mich hinter sich her durch das Gedränge. An der anderen Hand halte ich Carola, die wiederum Andreas hinter sich herzieht. Nach ein paar Minuten erreichen wir ein Gebäude, das größer ist als die anderen drumherum. Der Mann bleibt stehen, zeigt auf das Gebäude und redet dabei auf mich ein. Bevor ich richtig verstanden habe und mich bedanken kann, ist er schon wieder im Menschengewühl verschwunden.

Im Supermarkt gibt es alles zu kaufen, was unser Herz begehrt, und das zu günstigen Preisen. Andreas und ich bekommen endlich mal wieder eine große Tüte Weingummis und Carola leistet sich eine Tüte Chips. Als wir in einem Kühlregal eiskalte Limonade entdecken, kaufen wir auch die noch – an Bord gibt es immer nur lauwarmes Wasser zu trinken. Wie oft haben wir unterwegs von einer großen, kalten Limonade geträumt!

Als wir abends zum Boot zurückkommen, haben wir die ganze Insel erkundet. Sie ist nämlich so klein, dass man zu Fuß ohne zu hetzen in einer halben Stunde von einem Ende zum anderen kommt; schätzungsweise zwei Kilometer lang und einen Kilometer breit. Fast alles, was zu diesem Staat gehört, findet sich dicht an dicht: Ein Präsidentenpalast, ein Parlamentsgebäude, gleich gegenüber die Kaserne der Armee, daneben auf der einen Seite die Hauptmoschee, auf der anderen Seite Verwaltungsgebäude. Und drum herum Straßen mit unzähligen Geschäften, ein bisschen weiter weg Schulen, drei Krankenhäuser, und überall Wohnhäuser. Auf Andreas' Wunsch wandern wir einmal um den Präsidentenpalast, was kaum länger als zehn Minuten in Anspruch nimmt. Dabei notiere ich amüsiert, von welchen Gebäuden der Palast umgeben ist: Gegenüber vom Haupteingang stehen größere Wohnhäuser, Ministerwohnungen, wie wir später erfahren. An der westlich gelegenen Straße finden wir viele kleine Wohnhäuser und ein Fitnessstudio. An der Nordseite führt die Uferstraße entlang, dort liegen unzählige kleine Lastenboote, mit denen Waren zu den anderen Inseln transportiert werden. Und auf der Ostseite des Palastes steht das Gebäude des größten Supermarktes von Male, daneben noch ein paar von den typischen schmalen, zweigeschossigen Häusern mit Läden im Erdgeschoss. Auf zwei mal einem Kilometer eine Welt für sich. Nur weniges ist auf Inseln in der Nähe ausgegliedert.

In Sichtweite liegen die Flughafeninsel, die Kraftwerksinsel, die Gefängnisinsel und die Müllinsel.

Am Mittwoch nach unserer Ankunft beginnt Ramadan, der Fastenmonat des Islams. Zwischen vier Uhr morgens und sechs Uhr abends darf nun niemand mehr in der Öffentlichkeit essen oder trinken. Zuerst glauben wir noch, dass diese Einschränkung nicht für kleine Kinder gilt und geben Andreas ein Brötchen zu essen, während wir durch eine kleine Seitenstraße bummeln. Doch sofort spricht uns ein Passant darauf an. Freundlich und um Verständnis bemüht meint er, Andreas solle sich zum Essen verstecken. Also fasten wir drei mit. Die Cafés und Restaurants bleiben tagsüber geschlossen, auch der Badestrand ist menschenleer, weil Baden ebenfalls verboten ist. Vier Wochen dauert der Ramadan, vier Wochen lang essen und trinken wir tagsüber nur noch in der Kajüte oder auf einer öffentlichen Toilette. Dann geht die Fastenzeit mit einem großen Volksfest zu Ende. Die ganze Stadt scheint plötzlich auf den Beinen, die Restaurants und Cafés sind brechend voll, aus vielen dringt laute Musik, die Menschen feiern ausgelassen. Ab jetzt gehen wir wieder regelmäßig zu Andreas' Lieblingsplatz, dem Badestrand. Dort freundet er sich mit Faya an, einem der Rettungsschwimmer, die den Strand bewachen. Faya kann ganz gut Englisch und scheint glücklich, dass er das auch mal anwenden kann. Freimütig erzählt er:

»Ich bin froh, dass ich diesen Job gekriegt habe. Wollen viele machen.«

Ich frage ihn, warum der Job so gefragt ist.

»Ich verdiene gut«, antwortet er, »ich brauche nur vier Stunden am Tag zu arbeiten und verdiene 2300 Rufiyas (ca. 180 Euro) im Monat.«

Immer noch schaue ich ihn fragend an und erkläre, dass mir die Summe nicht viel sagt.

»Ein einfacher Büroangestellter«, fährt er deshalb geduldig fort, »verdient nur 1800 Rufiyas (ca. 140 Euro) im Monat. Ein Bauingenieur kommt aber auf 12 000 Rufiyas (ca. 980 Euro).«

Als wir ihn vor unserer Weiterfahrt zum letzten Mal an seinem Strand besuchen, schenkt er Andreas drei Malediven-T-Shirts, auf die er in schöner Handschrift auch noch »Andreas« geschrieben hat. Andreas muss natürlich gleich eins anziehen und läuft damit ganz stolz rum, erzählt allen: »Hab ich von meinem Freund Faya geschenkt bekommen.«

Bis Ende Dezember warten wir in Male auf das Ende der Sturmsaison im Arabischen Meer. Es ist eine Zeit zum Erholen, zum Luftholen, zum Ausruhen. Am 30. Dezember gehe ich zum Hafenmeister, um die Liegegebühren zu bezahlen. Einen Tarif für Yachten gibt es nicht, deshalb rechnet er die Preise für Frachtschiffe entsprechend herunter und kommt auf zehntausend Rufiyas. Ich protestiere, das sei doch wohl erheblich zu viel für ein Sechs-Meter-Boot. Nach erneutem Rechnen an seinem riesengroßen Schreibtisch kommt er dann auf 5000 Rufiyas. Ich bezahle und handele noch aus, dass wir bei schlechtem Wetter ohne Extra-Kosten drei Tage länger bleiben können. Aber am 31. Dezember sieht das Wetter gut aus, sodass wir den Anker aufholen und lossegeln. Unser Kurs ist nun auf das Horn von Afrika abgesteckt. Als wir aus dem Hafen raus sind, sage ich zu Carola: »War schön hier, irgendwie am Ende der Welt und doch mitten im Leben.«

»Vielleicht unsere letzte Insel im Ozean«, antwortet sie nachdenklich.

Vor uns liegt das letzte große Stück über den Indischen Ozean. Ich weiß nicht so recht, ob ich wehmütig sein soll oder erleichtert. Schließlich spreche ich mir leise Mut zu: »Das schaffen wir auch noch.«

Abschied von der Freiheit der Meere in Sheikh Riyah

Marsa Siba in Saudi-Arabien mit Küstenwachstation und Wohnhäusern
Zeichnung Carola, März 2003

Drei Tage lang segeln wir Richtung Norden, immer im Schutz von Korallenriffen. Das Meer ist ruhig und deshalb macht uns der Am-Wind-Kurs, den wir die meiste Zeit laufen, ausnahmsweise nichts aus. Immer wieder sehen wir hölzerne Fischerboote und größere Versorgungsboote auf dem Weg von einem Atoll zum anderen. Manchmal können wir grelle Surfsegel und die bunten Segel von Sportkatamaranen vor palmenbewachsenen Sandinseln erkennen, sie kommen uns vor wie aus einer anderen Welt. Wahrscheinlich wirken wir mit unserem kleinen Kunststoffboot auf die Fischer genauso. Den Delfinen ist das egal, immer wieder spielen sie um den WAL herum. Einer kann ein besonderes Kunststück, das wir vorher noch nie gesehen haben, und das uns sofort zu Begeisterungsstürmen hinreißt: Er ist auf Salto rückwärts spezialisiert. An einem anderen Tag versammeln sich am Heck unseres Bootes ein ganzes Rudel Haie, wahrscheinlich Jungtiere, denn die meisten sind kaum länger als einen Meter. Andreas holt hastig seine Angelschnur ein, die er eine Weile draußen hatte. Aber die Haie kurven nur träge um die Ruder, offensichtlich haben sie keinen Hunger. Als Carola sich ans Heck stellt, um ein paar Fotos zu machen, erkennt sie weiter unten im Wasser jede Menge Thunfische, die dort gemächlich herumschwimmen. Die vorwitzigsten von ihnen kommen sogar nach oben und schwimmen mit etwas Respektabstand um die Haie herum. Als die Haie weg sind, begleiten uns kleine Pilotfische. Sie halten sich immer dicht neben den Rudern oder dem Rumpf. Andreas macht sich einen Spaß daraus, sie abzulenken, indem er ihnen Krümel alten Brots vors Maul wirft. Danach kämpfen sie mit eifrigen Schwimmbewegungen, bis sie wieder ganz nah am Rumpf sind.

Am 6. Januar spendiert Carola unter ausgelassenem Gejohle von Andreas und mir eine extragroße Tüte Weingummis.

»Silvester ist doch schon vorbei«, wundere ich mich, denn das hatten wir einfach verschlafen.

Carola, die an Bord für die Statistik zuständig ist, klärt uns auf: »Heute leben wir seit zweieinhalb Jahren auf dem WAL«. Ja, das ist wirklich ein Grund zum Feiern. In ihr Tagebuch schreibt Carola: »Seit zweieinhalb Jahren ist der WAL unser Zuhause. Ganz schön lange. Es ist eine sehr intensive, kostbare Zeit! Wir drei, so dicht beieinander, in der Natur! Heute lange Flaute, heiß. Bimini und Cockpittisch wären toll, dann wäre das Cockpit der schönste Platz auf der Welt. Aber wie sonst auch im Leben: Es gibt Unterschiede, und man muss das alles bezahlen können. Dass wir so lange so ein Leben führen können, ist einfach wunderschön, dies alles zu sehen, zu erleben. Die schönste Zeit in unserem Leben?!«

Viel zu schnell sind diese ruhigen Tage vorbei. Wir gehen auf Nord-West-Kurs, segeln weiter auf Halbwind- bis Am-Wind-Kurs, aber ohne Schutz der Inseln. Sofort geht die elendige Schaukelei wieder los. Das Schiebeluk bleibt wegen des Spritzwassers fast immer geschlossen. In der Kajüte ist die schwüle Hitze kaum zum

Aushalten, wir schwitzen uns das Salz aus dem Körper. Auch draußen werden wir total salzig, weil das überkommende Spritzwasser in der Sonne schnell verdunstet und dann nur noch Salzkristalle übrig bleiben. Schließlich sind Cockpit und Deck mit einer millimeterdicken Salzkruste überzogen. Beim Schritt ins Cockpit, beim Griff an die Winschen und an die Reling, überall blättert eine dicke Schicht aus Meersalz ab und bleibt an Händen und Kleidung haften. Anfangs spüle ich das Salz noch mit ein paar Eimern Wasser ab und wische alles trocken, aber bald gebe ich auf, denn innerhalb kurzer Zeit ist die Salzkruste wieder da. Also bleiben wir schweißüberströmt in der Kajüte und warten sehnsüchtig auf den Abend und die Nacht und die erlösende Kühle. So geht das tagelang. Aber während ich die meiste Zeit auf meiner Koje döse und alles Denken in der Feststellung: Wir müssen da durch! endet, sieht Andreas das ganz anders:

»Ich schreibe ein Buch«, verkündet er.

»So, worüber denn?«

»Ein großes Fischbuch.« Mehrere Tage ist er damit beschäftigt, Fische, Quallen und Delfine zu malen. Ihm ist es egal, wenn der Wind zunimmt und das Boot in die Wellen knallt. Meistens fahren wir mit dem dritten Reff im Groß, manchmal nur unter Fock, weil auch das dreimal gereffte Großsegel noch zu viel ist. Ich sorge mich um das Material. Deshalb krabbele ich jeden Morgen an Deck herum und kontrolliere alles genauestens. Danach mache ich eine zweite Runde mit einer Spraydose Schmiermittel in der Hand und sprühe die Wantenspanner, deren Pressungen und andere belastete Teile an Bord ein.

Am siebzehnten Tag erreichen wir einen Punkt hundert Seemeilen nordöstlich der Insel Sokotra. Einerseits sind wir erleichtert, denn jetzt können wir den Kurs auf westliche Richtung ändern, sodass wir wieder mit dem Wind segeln. Welch ein Unterschied! Die Bewegungen des Bootes werden von einem auf den anderen Moment weich und harmonisch. Andererseits kommen wir nun in den Golf von Aden, ein Seegebiet, dass wegen seiner Piratengefahr berüchtigt ist. Zwar sollen angeblich Marineschiffe anderer Länder, darunter auch von Deutschland, im Rahmen des UNO-Einsatzes »Enduring Freedom« für Sicherheit sorgen, aber so sehr wir auch Ausschau halten, können wir keines dieser Schiffe entdecken. Wie zum Beweis der Piratengefahr kommt uns stattdessen ein kleines Frachtschiff aus Holz nahe – sehr nahe. Carola sieht es gerade noch rechtzeitig, als sie zufällig aus dem Schiebeluk blickt. Vielleicht dreißig Meter lang pflügt es heftig stampfend durch die raue See – direkt auf uns zu. Sofort mache ich ein Manöver des letzten Augenblicks. In weniger als fünfzig Meter Entfernung rauschen sie an uns vorbei. An Deck stehen vier Männer, die zu uns herüberblicken. Wir haben Angst, fürchten, dass sie aufstoppen. Das Bedrohliche der Situation weicht erst, als Andreas ihnen vollkommen unbekümmert zuwinkt. Automatisch winken wir ebenfalls. Nach endlosen Sekunden heben auch die anderen endlich die Hand und winken verhalten zurück, während ihr Schiff seinen Kurs beibehält. Wir atmen erleichtert auf. Natürlich kommt uns unsere Angst hinterher lächerlich vor, denn bestimmt war der andere einfach nur neugierig. Aber die Unsicherheit bleibt, und wir beschließen, alle Wertsachen, so gut es geht, zu verstecken. Außerdem hoffen wir nun – das erste Mal auf unserer Reise –, dass das Wetter weiter so rau bleibt, denn erstens ist unser kleines Boot dann schwerer zu entdecken und zweitens wäre ein längsseits Kommen bei dem hohen Seegang nicht eben unproblematisch. Letztendlich ist unsere Sorge unbegründet. Zwar sehen wir während der weiteren Fahrt noch einige Fischerboote, aber die ziehen immer in einigem Abstand ihre Kreise und kommen uns nie bedrohlich nahe. Nachts fahren wir immer ohne Licht. Erst wenn ein anderes Fahrzeug so nahe ist, dass es uns ohnehin gesehen haben müsste, schalten wir unser weißes Topplicht ein.

Lange überlegen wir, ob wir als nächsten Hafen Aden oder Djibuti anlaufen sollen. Aden liegt gewissermaßen direkt am Weg, Djibuti bedeutet einen Umweg von fast 100 Seemeilen. Dennoch entscheiden wir uns für Djibuti, denn wir brauchen unbedingt Spiritus für den Kocher und meinen, dass wir den wahrscheinlicher in der ehemaligen französischen Kolonie als im muslimischen Aden kaufen können. Schon in Male haben wir mit der Spiritusversorgung große Probleme gehabt und erst nach einem Antrag beim Verteidigungsministerium zwei Liter in einer Krankenhausapotheke kaufen können.

Am 24. Januar erreichen wir nach 24 Tagen den Hafen von Djibuti und gehen in der weiten, flachen Bucht vor Anker.

Djibuti ist Afrika. Bitterste Armut. Auf den Gehwegen liegen Schwarze – Frauen, Männer und auch Kinder – auf Pappkartons, zugedeckt höchstens mit einem dünnen Tuch, und schlafen. »Hast du gesehen, wie die Fliegen auf ihnen herumkrabbelten?«, fragt Andreas bewegt. Ja, die Fliegen sind überall, auf den Gesichtern, in den Blechnäpfen, sie kommen mir vor wie ein Symbol der Hoffnungslosigkeit. Der Tankwart, bei dem ich Benzin kaufe, ist bereits am Vormittag berauscht vom Quat-Kauen. Jeder, der etwas Geld hat, kaut auf diesem berauschenden grünen Stängel herum. In Djibuti ist es ein offenes Geheimnis: Die Ehefrau des Präsidenten soll angeblich die Chefin des Quat-Handels sein. Aber es gibt auch die andere Welt, die der französischen Supermärkte, in denen man alles kaufen kann – sofern man genug Geld hat, versteht sich. Selbstverständlich finden wir auch den von uns dringend benötigten Spiritus. Neben »Afrika« und den Spuren des Kolonialismus existiert noch eine dritte Welt, die Welt der hier stationierten Kriegsschiffe mit ihren Matrosen. Auch zwei deutsche Versorgungsschiffe liegen hier, deren Soldaten uns sofort beim Einlaufen entdecken. Es dauert gar nicht lange, da kommen sie mit einer kleinen Barkasse längsseits und fragen, ob wir Hilfe brauchen. Uns fällt nichts ein. Dennoch kommen sie am nächsten Tag wieder und bringen Kisten mit Trinkwasser und Lebensmitteln. Vorsichtig fragen sie, ob wir die Sachen überhaupt haben wollen, das Verfalldatum sei nämlich schon abgelaufen. Unser Lachen ist Antwort genug, natürlich nehmen wir die Sachen gerne.

Die Schiffe der internationalen Sicherheitstruppen sind von eigenen Kräften schwer bewacht, denn der Hafen ist ein unsicheres

Gebiet. Eine andere Yacht, die hier schon ein paar Tage vor Anker liegt, ist in der Nacht überfallen worden. Carola organisiert deshalb für uns einen Platz in dem kleinen Fischerhafen am Ende der Bucht. Für unseren Winzling findet sich eine Lücke, und wir können für fünf Dollar am Tag am Steg liegen. Sicher, wie wir glauben. Doch unser Glaube gerät massiv ins Wanken, als eines Tages ein schwarzer Soldat in einem großen Schlauchboot angebraust kommt und erklärt: »Hier ist es für jeden gefährlich. Ich kann nicht auf alle Fremden Acht geben, aber ihr habt ein Kind an Bord. Kinder sind meine Freunde. Ich werde alles tun, damit meinem kleinen Freund nichts passiert.« In den folgenden Nächten kampieren auf dem Steg direkt neben dem WAL immer zwei bis drei Männer in Uniform. So können wir uns nach dem ersten Schock doch wieder sicher fühlen. Andererseits wachen wir nun nachts immer wieder auf, denn alle paar Stunden braust ein Schlauchboot für die Wachablösung heran. An festen, erholsamen Schlaf ist nicht mehr zu denken. Außerdem müssen wir nachts in der Kajüte ununterbrochen Räucherstäbchen abbrennen, die uns fast die Luft zum Atmen nehmen. Doch sie halten die Mücken fern, die hier Malaria übertragen können. Die deutschen Soldaten haben uns auf die Gefahr hingewiesen und uns sogar ein Malariamittel gebracht. Aber in dem Beipackzettel lesen wir, dass das Medikament nicht von Kindern eingenommen werden darf. Daraufhin verzichten auch Carola und ich auf das Medikament und geben es zurück. Dann doch lieber Rauchspiralen. Insgesamt ist die ganze Situation so Kraft raubend, dass wir richtiggehend auf günstigen Wind lauern, damit wir schnell hier weg und weiter können.

Am 2. Februar ist es endlich soweit, wir klarieren aus und segeln Richtung Norden. In der folgenden Nacht passieren wir die Meerenge von Bab el Mandeb und sind im Roten Meer. Am frühen Morgen frischt der Wind dann immer mehr auf, nach kurzer Zeit erreicht er Sturmstärke. Hört das denn nie auf? Die Wellen werden immer höher, sind steil und krachen ins Cockpit. Am Nachmittag ist die See so rau, wie wir sie nie zuvor gesehen haben. Fast pausenlos weht Gischt übers Boot, und der WAL wird wild hin- und hergeworfen. Zwar habe ich alle Leinen übers Heck ausgebracht, aber sie stabilisieren unser Boot nicht ausreichend. Ich habe höllische Angst, dass eine der wütend heranstürmenden Wellen den WAL einfach umschlagen könnte. Und mich quält die bange Frage, was ich machen soll, wenn der Wind noch weiter zulegt. Die Angst und die Sorge sind größer als bei unseren ersten Stürmen auf dem Atlantik. Dabei kenne ich doch unseren WAL inzwischen sehr gut. Aber jetzt sind die Wellen viel kürzer, hoch und so steil, brechen sich ungewohnt oft, entfalten eine geradezu gewalttätige Kraft. Ich habe Angst vor der Nacht. Deshalb entscheide ich mich dafür, in Lee der nahen Insel Suyul Hanish Schutz zu suchen. Die ist zwar in den Seekarten als militärisches Sperrgebiet verzeichnet, aber in Reiseberichten hatte ich gelesen, dass andere Yachten im Notfall ankern durften. Wir müssen es auf den Versuch ankommen lassen. Die Hanish-Inselgruppe gehört zum Jemen, aber seit Eritrea vor einigen Jahren die Unabhängigkeit erhalten hat, erhebt es ebenfalls Anspruch auf die Inseln.

Am Nachmittag biegen wir um die westliche Spitze von Suyul Hanish herum und fühlen uns von einer Minute auf die andere wie auf einen ruhigen Binnensee versetzt. Keine bleckenden weißen Schaumkämme mehr, stattdessen plattes Wasser. Zwar fauchen von den runden, sandigen Bergrücken der Insel immer wieder Windböen hinunter, aber die Bedrohlichkeit ist weg. Mit Motorhilfe erreichen wir einen Platz, der zum Ankern geeignet scheint. Viel Zeit, um in Ruhe den besten Platz auszusuchen, haben wir nicht, denn der Motor kommt kaum gegen die starken Böen an. Deshalb lasse ich den Anker so schnell wie möglich in die Tiefe und hoffe auf das Beste. Vielleicht sind auf dem Grund Korallen, vielleicht nur Sand. Was mich in dem Augenblick mehr interessiert, sind die am Strand stehenden Soldaten. Einige haben eine Maschinenpistole in der Hand und winken damit. Sollte das nun »Willkommen« heißen oder »verschwindet«? Wir drei setzen uns ins Cockpit und warten. Schließlich zieht einer seine Uniform bis auf Unterhemd und -hose aus und kommt zu uns herausgeschwommen. Wir helfen ihm an Bord und reichen ihm ein Handtuch. Er ist ein junger Bursche und kann zum Glück ein paar Brocken Englisch. Nachdem er sich unsere Pässe angesehen hat, versuchen wir ihm zu erklären, was da draußen auf See los ist. Dann schwimmt er wieder zurück und diskutiert mit den anderen. Nach einer kurzen Weile wendet sich die ganze Gruppe wieder uns zu, und wir deuten ihre Gesten so, dass sie uns erlauben zu bleiben. Puh! Uns fällt ein Stein vom Herzen.

Erleichtert legen wir uns in die Kojen um auszuruhen. Andreas schläft bald, aber Carola und ich finden keine Ruhe. Immer brutaler treffen die Windböen auf den WAL, und immer wilder zerrt er an der Ankerleine. Die ganze Nacht hält einer von uns Ankerwache, während der andere versucht zu dösen. »Hält der Anker?«, fragt Carola mich besorgt, aber ich habe auch nur Fragen und keine Antworten. »Was ist, wenn die Ankertrosse an einer Koralle durchscheuert?« Wenn wir hier wegtreiben, sind wir verloren, da bin ich mir ziemlich sicher. Denn wenige Meilen in Lee erstreckt sich eine größere Insel als diese, mit felsiger Küste, an der ein Boot nicht sanft strandet, sondern zerschellt. Wir wären in einer lebensgefährlichen Legerwall-Situation. Aufgeschreckt durch diese Gedanken wecke ich Carola am frühen Morgen. »Wir müssen an Land!«, sage ich zu ihr und sie nickt nur.

In Windeseile packen wir die wichtigsten Sachen in die wasserdichten Packsäcke und in die Rucksäcke. Dann baue ich das Beiboot auf, ein einziger Kampf bei dem Wind. Wir ziehen unser Ölzeug an, darüber die Schwimmwesten. Dann klettere ich zuerst ins Beiboot, das wie wild neben der Bordwand auf- und abtanzt, obwohl wir kaum hundert Meter vom Strand entfernt sind. Ich denke, dass wir die Fahrt wagen können. Carola reicht mir den Motor unter der Reling hindurch und ich montiere ihn. Den Motor brauchen wir, mit Paddeln müssen wir es gar nicht erst versuchen, wir hätten keine Chance. Dann folgen unsere Sachen, dann Andreas und zuletzt Carola. Das Beiboot liegt tief im Wasser und nimmt schon im Schutz des WAL Wasser über. Wir haben nur einen einzigen Versuch. Carola stößt uns ab und wir verlassen den WAL, unser Zuhause seit über zweieinhalb Jahren. »Mach's gut, kleiner WAL«, sagt Carola leise. Vielleicht kommen wir niemals wieder an Bord.

Ich gebe Gas. Die ersten dreißig, vierzig Meter sind die schlimmsten, der Motor schafft es kaum gegen Wind und Wellen, das Boot schlägt halb voll. Irgendetwas zum Schöpfen haben wir an Bord vergessen, Carola schöpft mit den bloßen Händen. Dann wird die Wasseroberfläche ruhiger und wir finden eine Stelle ohne Korallen, wo wir an den Strand fahren können. Nach dem Anlanden tragen wir das Beiboot durch den fliegenden Sand bis zu einem großen gemauerten Wassertank. In seinem Windschatten legen wir es ab, froh, in Sicherheit zu sein. Andreas steht einfach da, pitschnass und weint. Carola zieht ihm trockene Sachen an. Dann hocken wir uns in den Windschatten der Mauer, doch der Sandsturm erreicht uns auch hier. Da sitzen wir nun nach all den Monaten auf See mit unseren paar Habseligkeiten auf einer kleinen Insel. Der WAL tanzt wie wild auf den Wellen, schwojt schnell hin und her, ruckt ein. Jeden Moment kann der Anker ausbrechen oder die Leine durchscheuern. Zwei Jemeniten kommen und setzen sich zu uns. Sie lächeln freundlich, sprechen aber kaum Englisch. Die Verständigung läuft über Zeichensprache. Dann erscheinen noch mehr Männer, einige tragen eine Militärhose, andere einen Wickelrock, die meisten haben ein Tuch um den Kopf gewickelt, das nur das Gesicht frei lässt. Gewehre sehen wir heute nicht. Sie bieten uns an, in einer kleinen Holzhütte zu bleiben, bis der Sturm vorbei ist. Erleichtert, aber auch mit wehem Herzen folgen wir ihnen einen steilen Trampelpfad den kurzen Hang hoch. Oben, zwanzig Meter von der schroffen Abrisskante entfernt, steht eine einfache Hütte aus Sperrholzplatten. Zwei Öffnungen sind als Fenster hineingesägt. An der einen Seite lehnt noch eine alte verbeulte Schubkarre, als wäre die Hütte eben erst fertig geworden. Drumherum nur Wüstenboden mit kleinen Steinen und Sand. Auch in der Hütte nur harter Sandboden. Dennoch sind wir unendlich dankbar.

Zwei Tage und Nächte gibt uns die Hütte Schutz vor dem Wind. In den Nächten wummern die Wände von der Gewalt des Windes, tagsüber beobachten wir den WAL unten in der Bucht bei seinem Kampf. Drumherum fliegendes Wasser. Der Anker hält – wie lange noch? »Halt durch, kleiner WAL«, bittet Carola einmal. Andreas beginnt wieder zu weinen. Die Männer kommen und laden uns zum Essen ein. Sie wohnen hundertfünfzig Meter entfernt in kleinen Steinhütten; jeder in einer eigenen. Abdurlzag, einer der beiden ersten »Besucher«, zeigt uns seine Hütte. Drinnen gibt es lediglich eine Pritsche und ein roh gezimmertes Regal mit ein paar Lebensmitteln drin. Unter dem Bett liegt das Gewehr. Carola hatte ein Glas Pulverkaffee von Bord mitgenommen, jetzt zieht sie es hervor. Abdurlzag versteht, ruft einige der anderen Männer, die einen kleinen Gaskocher, Wasser und Konservendosen als Becher mitbringen. Der Kaffee schmeckt ihnen, sie lachen und wir unterhalten uns, so gut das mit Zeichensprache eben möglich ist. Einer nimmt sein Tuch ab und wickelt es Andreas kunstvoll um den Kopf. Später spielen einige Domino.

Als wir am dritten Morgen an Land aufwachen, ist der Wind völlig abgeflaut. Ängstlich blicken wir in die Bucht: Der WAL ist noch da! Schnell packen wir unsere Sachen zusammen, machen ein Foto von den Soldaten vor der Hütte und umarmen sie zum Abschied. Dann fahren wir mit dem Beiboot zurück und krabbeln wieder an Bord. Alles ist voller Sand, das Cockpit, das Deck, der Mast bis oben hin, die Segel, die Windpilot-Anlage. Bis zum Abend haben Carola und ich zu tun, um das Gemisch aus Sand und Salzwasser abzuwaschen. Doch so aufwändig die Arbeit auch sein mag, uns ist sie recht. Wir haben unser Zuhause wieder! Am nächsten Tag setzen wir ganz früh morgens die Segel und machen uns erneut auf den Weg. Der leichte, warme Südwind streichelt unsere Segel und unsere Seelen. Wie schön, dass nicht alles vorbei ist! Dass uns der WAL erhalten blieb. Dass wir es überstanden haben. Als wir schon ein gutes Stück von der Insel entfernt sind, kommt uns ein offenes Motorboot mit zwei Soldaten entgegen. Sie kommen längsseits und reichen eine Tüte mit frischen Brötchen herüber. Wir sind gerührt und schenken ihnen zwei Schachteln Zigaretten. Als sie schon ablegen wollen, kommt Andreas aus der Kajüte und hat sein Sternenbuch aus Pago Pago in der Hand, eines seiner Lieblingsbücher. Mit den Worten »für deine Kinder« schenkt er es einem Soldaten. Der steckt es lachend unter seinen weiten Wettermantel. Ein Winken, dann brausen sie weiter Richtung Suyul Hanish Island.

»Die können doch wahrscheinlich keine lateinische Schrift lesen«, sage ich zu Andreas.

»Macht nichts«, antwortet er, »die Bilder sind so gut, die erklären alles. Das verstehen die schon.«

Der Südwind bleibt uns treu, und so erreichen wir nach einigen Tagen Massawa in Eritrea. Die Stadt besteht zum größten Teil aus Ruinen. Wir erfahren, dass hier noch vor zwei Jahren während des Unabhängigkeitskrieges gegen Äthiopien die Stadt bombardiert worden ist. An den Piers liegen halb versunkene Frachtschiffe. Die Mauern der Häuser sind durch unzählige Einschläge zernarbt, von den oberen Stockwerken stehen oft nur noch ein paar ausgebrannte Mauerreste. Bestürzende Anblicke, wohin wir auch sehen. Die meisten Menschen sind sehr arm.

»Wir müssen helfen«, bestimmt Andreas. Als er eine bettelnde alte Frau sieht, erbittet er sich zuerst von uns etwas Geld. Dann sammelt er von anderen gutgekleideten Leuten Geld ein. Als er genug hat, geht er zu der alten Frau und gibt es ihr. Zurück an Bord durchsucht er den Packbeutel mit seiner Kleidung auf Stücke, die ausrangiert werden können. Am nächsten Tag verteilt er dann einige Pullover, T-Shirts und ein Paar Schuhe an Kinder, die er in der Stadt trifft. Die Kinder freuen sich ausgelassen und wollen unbedingt über Andreas' blonde glatte Haare streichen. Das lässt er sich nur gefallen, wenn er als Ausgleich auch über ihre krausen Haare oder über ihre schwarze Haut fahren darf.

Bei einem der großen Frachter, die im Hafen Weizen entladen, erkundigen wir uns, ob er uns durchs Rote Meer bis zum Suezkanal mitnehmen kann. »Kein Problem,« antwortet der Kapitän,

»wir ankern noch zwei Tage draußen auf Reede. Kommt einfach mit eurem Boot rausgefahren, wir hieven das dann mit unserem Kran an Deck. Auf der Reede von Suez setzen wir euch dann samt Boot wieder ins Meer.«

»Und der Preis?«

»Zweitausend Dollar.«

»Haben Sie schon mal eine Yacht transportiert?«

»Nein.«

Damit ist die Sache für mich entschieden: Wir müssen versuchen, auf eigenem Kiel den Suezkanal zu erreichen. Vor uns liegt der nördliche Teil des Roten Meeres, der unter Seglern wegen seines beständigen Nordwindes gefürchtet ist. Erst vor ein paar Tagen ist eine große Yacht Richtung Norden aufgebrochen und nach nur sechsunddreißig Stunden wieder zurückgekommen. »Zuviel Wind gegenan«, hat der Skipper erklärt, »der Rumpf schlug wie verrückt in die Wellen. Ich hatte Angst um mein Schiff.« Sein Schiff ist eine für ihre Bauqualität berühmte Swan.

»Haben wir überhaupt eine Chance?«, fragt Carola mich, nachdem ich ihr die Geschichte von der Swan erzählt habe. Ich mache uns Mut: »In einem Reiseführer habe ich gelesen, dass die Frachtsegler im Mittelalter entlang der Ostküste des Roten Meeres nach Norden gefahren sind. Dort war nach ihren Erfahrungen der Gegenwind schwächer als in der Mitte oder an der Westküste. Außerdem sind die Riffgebiete dort größer und bieten besseren Schutz gegen die Wellen. Wenn wir eine Chance haben, dann nur entlang der Ostküste.« Der Plan klingt gut, aber hat einen Haken: Die Ostküste gehört zu Saudi-Arabien, und das erlaubt Yachten das Anlaufen seiner Häfen nur im Notfall. »Ein Sechs-Meter-Boot mit Kind an Bord ist immer ein Notfall«, witzelt Carola. Am nächsten Tag lässt sie sich in einem Laden ein großes Kopftuch anfertigen und außerdem noch eine kleine grüne Flagge nähen. »Unsere Gastlandflagge für Saudi-Arabien«, erklärt sie.

»Da fehlt aber die arabische Schrift drauf«, gebe ich zu bedenken.

Ihre Antwort: »Falls wir sie wirklich brauchen sollten, schreibe ich den Text mit Filzstift drauf. Eigenhändig.«

Mit leichtem Südwind verlassen wir Massawa. Zwar ist der Wind sehr unbeständig, dreht mal auf West, schläft dann für einen halben Tag ganz ein, um später aus östlicher Richtung wiederzukommen und dann auf Nordost zu drehen. Aber wir bleiben erst mal von dem Nordwind verschont, während wir in nordöstlicher Richtung quer über das Rote Meer segeln. Am 9. März kommt das saudi-arabische Djidda in Sicht. Schon von Weitem erkennen wir den riesigen Kontrollturm der Hafenbehörde. Ich funke mit unserem kleinen UKW-Handsprechfunkgerät die Hafenaufsicht an. Sie fragen nicht viel, sagen nur »Willkommen« und dass sie ein Lotsenboot schicken würden. Ein großes vierzehn Meter langes Lotsenversetzboot begleitet uns dann in den Hafen. Ein Offizier der Küstenwache kommt an Bord, wirft ein paar flüchtige Blicke in die Backskisten und Stauräume und sagt, dass wir solange bleiben könnten, bis wir uns ausgeruht haben. Wenn wir in die Stadt wollten, bräuchten wir allerdings einen Agenten. Er sichert zu, uns einen zum Boot zu schicken. Nach ein paar Stunden hält ein großer Geländewagen oben auf dem Kai, und ein Mann in traditioneller arabischer Kleidung, dem weißen Gewand und der Kopfbedeckung aus einem rot-weiß karierten Tuch mit einem schwarzen Ring darauf, steigt aus. Er stellt sich als Schiffsagent vor. Ich frage, ob er unsere Einklarierung erledigen könne, damit wir in die Stadt können.

»Eine Einklarierung ist leider für Yachten nicht möglich«, antwortet er, »aber ich kann Sie und Ihre Familie so in die Stadt mitnehmen.« Innerlich beginne ich schon zu jubeln, denn ich kann es kaum erwarten, diese Stadt zu sehen.

»Kostet das was?«, frage ich trotzdem noch nach. Sicherheitshalber, aus Gewohnheit.

Seine Antwort trifft mich wie ein Schlag: »Ja, sechshundert Dollar – für einen Tag.«

»Wieso so viel?«, stammele ich.

»Sie müssen verstehen«, antwortet er, »Sie können sich nicht frei bewegen, eine Person muss Sie die ganze Zeit begleiten, und die Kontrollposten am Hafengelände müssen auch bezahlt werden.«

Ich verstehe. Okay, wir werden also außer diesem Hafen nichts von Djidda sehen. Trotzdem bleiben wir ein paar Tage. Der Agent schickt jemanden, dem wir eine Proviantliste geben und der uns dann die gewünschten Sachen ans Boot bringt. Die Preise sind nicht höher als in Deutschland. Das Hafengelände ist eine öde Betonwüste, auf der ich mit Andreas verloren ein bisschen herumlaufe, damit wir nicht die ganze Zeit im Boot sitzen. Das einzig Interessante ist eine kleine Moschee in der Nähe, aus der mehrmals am Tag der Ruf des Muezzins erschallt: »Allah u akbarr.« Jeden Morgen um drei Uhr reißt uns dieser Ruf aus dem Schlaf, abends um zehn erklingt er zum letzten Mal. Nie sehen wir Menschen in diese Moschee gehen. Sie scheint nur dort zu stehen, um den Gebetsruf aufs Meer hinauszustrahlen. Entsprechend laut dröhnt die Stimme aus den Lautsprechern. Hier hält uns nichts. Als ich den Offizier der Küstenwache in seinem Büro aufsuche, um uns abzumelden, scheint er erleichtert. Er drückt mir ein Schreiben in die Hand, das aber zum größten Teil in arabischer Schrift verfasst ist. In lateinischer Schrift finde ich nur die Worte »Sailing Clearance Jiddah Suez« und WAL. Wenn ich den Offizier richtig verstehe, erlaubt uns dieses Schreiben, noch drei Tage in saudiarabischen Küstengewässern zu bleiben. Also nichts wie weiter. Ein Hafenarbeiter schenkt uns vor dem Ablegen noch zehn Fläschchen Mischöl für den Außenborder und zwei Kanister voll Benzin.

Der Wind ist zwar gegen uns, aber er weht schräg auf die Küste zu. So kommen wir dennoch gut voran und müssen nur hin und wieder einen Schlag auf See hinaus machen, um der Küste nicht zu nahe zu kommen. Oft können wir auch den Schutz von Korallenriffen nutzen, wo die Wellen niedriger sind. Trotzdem knallt der WAL ununterbrochen in die Wellen. Carola und ich müssen beide ständig im Cockpit sitzen, einer zum Steuern, der andere, um die Segel zu bedienen. Andreas spielt mürrisch in der Kajüte, immer wieder bekommen wir seine Klage zu hören: »Keiner spielt mit mir.« Manchmal lassen wir auch den Motor mitlaufen, sodass wir weniger Abdrift nach Lee haben und einen zeitraubenden Kreuzschlag sparen. Denn immer sind wir in Eile, unsere Devise lautet nun: Weiter, weiter; wer weiß, wie lange der Wind so bleibt; wenn er stärker wird, haben wir keine Chance mehr. Hin und wieder kommen von der Küste kleine Motorboote auf uns zugerast. Immer befinden sich zwei Männer in Uniform an Bord, die längsseits kommen, nachdem wir durch Auffieren der Segel die Fahrt weggenommen haben. Dann zeigen wir ihnen unser Schreiben aus Djidda und dürfen weiterfahren, während sie wieder mit Vollgas Richtung Küste rasen. In den Nächten machen wir immer einen langen Schlag aufs offene Meer, sodass die Selbststeueranlage uns das Steuern abnimmt und zumindest einer schlafen kann, während der andere Wache hält.

Wir haben schon fast die Hälfte des Weges nach Norden geschafft, als der Wind am Morgen immer mehr auffrischt. Das war's. Wir haben keine Chance mehr gegenan und entschließen uns, in einer nahen Bucht nach einem geschützten Ankerplatz zu suchen. Als wir höchstens noch eine Meile von der Küste entfernt sind, kommt wieder mal ein Küstenwachboot angerast. Einer der beiden Männer kann ein bisschen Englisch und fordert uns auf ihnen zu folgen, sie würden uns einen geschützten Ankerplatz zeigen. Froh, die Unsicherheit in dem fremden Revier los zu sein, steuere ich hinter ihnen her. Sie führen uns bis zu einem Wellenbrecher aus Beton, in dessen Schutz sie mit Heckanker und Bug zum Steinwall anlegen. Die Einfahrt scheint nicht ganz einfach zu sein, ein Korallenkopf ragt in der Mitte heraus, aber Carola steht am Bug und soll mir den Weg weisen. Viel zu spät merke ich, dass ich bei dem stürmischen Wind keine Chance mit unserem Motor habe. Trotz Vollgas treiben wir zur Seite, genau auf den Korallenkopf zu. Nein, da ist nicht nur einer, alles ist voll mit diesen tückischen Koralleninseln, die steil vom Sandgrund bis wenige Zentimeter unter die Wasseroberfläche ragen. Zu spät. Ein hässliches Knirschen lässt mich zum Heck blicken: Das Steuerbordruder hängt schief im Wasser! Immer dieses verdammte Steuerbordruder! Ich kann die Pinne nicht mehr bewegen. Carola bekommt eine Leine zu fassen, die die Männer uns zuwerfen. Damit ziehen wir den WAL Richtung Pier. Der Bug kommt immer näher an den Steinwall. Wenn uns nicht der Wind breitseits auf die Steine treiben soll, brauchen wir einen Heckanker. Hastig ziehe ich mein Ölzeug aus und lasse mich am Heck ins Wasser. Es ist höchstens 1,50 Meter tief. Halb schwimmend, halb gehend bringe ich den Anker aus. Nachdem ich wieder an Bord geklettert bin, brauchen wir eine Weile, bis wir den WAL einigermaßen sicher vertäut haben. Irgendwie ist der Platz bei der herrschenden Windrichtung ungünstig, zudem fegt der Sturm den Sand über uns und über das Boot.

Die Männer sind mittlerweile in einem kleinen Häuschen verschwunden, das vielleicht fünfzig Meter entfernt steht. Es sieht aus wie ein Wachhäuschen, zu dem eine schmale Asphaltstraße führt. Sonst ist hier buchstäblich nichts, nur Hügel aus Sand und Steinen und die Wüste. Und heulender Wind. Die Hoffnungslosigkeit überwältigt mich. Ich schreie meine ganze Verzweiflung heraus und hämmere mit der Faust auf die Cockpitbank. Wirre Gedanken schießen mir durch den Kopf. Ich sehe, dass Carola Tränen in den Augen hat. Fühle mich unendlich verloren, fühle den WAL verloren. Das Ruder hängt halb abgerissen im Wasser, der Motor läuft nicht mehr, weil er ebenfalls einen Schlag abbekommen hat. Hier kommen wir nie mehr weg. Ich habe einen Fehler gemacht. Unsere Reise ist hier zu Ende, irgendwo im Niemandsland. Das ist schlimmer als die Tage der Unsicherheit im Jemen. Wie zum Hohn albert Andreas herum, er scheint überhaupt nicht betroffen. Ausgerechnet Andreas, der sonst immer angemessen auf schwierige Situationen reagiert hat.

Resigniert bringen wir, so gut es geht, etwas Ordnung in das Chaos an Bord. Das kaputte Ruderblatt baue ich ab und besehe mir den Schaden. Das Holz hat gehalten, aber der untere Lagerstift am Heck ist abgerissen. Der Propeller vom Motor ist kaputt, vielleicht auch das Getriebe. Bevor der Sandsturm nicht abflaut, können wir ohnehin nichts machen und verkriechen uns in die Kajüte.

»Wir brauchen einen neuen Motor«, stellt Carola fest.

»Und kannst du mir auch sagen, wo wir den hier herkriegen sollen?«, frage ich gereizt. Meine Idee, dass dieser schöne kleine Außenborder, der kaum mehr als zehn Kilogramm wiegt und den ich mit einer Hand heben kann, tatsächlich für unser Boot und für unsere Reise ausreicht, ist gescheitert.

»Frag die Küstenwache, versuch es wenigstens«, antwortet sie und fügt hinzu: »Ich schreib auch noch den Spruch auf die Saudi-Flagge, vielleicht hilft das.«

»Wieso, was steht denn auf der Flagge?«

Langsam holt Carola einen Zettel hervor und liest noch langsamer vor: »Lã ilãha illã llãh, Muhammadun Rasulu llãh. Habe ich im Handbuch gefunden. Das heißt: Es gibt keinen Gott außer Allah, Mohammed ist sein Prophet. Aber sei vorsichtig, wenn du das in Gegenwart eines Moslems sagst, mit dem Spruch erklärt man nämlich seinen Beitritt zum Islam.«

Noch am gleichen Tag schildere ich den beiden Männern unser Problem. Am nächsten Morgen hält ein Geländewagen vor unserem Boot, der Fahrer steigt aus und ruft »Mister Hans!« herüber. Obwohl Carola gut sichtbar im Cockpit sitzt und wie immer, seit wir in Saudi-Arabien sind, mit Kopftuch, spricht der junge Mann sie nicht an. Ich klettere an Land und werde freundlich begrüßt:

»Hallo, mein Name ist Mansoor. Ich arbeite als Ingenieur für die Küstenwache. Ich helfe Ihnen, dass alles wieder in Ordnung kommt.«

Ich hole noch ein paar Sachen von Bord, dann fährt er mit mir los. Insgeheim freue ich mich, dass ich nun doch noch was vom Land sehen werde. Zuerst brettern wir mit seinem Toyota kilometerweit über eine waschbrettartige Sandpiste. Dann erreichen wir eine schöne glatte Asphaltstraße.

»Wir fahren nach Ummlutsch, eine kleine Stadt«, erklärt Mansoor. Eine halbe Stunde rasen wir durch die Wüste. Die Straße ist gut befahren, das meiste sind moderne LKWs. Welch ein Kontrast zu Afrika, wo wir nur uralte Lastkraftwagen gesehen haben, die vermutlich schon vor 30 oder mehr Jahren in Europa ausrangiert worden sind. Am Straßenrand stehen einige verbeulte Autowracks. In der Ferne brauen sich Sandstürme zusammen. »Kontrolle«, sagt Mansoor und fährt langsamer. Ich traue meinen Augen nicht: Bevor wir in die Stadt kommen, müssen wir einen Kontrollposten passieren, der irgendwelche Papiere kontrolliert, bevor er uns weiterwinkt. Ich frage, ob diese Stadt etwas Besonderes sei.

»Nein«, erwidert Mansoor, »das ist bei allen Städten so. Vor einer Fahrt über Land muss man sich abmelden und sein Reiseziel angeben.« Am Meer entlang geht es Richtung Innenstadt. Die breite vierspurige Straße könnte auch auf den Kanarischen Inseln liegen: Gepflegte Palmenreihen säumen sie zu beiden Seiten und ein Grünstreifen verläuft in der Mitte. Lediglich die Autos sind andere, das meiste sind große amerikanische Straßenkreuzer. Von weitem sehe ich drei merkwürdige schwarze Säulen, die am Straßenrand stehen. Als wir daran vorbeifahren, erkenne ich, dass sie sich bewegen. Jetzt ist mir klar: Ich habe soeben zum ersten Mal Frauen in Saudi-Arabien gesehen, gekleidet in bodenlange schwarze Gewänder mit einem Schleier, der den ganzen Kopf verhüllt, nicht mal die Augen sind frei. Ich bin erschrocken, hoffe aber, dass man mir nichts anmerkt. Doch Mansoor scheint meine Gedanken zu erraten und sagt: »Auf dem Land und in den kleinen Städten tragen alle Frauen die Abaya und auf dem Kopf die Burka. In den Millionenstädten Riyad und Djidda ist das nicht mehr so streng.«

»Seit wann?«

»Seit ein paar Jahren tragen dort nur noch zwei Drittel diese Kleidung. Die anderen tragen nur ein Kopftuch oder gar keine Kopfbedeckung.«

»Ist ein sehr ungewohnter Anblick für mich«, sage ich vorsichtig.

»Klar, kann ich verstehen«, antwortet er, »ich bin vor zwei Jahren mit meiner Frau und unseren beiden Kindern durch Europa gereist, sechs Wochen lang. Erst war's ungewohnt: Frauen fahren Auto, Frauen gehen alleine ins Restaurant, Frauen und Männer arbeiten im gleichen Betrieb. Alles verboten in Saudi-Arabien. Aber hinterher konnte sich meine Frau nur schwer wieder an den Schleier gewöhnen.«

»Ändert sich auch hier auf dem Land was?«, frage ich.

»Wenig. Immerhin haben viele jetzt Satellitenfernsehen und empfangen ägyptisches Fernsehen. Da sind die Frauen gekleidet wie bei euch in Europa.«

Wir kommen auf die Schattenseiten von Europa zu sprechen, ich erwähne die Enge und das meistens nass-kalte Wetter. »Weißt du, was das Schlimmste war?« Ohne eine Antwort abzuwarten fährt er fort: »Fast jeder, dem ich erzählte, dass ich aus Saudi-Arabien bin, fragte: Hast du eine Ölquelle? Und wie viele Kamele hast du?«

Dass die Ölförderung komplett in Händen des Staatsunternehmens Aramco liegt, habe ich mittlerweile erfahren. Lachend frage ich ihn deshalb: »Und, wie viele Kamele hast du?«

Er lacht ebenfalls und antwortet: »Im Ernst, kein einziges. Aber als mein Vater meine Mutter heiratete, musste er noch mit Kamelen bezahlen.«

Wir halten vor einem Laden, der mehrere Außenborder hinter großen Schaufestern präsentiert. Der Verkäufer spricht kein Englisch, sodass Mansoor für mich übersetzt. Der kleinste Motor, den sie da haben, ist ein neuer Yamaha mit 15 PS. Das gleiche Modell, mit dem wir so problemlos durch den Panamakanal gekommen waren. Den würde ich sofort nehmen. Vorsichtig frage ich nach dem Preis. Der Verkäufer will 9000 Saudi Rial, etwa 2000 US-Dollar. Ich schüttele den Kopf, soviel Geld haben wir einfach nicht. Mansoor beginnt zu handeln, aber der Verkäufer geht nur wenig mit dem Preis runter. Schließlich fasst Mansoor mich am Arm und zieht mich zur Tür. Wo soll ich jetzt einen Motor finden? Dieser wäre doch genau richtig gewesen. Als wir schon durch die Tür sind, ruft uns der Verkäufer zurück. 4500 Rial ist sein letztes Angebot.

Ich schlage ein und blättere fast unser ganzes Geld hin, dass wir an Bord haben. Nachdem wir den Motor in den Wagen gewuchtet haben, fahren wir zu einer Mechaniker-Werkstatt. Drehbänke, Schweißgerät, einfach alles gibt es dort. Kein Problem, wird mir versichert, den kaputten Ruderbeschlag können sie reparieren. Wir sollen am Nachmittag wiederkommen, dann sei er fertig. Mansoor erklärt mir, dass die Küstenwache die Reparaturkosten übernehme. Ich kann's kaum glauben und bin verwundert über so viel Glück. Erst finde ich genau den richtigen Motor und jetzt erledigt sich auch noch meine Sorge um den Ruderbeschlag. Wir fahren ein bisschen in der Stadt rum, alles sauber, alles ordentlich, viel Grün. Bei genauerem Hinsehen entdecke ich die Schläuche für die künstliche Bewässerung, die zu jedem Pflänzchen führen. Schließlich landen wir unten am Hafen, in dem fast ausschließlich offene Fischerboote liegen. Moderne Kunststoffboote mit großen Außenbordern am Heck. Wir schlendern zu einem besonders großen Motorboot, sicher zwölf Meter lang und mit einer kleinen flachen Schlupfkajüte samt Windschutzscheibe obendrauf. Mansoor stellt mir den Besitzer vor: Es ist sein Bruder Tarik. Ein kleiner schmächtiger Mann mit Bart im traditionellen weiten Gewand. Er begrüßt mich mit Handschlag und bittet mich aufs Boot, während Mansoor sich für kurze Zeit verabschiedet, um noch anderes zu erledigen. Tarik hat einen großen Teller mit Reis und Fleisch im Cockpit stehen, von dem er mir großzügig anbietet. Gerade als ich mich vorsichtig nach einer Gabel oder etwas Ähnlichem erkundigen will, sehe ich, wie Tarik mit der rechten Hand etwas Reis greift, durch geschicktes Rollen auf dem Teller zu einem Klumpen formt und sich den in den Mund schiebt. Ich versuche das auch und tatsächlich, es ist gar nicht so schwer. Als ich von dem Fleisch probiere und seinen Geschmack lobe, sagt Tarik: »Ist Kamelfleisch.« Wirklich ausgesprochen zart. Nach dem Essen, zu dem wir eiskalte Limonade aus Dosen trinken, holt Tarik ein Stück Holz hervor, so dick und lang wie ein Bleistift. Kannte ich das nicht schon aus Djibuti?

»Quat?«, frage ich.

Tarik lacht: »Nein, nein, das hier ist keine Droge, das ist zur Zahnreinigung.«

Erstaunt frage ich, ob er keine Zahnbürste benutze.

»Nie«, antwortet er, »jeder kaut nach dem Essen ein Weilchen auf diesen Stäben herum. Zahnbürsten gibt's hier nicht.« Dann erzählt er, dass er ein großes Restaurant in der Stadt hat und mit dem Boot regelmäßig zum Fischen rausfährt. Schon vorher habe ich verwundert registriert, dass an seinem Boot zwei Außenborder mit jeweils zweihundert PS hängen.

Ich deute aufs Heck und frage: »Ist das nicht ein bisschen viel, vierhundert PS zum Fischen?«

Er lacht verschmitzt und sagt: »Wenn das Wetter ruhig ist, brauche ich die, um auf die andere Seite zu kommen.«

»Welche andere Seite?«, frage ich reichlich naiv wie ich im Nachhinein zugeben muss.

»Na, 'rüber nach Ägypten. Ist natürlich verboten, jeder Fischer, der den Hafen verlässt, muss sich bei der Küstenwache abmelden mit genauer Zeit, wann er wieder zurück ist. Dann muss er sich pünktlich zurückmelden.«

Ich verstehe und frage: »Was machst du drüben?«

»Ich kaufe da Fisch und anderen Fang für mein Restaurant, ist billig und gut in Ägypten. Nachmittags fahre ich raus, und wenn ich weit genug weg bin, drehe ich auf. Am nächsten Vormittag tuckere ich dann hier in den Hafen, als wenn nichts gewesen wäre.«

Sein Boot macht einen hervorragenden Eindruck, alles ist bestens gepflegt. Als er hört, dass wir schon zweieinhalb Jahre unterwegs sind, um einmal um die Welt zu segeln, kommt ihm diese Zeitspanne als unvorstellbar lang vor. »Wie schnell ist denn euer Boot?«, will er wissen.

»Wenn es gut läuft, schaffen wir vier bis fünf Seemeilen in der Stunde.«

Er lacht laut auf. Fast denke ich, er lacht mich aus.

Mansoor kommt zurück und hat schon den fertigen Ruderbeschlag dabei. Er ist einwandfrei repariert. Langsam beginne ich wieder daran zu glauben, dass wir bald weiterkönnen mit unserem WAL. Auf dem Rückweg passieren wir erneut den Kontrollposten am Stadtrand. Zurück beim WAL hilft Mansoor mir, den schweren Motor aufs Motorbrett zu hieven. Als er endlich dort hängt, bin ich wirklich froh und dankbar. Alleine kann ich den nicht mehr bewegen. Am nächsten Tag montiere ich die Ruderbeschläge. Dann repariere ich die tiefen Schrammen am Ruderblatt mit Epoxydspachtel und streiche Antifouling darüber. Danach hänge ich das Ruder ein, stelle das Lenkgestänge ein – und tatsächlich, alles funktioniert einwandfrei.

Eigentlich könnten wir losfahren, aber der Nordwind macht uns einen Strich durch die Rechnung. Nachts und morgens weht der Wind nur schwach, aber wenn um neun Uhr über den Bergen diese riesige Staubwolke zu sehen ist, wissen wir, dass der Wind innerhalb der nächsten Stunde wieder auf Sturmstärke auffrischen wird, und bleiben lieber im Hafen. Mittlerweile herrscht im Irak Krieg, nicht viel mehr als tausend Kilometer entfernt. Wir haben darüber im Radio gehört, und deshalb bin ich überhaupt nicht überrascht, als ein Offizier der Küstenwache mir davon berichtet. Doch als er fortfährt, horche ich auf: »Wahrscheinlich kreuzen draußen auf hoher See Kriegsschiffe der Amerikaner. Könnte gefährlich sein, wenn Sie denen zu nahe kommen. Deshalb hat das Oberkommando der Küstenwache entschieden, dass sie nur in Küstennähe weiterfahren dürfen.« Er überreicht mir ein ähnliches Schreiben, wie wir es schon in Djidda erhalten haben. Ich wundere mich zwar ein bisschen, denn ich dachte, dass Amerikaner und Saudis gute Freunde seien. Aber egal, mir soll es Recht sein, wenn wir weiter im Schutz der Riffe bleiben können. Zum Abschied bekommen wir einmal mehr Mischöl und drei große Kanister Benzin geschenkt. Als an einem Morgen keine Vorboten für Sturm in Sicht sind, werfen wir die Leinen los und machen uns wieder auf den Weg nach Norden. Ab jetzt müssen wir jede Meile selber steuern, denn die Selbststeueranlage musste dem großen Motor weichen. Ich habe sie abgebaut und vorne neben Andreas' Koje verstaut. Der Wind bleibt meistens schwach, manchmal schläft er auch ganz ein, sodass wir mit Motor fahren. Alles in allem kommen wir gut voran. Auch die Navigation per GPS funktioniert weiter einwandfrei. Sorgen, die ich mir wegen einer eventuellen Abschaltung des GPS-Systems durch die USA bei Krisensituationen gemacht hatte, sind offensichtlich unbegründet. Schließlich dreht der Wind sogar auf östliche Richtung, sodass wir auf Raumschot-Kurs Saudi-Arabien im Kielwasser zurücklassen, den schmalen Golf von Aquaba überqueren und schließlich in Ägypten sind. Ohne Pausen nehmen wir Kurs auf den Golf von Suez, den nördlichsten Zipfel des Roten Meeres. Übermütig rechnen wir aus, ob wir bei dem günstigen Wind vielleicht schon am nächsten Tag den Suezkanal erreichen könnten. Doch kaum biegen wir um die Ecke in den Golf von Suez, empfängt uns ein stürmischer Wind – direkt auf die Nase. Eine Weile kämpfen wir gegenan, dann müssen wir die Sinnlosigkeit einsehen. Enttäuscht drehen wir um und suchen Schutz hinter einem Korallenriff am Raz Muhammad, genau an der Einfahrt zum Golf von Suez.

Tag und Nacht faucht der Wind ununterbrochen aus dem engen Meeresarm, an ein Weiterkommen ist nicht zu denken. Wie gefangen sitzen wir auf unserem Boot. An einen Landgang ist nicht mal zu denken, denn bei diesem Wind würden wir mit dem Beiboot hilflos abtreiben. Andreas jammert, dass die Windpilot-Anlage seinen Platz zum Spielen belegt. Aber wo soll ich sie sonst stauen? Die Backskisten sind voll. Nach einer Lösung suchend, staue ich sie erst mal an Deck. Nach vier Tagen legt sich das Heulen des Windes. Eilig holen wir den Anker hoch, verstauen die Selbststeueranlage wieder unter Deck und segeln weiter. Am Nachmittag wird der Wind wieder stürmisch, und wir finden erneut hinter einem Korallenriff Schutz. Wieder quengelt Andreas, nervt mich mit der Forderung, dass die Selbststeueranlage aus seiner Koje müsse. Wieder packe ich sie an Deck und am nächsten Morgen, als wir weiterfahren, wieder zurück. Verständlicherweise gehen mir unterwegs die Gedanken über das Verstauen der Selbststeueranlage nicht aus dem Kopf. Sie ist ein ernstes Problem. Bisher haben wir uns nur mit dem Notwendigsten begnügen müssen. Und weil das für uns alle drei in gleichem Maße zutrifft, hat sich nie einer von uns benachteiligt gefühlt. Doch die Selbststeueranlage ist in Andreas' Augen überflüssiger Ballast, der nur ihn einschränkt. Und je länger ich darüber nachdenke, umso klarer wird mir, dass er Recht hat. Und ein unzufriedenes Kind auf so kleinem Raum, das kann nicht lange gut gehen. Die Quelle unserer Stärke ist immer der bedingungslose Zusammenhalt untereinander gewesen. Wenn wir anfangen gegeneinander zu arbeiten, wird uns das nur unnötig Kraft kosten.

Abends, als wir in einer kleinen Bucht von Sheikh Riyah vor Anker liegen, spreche ich mit Carola über meine Gedanken. »Der Windpilot muss von Bord«, sage ich.

Carola sieht mich groß an: »Wie meinst du das?«

»Morgen früh versenke ich hier die Windfahne und dazu den alten Motor, der bringt nur unnötiges Gewicht ans Heck.«

»Das kannst du nicht tun«, protestiert Carola, ist aber gleichzeitig ratlos.

»Hast du eine bessere Idee?«, frage ich.

Lange schweigt Carola, schließlich sagt sie: »Ja, so ein kleines Boot auf Weltreise ist eine Baustelle.«

Am nächsten Morgen stehen wir beim ersten Tageslicht auf. Alle drei steigen wir ins Cockpit. Zuerst nehme ich den alten Tohatsu-Motor von seiner Halterung an der Badeleiter und hebe ihn aufs Seitendeck. Dann bugsiere ich ihn unter der Reling hindurch, halte ihn nur noch an dem Tragegriff, bringe ihn ganz nah übers Wasser und lasse dann los. Sofort versinkt er im milchigtrüben Wasser. Dann nehme ich wortlos die Selbststeueranlage, bugsiere auch sie unter der Reling hindurch und halte auch sie schließlich nur noch mit einer Hand ganz nah übers Wasser, so als wollte ich sie dort ganz behutsam ablegen. Mein Herz pocht. Ich zweifle, ob das richtig ist, was ich tue. Dann gebe ich mir einen Ruck und lasse los. Endlos traurig steigen mir Tränen in die Augen. »Bye, bye, Windpilot«, sagt Carola, »ohne dich hätten wir's nicht bis hierhin geschafft.«

Ich weiß: Das ist unser Abschied vom weiten Meer. Und mein Abschied von der großen Freiheit.

»Was treibt Sie eigentlich?«

Raz du Sein: Eine unwirtliche Ecke mit starken Strömungen und vielen Felsen. Aber nicht mehr weit bis Brest.
Zeichnung Andreas, auf See, August 2003

Südwind, tatsächlich Südwind.

Ich kann es kaum glauben, als ich am Morgen meinen Kopf aus der Kajüte recke.

»Carola, guck dir das an, der Wind hat über Nacht gedreht, wunderbar!«, staune ich.

»Das ist entweder ein Geschenk des Himmels oder die letzte Steigerung in dieser Hölle«, erwidert Carola, »lass uns sehen, dass wir loskommen und den Wind ausnutzen.«

Am Nachmittag dieses Tages erreichen wir die Bucht von Suez, die letzte Bucht. Hier ist das Rote Meer zu Ende. Wir haben es geschafft! Glücklich fahren wir in den Hafen und suchen einen freien Platz an den Muringbojen. Wir müssen einige Runden drehen, bis wir einen guten Platz gefunden haben, denn fast alle Plätze sind schon von Yachten belegt. Während die meisten dieser Yachten so groß sind, dass sie knapp zwischen die Muringbojen passen, muss ich erstmal ein paar Festmacher zusammenknoten, damit wir sowohl eine Bugleine als auch eine Heckleine zu den Bojen ausbringen können. Schließlich geraten wir in Hektik, denn der Wind frischt immer mehr auf, und von weitem schiebt sich schon wieder eine dieser grauen Dunstwolken heran, die den nächsten Sandsturm ankündigt. Kaum haben wir die Leinen fest, bricht ein Sturm los, der stärker als alles ist, was wir bisher im Roten Meer erlebt haben. Binnen einer halben Stunde ist der WAL mit einer Sandschicht überzogen. Aber uns ist das egal, wir liegen sicher und genießen das Gefühl der Geborgenheit. Ein Schiffsagent kommt an Bord. »Agent«, das klingt in meinen Ohren nach »teuer«. Deshalb haben wir bisher immer auf die Dienste eines Agenten verzichtet und den nötigen Papierkram selber bei den Behörden erledigt. Das war zwar mühsamer und langwieriger, hat uns aber eine Menge Geld gespart, in Panama, auf den Malediven. Doch nun ist nichts zu machen, jede Yacht braucht einen Agenten. Immerhin gibt er uns wegen des kleinen Bootes einen großzügigen Rabatt. »Jede normale Yacht bezahlt hier mindestens 80 Dollar«, beteuert er, »aber weil euer Boot so klein ist, kostet es für euch nur 40 Dollar.« Wer glaubt, dass damit die Kosten für die eigentliche Fahrt durch den Suezkanal erledigt sind, der irrt. Um den Preis für die Kanalpassage überhaupt nur zu ermitteln, kommt zwei Tage später ein Angestellter der Kanalbehörde an Bord. Als ich auf seine Frage, wie viele Personen an Bord seien, antworte »drei«, fragt er spöttisch: »Sind Sie sicher?« Dann holt er seine Checkliste hervor um festzustellen, ob der WAL zur Kanalfahrt zugelassen werden kann. Nach unseren Erfahrungen am Panamakanal greife ich nun zu Notlügen, um weiteren Schwierigkeiten aus dem Weg zu gehen.

»Vier Schwimmwesten an Bord?«

»Ja.« Obwohl es nur drei sind.

»Bilgepumpe?«

»Ja.« Na ja, eigentlich keine, außer dem Eimer.

»Feuerlöscher?«

»Ja.« Das heißt eigentlich auch nur der Eimer.

Wir bezahlen noch mal 120 Dollar für die Kanalpassage. Zusammen mit vier anderen Yachten werden wir für den Yachtkonvoi am nächsten Tag eingeteilt. Als wir unseren Lotsen übernehmen, bin ich verwundert, denn seine Kleidung macht den Eindruck, als wolle er durch die Stadt bummeln: Schicker Blouson, dazu eine lange feine Stoffhose und braune Lederslipper, in der Hand eine Tageszeitung als Reiselektüre. Carola und ich tragen Ölzeug, Andreas hat seinen Lieblingsplatz auf der Treppenstufe am Niedergang eingenommen. Die Kanalfahrt ist ebenso einfach wie eintönig, denn der Suezkanal hat keine Schleusen und führt meistens schnurgerade durch die platte Wüstenlandschaft. Lediglich bei der Fahrt über die Bitterseen wird es ungemütlich, weil der Wind mit schätzungsweise sieben Windstärken uns direkt auf die Nase bläst. Die Gischt spritzt übers ganze Boot. Fürsorglich packen wir unseren Lotsen, so gut es geht, mit der Persenningplane ein. Schutz in der Kajüte lehnt er ab, weil er ununterbrochen draußen Ausguck halten müsse. Dabei starrt er ununterbrochen nur auf die Geschwindigkeitsanzeige des GPS-Gerätes. Doch schneller werden wir davon auch nicht. In Ismailia, auf halber Strecke, legen alle Yachten für eine Nacht einen Zwischenstopp ein. Am nächsten Morgen startet eine solide gebaute australische Yacht als erste, während alle anderen mit steigender Ungeduld auf ihren Lotsen warten. Doch noch während wir anderen Ausschau halten, kommt die australische Yacht schon wieder zurück. Aufgeregt berichtet ihr Skipper, dass er kurz nach der Hafenausfahrt dem Lotsen das Ruder übergeben habe, der kurze Zeit später mit Vollgas auf eine Sandbank aufgelaufen sei. Seine Frau sei in der Kajüte von dem Aufprall umgefallen. Zum Glück hat es keine Schäden gegeben, aber er weigert sich, weiter mit diesem Lotsen zu fahren und setzt ihn an Land. Der Unglückslotse will nun eine andere Yacht übernehmen, aber auch die anderen weigern sich, mit ihm zu fahren. Ich zögere, dann winke ich ihn kurz entschlossen zu uns an Bord und wir fahren los. Immer wenn er an die Pinne will, weigere ich mich beharrlich und erkläre, dieses kleine Boot könne nur ich steuern. Ohne Schwierigkeiten erreichen wir das Ende des Suezkanals in Port Said.

Das Mittelmeer. Irgendwie stellt sich bei uns das Gefühl ein, dass wir eigentlich schon so gut wie zu Hause sind. Diesen Klacks werden wir ruckzuck schaffen. Doch dann nehme ich mir eine Seekarte vom Mittelmeer vor und greife mit dem Zirkel die Entfernungen ab. Als ich alles zusammenzähle, traue ich meinen Augen kaum: Da steht eine Summe von 2000 Seemeilen! Das entspricht ziemlich genau der Strecke von den Kapverden bis nach Barbados, einer Atlantiküberquerung. Außerdem ist im Frühjahr und Frühsommer mit vorherrschenden Winden aus westlichen Richtungen zu rechnen, also Gegenwind. Wir beraten und einigen uns auf eine uns verträglich scheinende Taktik: Zunächst wollen wir auf eine Wetterlage mit unbeständigen und wechselnden Winden warten, um dann in einem Zwei- bis Drei-Tages-Törn den nächsten sicheren Hafen zu erreichen. Dort wollen wir dann auf das nächste Wetterfenster warten.

Erheblich größere Sorgen als Route und Wetter bereitet uns unser Kontostand. Mehr als bisher müssen wir jede unnötige Ausgabe vermeiden, um für die kommenden Monate noch genug Geld zu haben. Als Carola zur Einwanderungsbehörde geht, um unsere Ausklarierung zu beantragen, ist sie so geschockt über die Kosten, dass sie sich spontan entscheidet, die ägyptische Stadt Alexandria als nächstes Ziel anzugeben. So können wir die hohen Gebühren sparen. Sobald wir auf See sind, interessiert sich natürlich keine Socke mehr für uns – wir drehen nach Osten ab, Richtung Israel. Unterwegs verliert Andreas seinen ersten Milchzahn. Morgens liegt der Zahn plötzlich auf dem Kajütboden, drumherum jede Menge Blut. Aber das beunruhigt Andreas nicht im geringsten. Im Gegenteil, aufgeregt verkündet er stolz: »Jetzt bin ich schon ganz schön groß.«

Zehn Seemeilen vor Tel Aviv hält plötzlich ein graues Schiff in voller Fahrt direkt auf uns zu. Das kann nur die Küstenwache sein. Uns schwant nichts Gutes. In der Tat ist es ein schätzungsweise zwanzig Meter langes Boot der israelischen Küstenwache, das in voller Fahrt einen engen Kreis um uns dreht. An Deck stehen Soldaten mit Maschinenpistolen im Anschlag, einer richtet die ganze Zeit eine Bordkanone auf uns aus. Das haben wir nun davon, dass wir unbedingt nach Israel wollten, schießt es mir durch den Kopf. Alle Yachties, denen wir von unserem Plan erzählt hatten, hatten uns nur verständnislos angeschaut, »viel zu gefährlich« entgegnet und immer wieder bekräftigt, dass sie um Israel ein großen Bogen machen wollten. Haben sie Recht gehabt?

Die Situation wirkt so bedrohlich, dass Carola und Andreas zu weinen beginnen. Ich hingegen will schlicht nicht glauben, was ich sehe, dazu ist die Situation einfach zu lächerlich: Ein kleines Plastikboot unter deutscher Flagge auf hoher See mit einer winkenden Familie darin, umkreist von einem gepanzerten Wachboot mit schussbereiten Waffen. Bestimmt handeln die nach Dienstanweisung, denn vor einigen Wochen haben wir im Radio gehört, dass ein israelisches Marineschiff einem vermeintlich hilflos auf See treibenden Boot zur Hilfe kommen wollte. An Bord des Fischerbootes befanden sich Palästinenser, und als die Israelis längsseits gingen, sprengten die Palästinenser ihr Boot in die Luft und rissen mehrere Soldaten mit in den Tod. Bei uns stoppt der Kommandant nach anderthalb Runden auf, lässt das Boot siebzig Meter neben uns treiben und tritt mit einem Megafon auf die Kommandobrücke. Die Soldaten an Deck lassen ihre Waffen sinken und nehmen ihre Helme ab. Der Kommandant entschuldigt sich höflich bei uns und heißt uns freundlich in Israel willkommen. Dann teilt er uns den Arbeitskanal mit, auf dem wir mit der Hafenkontrolle über Funk Kontakt aufnehmen sollen. Die Soldaten winken herüber, wir winken erleichtert zurück, und dann brausen sie auch schon davon. Als ich mit unserem Handfunkgerät die Hafenaufsicht anfunke, antwortet eine junge Frauenstimme. Carola stellt verwundert fest: »Zum ersten Mal seit Australien eine Frau, die was zu sagen hat.«

Wir sind vor allem nach Israel gefahren, um Jerusalem zu besuchen. Auf den Spuren von Jesus verbringen wir einen schönen Tag. Anfangs ist Andreas etwas eingeschüchtert von den vielen Kirchen. Als wir in der Erlöserkirche an einer kurzen Andacht teilnehmen, weigert er sich gar zu beten. Hinterher sagt er voller Überzeugung: »Beten macht man doch nur auf dem Boot.« Dabei denkt er offenbar an unser tägliches Gebet vor dem Essen. Aber dann lernen wir den jungen, lebensfrohen Bengt kennen. Er ist Fischer in Norwegen, kommt aber jedes Jahr für drei Monate hierher, um, wie er sagt, »anderen Menschen Jesus nahe zu bringen«. Er erzählt zu jedem Ort eine interessante Geschichte, klettert mit Andreas zu dem Bach hinunter, an dem Jesus einen Blinden geheilt hatte. Andere junge Erwachsene scharen sich um ihn, als er zum Spiel auf seiner Gitarre Lieder singt, und ziehen schließlich in einer ausgelassenen Polonaise um den Ölberg, Andreas vorneweg. Später kommen wir in eine kleine palästinensische Siedlung, wo ein paar Jungen unter der Anwesenheit ihrer Mütter Fußball spielen. Ich spüre die abweisenden Blicke der Frauen, aber Andreas bolzt einfach mit. Zum Schluss bedankt er sich freundlich und sagt »Shukran.« (arabisch: danke). Da endlich bricht das Eis, die Mütter lachen uns an, sind plötzlich locker und herzen Andreas.

Tel Aviv ist eine Millionenstadt mit westlichem Standard, das will ich ausnutzen. Vor unserer Weiterfahrt habe ich mir in den Kopf gesetzt, unbedingt noch zwei zusätzliche Benzinkanister zu kaufen. Ein Wunsch, für den ich zunächst einen langen Fußmarsch in Kauf nehme, bis ich zu einem Laden komme, der auf Zubehör für Geländewagen spezialisiert ist. Dort finde ich zwei 20-Liter-Kanister zu einem annehmbaren Preis. Als ich den Laden mit den beiden Kanistern in der Hand frohen Mutes verlassen will, kommt der Verkäufer hinter mir her geeilt und fragt mit erschrockener Miene, wie weit ich es denn bis zu meinem Auto hätte.

Meine Antwort: »Oh, ich habe gar kein Auto, ich gehe zu Fuß, ich muss zum Hafen, zu meinem Boot.«

»Das können Sie nicht machen!«, ruft er, »mit zwei großen Kanistern und dem Rucksack auf dem Rücken kommen Sie nicht weit.«

Ich ahne, worauf er hinauswill: »Sie meinen, wer mich sieht, könnte mich für einen Attentäter halten?«

»Genau das denke ich, vergessen Sie's.« Nach langem Hin und Her finden wir schließlich im Laden zwei passende Kartons, in die ich die Kanister stecke. Dann klemme ich sie mir unter den Arm und mache mich auf den Weg. Unbehelligt erreiche ich unser Boot.

Wieder legen wir ab, wieder sind wir auf See. Einen Tag, eine Nacht und noch einen Tag sind wir unterwegs, dann erreichen wir Zypern. Carolas Cousine, Carmen, und ihr griechischer Mann Valentino nehmen uns im Hafen zur Begrüßung in die Arme. Schon Wochen vor unserer Ankunft haben Carola und ich uns ausgemalt, was wir alles machen würden, wenn wir bei Carmen sind: In Ruhe im Internet surfen, lange E-Mails schreiben, ich wollte nach Ersatzteilen fürs Boot suchen, vielleicht hätte Valentino sogar eine richtige Werkstatt, in der ich einige Arbeiten viel leichter als auf den Knien rutschend in der Kajüte machen könnte, ach ja, zu ihrem Garten in den Bergen wollten wir auch. Nur wird jetzt aus den ganzen schönen Träumen nichts: Die beiden haben keinen Computer, nicht mal eine Werkzeugkiste in ihrer Mietwohnung. Als leitender Ingenieur eines florierenden Arzneimittelherstellers ist Valentino im Dauerstress. Zwar bietet er sich an, mich zu den einschlägigen Werkzeugläden der Stadt zu fahren, doch als ich im ersten Laden nicht das Gesuchte finde, stellt er lapidar fest, dass weiteres Suchen zwecklos sei. Auch den Garten bekommen wir nicht zu Gesicht, die beiden haben nämlich nur einen PKW mit zwei Sitzen, weil die auf Zypern viel weniger Steuern kosten als viersitzige PKW. Zu seinem allergrößten Vergnügen darf Andreas sich einige Tage zusammen mit Carola in der Wohnung einquartieren. So habe ich während der Vormittage genug Platz zum Werkeln an Bord, nachmittags unternehmen wir was zusammen. Als Erstes muss ich das Problem der zu geringen Spannung der Wanten lösen. Die Wantenspanner habe ich im Laufe der Reise immer weiter anziehen müssen, um das Rigg auf Spannung zu bringen. Seit den Malediven sind alle Spanner am Anschlag, trotzdem hat das Rigg erneut an Spannung verloren. Einmal, als ich in der Kajüte stehend lange aus dem Schiebeluk Richtung Bug geschaut habe, ist mir plötzlich der Grund aufgefallen: Das Deck im Bereich des Mastfußes biegt sich immer weiter durch. Aus Gründen der Raumausnutzung war eine solide Maststütze unter Deck nicht möglich und das Ringschott, das die Kräfte aufnehmen sollte, hält den Belastungen nicht mehr Stand. Neue, kürzere Wanten sind zu teuer, deshalb hilft nur noch ein radikales Absägen der Gewinde, damit ich sie weiter in die Spanner hineindrehen kann. Das muss reichen, bis wir wieder zu Hause sind. Mein Bruder, dem wir bei unserer Abreise vor drei Jahren gesagt hatten, dass wir vielleicht ins Mittelmeer zu Carmen wollten, witzelt nun in einer E-Mail: »Jetzt habt ihr ja euer Ziel erreicht. Dass ihr dazu den Weg nach Westen nehmen würdet, damit hatte ich damals ehrlich gesagt nicht gerechnet.« Ich antworte ehrlich: »Wir auch nicht.«

Nach neun Tagen nehmen wir Abschied von Carmen und Valentino. Andreas fällt das erstaunlich leicht. Als Carmen ihn fragt, ob er gerne noch länger im Haus geblieben wäre, antwortet er: »Zum Schluss habe ich mich schon nach meiner Koje gesehnt. Das Boot ist doch mein Zuhause.«

Wir segeln Richtung türkische Küste. Die Windrichtung hätte nicht günstiger sein können, doch zu unserem Leidwesen frischt der Wind aus Ost immer mehr auf, bis das Meer weiß von Schaumkronen ist. In dem perfekten Naturhafen der Insel Kastellórizo finden wir für ein paar Tage Schutz. Beim Einklarieren will der Beamte wissen, aus welchem Hafen wir kommen.

»Limassol auf Zypern«, sage ich wahrheitsgemäß.

Ich ernte einen Blick, als würde ich ihn anlügen. »Unmöglich, das ist mit diesem kleinen Boot unmöglich«, sagt er ernst. Da ich aber bei meiner Geschichte bleibe, schreibt er es schließlich kopfschüttelnd in seine Formulare. Wenn der wüsste …

Jeden Nachmittag kommen große Segelyachten in den Hafen, machen mit Buganker und Heck zum Pier rechts und links neben uns fest. Dann steigt die Crew von Bord, vertritt sich ein bisschen die Beine und nimmt anschließend in einem der gemütlichen Restaurants direkt an der Wasserfront Platz, um dort den Abend essend, trinkend und erzählend zu verbringen. Aus Neugier liest Carola die Speisekarte eines dieser Restaurants. Der Blick auf die Preise entlocke ihr nur einen Kommentar: »Kannst du vergessen.«

»Wir sind hier eindeutig im falschen Film«, ergänze ich selbstgefällig. Schon der nächste Abend straft mich Lügen. Ausnahmsweise kommt nur eine einzige Yacht, vielleicht weil es so stürmisch ist. Der Skipper der großen Hallberg-Rassy 38 ist der erste, der auf Andreas' und meine Kontaktversuche freundlich und interessiert reagiert. Er erzählt, dass er kürzlich in einem türkischen Hafen seine Weltumseglung beendet hat. Als wir ihm von unserer Reise erzählen, ist er begeistert und lädt uns spontan ein: »Zwei Weltumsegleryachten in diesem Hafen, das gibt's doch gar nicht. Das feiern wir jetzt bei uns an Bord.« Zwar liegen bis zur kompletten Weltumseglung noch mehr als 2000 Seemeilen vor uns, aber natürlich nehmen wir die Einladung trotzdem gerne an. Bis zum Morgengrauen sitzen wir unter einem leuchtenden Sternenhimmel draußen im Cockpit und erzählen über Gott und die Welt. Andreas klettert irgendwann mit den Worten »Ich bin müde. Ich will in die Koje« auf den Wal und verschwindet in seiner Koje. Als auch wir dann später auf dem Wal glücklich in der Koje liegen, flüstert mir die beschwipste Carola ins Ohr: »Ist doch fast so schön wie damals in der Südsee.«

Zwei Tage lang knüppeln wir auf Am-Wind-Kurs durch die Ägäis und erreichen am 4. Juni Piräus, die Hafenstadt vor den Toren Athens. Hier bleiben wir mehrere Wochen, denn wir hoffen eine Arbeit zu finden, mit der wir unsere fast leere Kasse wieder auffullen können. Tagtäglich klappern wir zahlreiche Firmen und Vermittlungsagenturen ab. Für einen guten Job würden wir die Reise auch bis zum nächsten Jahr unterbrechen. Aber schnell landen wir auf dem Boden der Tatsachen: Ohne gute Kenntnisse der griechischen Sprache und Schrift will uns keiner einstellen. Und außerdem ist das Schulgeld in der deutschen Schule so hoch, dass wir uns das niemals leisten können. Doch das Thema Schule gewinnt zunehmend an Bedeutung für uns. Nach den Jahren auf dem Boot soll Andreas unbedingt zusammen mit anderen Kindern in eine Schule gehen. Unterricht auf dem Boot kommt nicht in Frage. Den Einschulungstermin in Deutschland wissen wir auch schon: Es ist der 16. September. So bleibt uns nur ein bisschen Daywork, also Aushilfsarbeiten auf anderen Yachten, um die Reisekasse aufzubessern. Andreas ist inzwischen so groß und vernünftig, dass wir ihn hin und wieder für mehrere Stunden alleine an Bord lassen können. Wir zeichnen auf einer Uhr auf, wann wir wieder zurückkommen und dann spielt er vergnügt, bis einer von uns wieder da ist. Nur einmal gibt es Ärger, denn Andreas hat das Reservestück Segeltuch hervorgekramt und zerschnitten. Außerdem ist die ganze Rolle Takelgarn abgewickelt. »Ich bastele einen Drachen«, erklärt er. Wer kann da noch lange böse sein?

Nach vier Wochen machen wir uns wieder auf den Weg. Je weiter wir nach Westen kommen, umso teurer werden die Liegeplätze im Hafen: In Reggio Calabria an der Stiefelspitze Italiens bezahlen wir 10 Euro pro Nacht, in San Vito Lo Capo auf Sizilien 12 Euro, in Palau an der Nordküste Sardiniens 15 Euro und in Ajaccio auf Korsika 16,50 Euro. In Marseille verlangen sie schließlich unverschämte 17 Euro pro Nacht – für ein sechseinalb-Meter-Boot! Doch nachdem wir im Lidl-Supermarkt Proviant gekauft haben, stehlen wir uns in der Nacht davon, ohne die Liegegebühren zu bezahlen.

Am 13. Juli erreichen wir Sète an der Nordwestküste des Golfe du Lion. Hier beginnt der Canal du Midi. Er wurde vor über dreihundert Jahren in Betrieb genommen und führt vom Mittelmeer quer durch den Süden Frankreichs bis zum Atlantik. Ursprünglich wurde er für den Warentransport gebaut, aber mittlerweile ist er für die modernen Frachtschiffe viel zu klein, sodass er fast nur noch von der Freizeitschifffahrt genutzt wird. Einmal mit dem Boot auf diesem Wasserweg entlangzubummeln, stelle ich mir wunderbar vor. Der kleine Kanal inmitten einer südlichen Landschaft, ruhige idyllische Liegeplätze in der Nacht, gemächliches Dahintuckern am Tage im Schatten großer alter Bäume, das hat mich schon gelockt, als ich vor einigen Jahren zum ersten Mal von dem Kanal gehört hatte. Den Kanal am Beginn eines langen Törns zu befahren, hätte ich mich nicht getraut, denn vielleicht, so dachte ich, würde man danach nicht mehr den Mut haben, wieder aufs große, wilde Meer hinauszufahren. Doch was kann es Schöneres geben, als sich am Ende einer Reise über die Ozeane in der Geborgenheit von kleinen Wasserstraßen und idyllischen Dörfern zu verlieren?

Mit der Hilfe eines Bootsnachbarn legen wir den Mast und zurren ihn an Deck fest. Als wir eine Amtsstube betreten, um die Kanalgebühr zu bezahlen, fragt Andreas erstaunt: »Was ist das denn?« und zeigt auf einen Heizkörper an der Wand. Ich erkläre ihm, wozu der dient und dass wir so etwas auch in unserer Wohnung haben. Aber daran kann er sich nicht mehr erinnern. Für die Benutzung des Kanals und seiner Schleusen bezahlen wir weniger, als uns ein Liegeplatz für zwei Tage in einem Hafen am Mittelmeer gekostet hätte. Dann geht's los. Im Schritt-Tempo tuckern wir den Kanal lang und es ist genauso schön, wie ich mir das vorgestellt habe, warme Luft, ein leichter Wind, der den Duft von Heu, Wiesen und Blüten heranträgt. Schatten und Blätterrascheln von großen, alten Bäumen. Mittags zirpen die Zikaden am Ufer so laut, dass sie das Motorengeräusch bei weitem übertönen. Ab und zu begegnen wir einem anderen Boot, dann winken wir zum Gruß. Die erste Schleuse ist zwar ein bisschen stressig, weil wir nicht vorbereitet sind, aber dann wissen wir, was uns erwartet, machen einen Plan und sind schnell ein eingespieltes Team: Hundert Meter vor der Schleuse fahren wir kurz ans Ufer, sodass Andreas an Land springen kann. Dann tuckern wir langsam weiter und warten auf die Öffnung der Schleusentore. Währenddessen läuft Andreas vor und wartet am Schleusenrand auf uns, je nach Schleusenhub mehr oder weniger hoch über uns. Nachdem wir in die Schleuse eingefahren sind, werfe ich ihm zuerst die Heckleine zu. Er fängt sie auf, legt sie um einen Poller und wirft mir das freie Ende wieder runter. Dann nimmt er von Carola die Bugleine in Empfang und wiederholt die Prozedur. Nachdem das Wasser in die Schleuse eingeströmt ist und den WAL angehoben hat, klettert er zurück an Bord. Carola und ich sind stolz auf unseren kleinen Jungen, weil er seine verantwortungsvolle Aufgabe so gut meistert. Und Andreas ist mindestens ebenso stolz. Für die erste Nacht machen wir an einem kleinen Holzsteg fest. Der ungewohnte Klang vom leisen Rascheln der Bäume am Ufer singt uns in den Schlaf.

Doch am nächsten Tag verfliegt die entspannte Atmosphäre schnell. Zuerst ist da nur ein Motorboot, das in der Schleuse nicht richtig festgemacht hat und von dem einströmenden Wasser gegen unser Boot gedrückt wird. Dann sind immer mehr Motorboote unterwegs, überall herrscht Gedränge, vor den Schleusen, in den Schleusen, bei der Ausfahrt aus den Schleusen, unterwegs. Die anfänglich idyllische Kanalfahrt wird zum Stress. Am darauffolgenden Tag legen wir für die Dauer der Mittagspause der nächsten Schleuse in der Nähe eines kleinen Städtchens an. Carola und Andreas wandern in den Ort, ich rumore in der Kajüte herum. Plötzlich rumst irgendwas gegen den WAL. Ich schieße aus der Kajüte. Eines dieser großen Motorboote, bestimmt 12 Meter lang, ist quer gegen unseren Bug getrieben. Sein Bugkorb hat sich hinter unserem Mast verhakt. Der Fahrer hantiert hektisch mit seinem Steuerrad und dem Gashebel herum, was aber wirkungslos bleibt, denn der Wind drückt seinen Bug fest auf unser Boot. Vorne stehen zwei Frauen mittleren Alters, besehen sich das Malheur und versuchen, dem Fahrer durch gute Ratschläge zu helfen. Das darf doch nicht wahr sein, die sind dabei, unser Boot zu demolieren und halten Kaffeekränzchen, statt zumindest zu versuchen, die Boote abzuhalten. Ich stürze nach vorne und drücke die Motoryacht so weit ich kann von unserem Bug weg. Damit ist die Yacht frei und mit Rückwärtsfahrt kann der Fahrer sie wegziehen – und fährt einfach weiter. Ich bin baff, rufe empört hinterher, sie sollten warten, damit ich unser Boot auf Schäden kontrollieren könne. Der Fahrer antwortet, dass ich mir keine Sorgen zu machen brauche, sie seien versichert, die Charterfirma würde alles regeln, er schicke sofort den Manager. Dieser Rüpel denkt überhaupt nicht daran, zu warten, wo gibt's denn so was? Schnell stelle ich fest, dass der Bugkorb etwas hochgebogen ist. Viel schlimmer ist aber, dass auch der Lümmelbeschlag am Mast verbogen ist. Dieser Beschlag dient zur Befestigung des Großbaumes am Mast, aber in seinem jetzigen Zustand ist er nicht mehr zu gebrauchen. Fassungslos sitze ich im Cockpit. Dann fährt der Manager der Charterbasis mit einem Lieferwagen vor. Er ist Engländer und arbeitet schon seit vielen Jahren in Frankreich. Nachdem er im Cockpit Platz genommen hat, ist auch er empört: »Sind Sie von allen guten Geistern verlassen, hier an einem Samstag Mittag festzumachen?«

Perplex frage ich, was das denn heißen solle. Immerhin wurde mein Boot, das ordentlich und seemännisch korrekt festgemacht liegt, von seinen Leuten grundlos gerammt. Ich bin doch hier nicht der Schuldige, sondern die anderen! Und es ist auch nicht sein Boot, das beschädigt wurde, sondern meins!

Er erklärt mir, dass samstags Crewwechsel auf den Charterbooten sei. Nach kurzer Einweisung würden die Boote dann auf den Kanal entlassen.

»Das mag ja alles sein, aber die Skipper haben doch einen Motorbootführerschein und müssten doch mit so einem großen Boot umgehen können«, entgegne ich.

Über so viel Naivität kann er nur den Kopf schütteln: »Ein Führerschein wird hier nicht verlangt.«

Jetzt bin ich sprachlos, die größeren dieser Yachten sind bestimmt länger als 12 Meter, wiegen einige Tonnen, haben eine starke Maschine – und können ohne Führerschein gefahren werden? Der Manager erzählt was von strukturschwacher Region, wichtigem Wirtschaftszweig, klarer Gesetzeslage, guter Versicherung. Schließlich sagt er: »Ich habe selbst ein Boot, und ich käme nie auf die Idee, hier im Juli oder August damit unterwegs zu sein.« Peng. Nicht die anderen sind Schuld, nein, wir mit unserem kleinen Bötchen sind hier der störende Faktor. Mit den Worten »Ist jetzt der sicherste Platz, die Boote kommen erst nächsten Freitag zurück«, bietet mir der Manager gönnerhaft an, in seinem Hafen anzulegen, damit er die Schadensmeldung für die Versicherung aufnehmen kann.

Ich habe die Nase voll von allem, von meiner Idee, von dem Kanal, von dem Versicherungs-Irrsinn. Fluchend jage ich den Manager von Bord. Als Carola und Andreas zurückkommen, stehe ich mit laufendem Motor und einem Festmacher in der Hand bereit zur Weiterfahrt. Unterwegs erkläre ich den beiden den Grund. Von nun an haben wir nur noch ein Ziel: so schnell wie möglich durch diesen Kanal zu kommen. Wir sind ganz gut in der Optimierung des Vorankommens. Eifrig führt Andreas eine Strichliste mit den durchfahrenen Schleusen. Unser Rekord beläuft sich auf 27 Schleusen an einem Tag, wobei der Tag nur zehneinhalb Stunden hatte, in den übrigen Zeiten sind die Schleusen nämlich geschlossen. Nachdem ich die Charterboote eine Weile genau beobachtet habe, glaube ich, das typische Verhalten der Skipper zu kennen. Das Auffallendste ist, dass sie offensichtlich nie daran denken, Gas wegzunehmen. Lieber hupen sie ausdauernd, als einfach mal aufzustoppen und zu warten, bis sich eine unklare Situation geklärt hat. In den Schleusen nehmen sie sich keine Zeit sicher festzumachen, sondern spielen unruhig am Gashebel, um abzulegen, noch bevor die Schleusentore sich ganz geöffnet haben. Ungeduldige Menschen. Dabei sind sie doch im Urlaub. Carola bemüht mal wieder einen Vergleich: »Erinnerst du dich noch an die Menschen in Bundaberg? Die hatten irgendwie viel mehr Zeit, waren gelassener, lockerer.«

»Vergleiche mit anderen besuchten Ländern sollten ab sofort an Bord verboten sein«, schlage ich vor, »sonst müssen wir wohl besser gleich umdrehen.«

Nach 116 Schleusen erreichen wir die Gironde und rauschen flussabwärts bis Royan an der Atlantikküste. Wir sind wieder am Meer, endlich. In einer Werkstatt lasse ich den Lümmelbeschlag richten, dann stellen wir den Mast. Obwohl sich der Mechaniker große Mühe gibt, hat das Teil immer noch einen leichten Knick. Egal, bis nach Hause wird der Beschlag schon halten.

Am 10. August erreichen wir Brest. »Hier waren wir schon mal«, schreibt Carola zufrieden in ihr Tagebuch – ja, vor acht Jahren mit der NOORDERZON auf unserer Hochzeitsreise. Ein schöner, ruhiger Hafen mit einem breiten Badestrand dahinter, an dem Andreas ein letztes Mal nach Herzenslust buddeln und plantschen kann. Zwar kann er immer noch nicht richtig schwimmen, nur ein bisschen Hundepaddeln, aber er hat keine Angst vor dem Wasser, das scheint uns die Hauptsache. Genau genommen gibt es fast nichts, vor dem er Angst hat oder auch nur Unsicherheit verspürt. Neugierig und selbstbewusst geht er auf andere Menschen zu, knüpft mit Leichtigkeit neue Kontakte. Morgens kann er es kaum erwarten, mit Schwimmweste von Bord zu gehen. Dann bleibt er oft den ganzen Vormittag verschwunden, spielt mit anderen Kindern auf den Stegen, besucht andere Yachten. Einmal bringt er Sophie mit, eine sympathische Französin in unserem Alter. Sie will sich unbedingt unser Boot ansehen, nachdem Andreas ihr von unserer Reise erzählt hat. Sophie war vor zwölf Jahren im Rahmen der Minitransat-Regatta einhand mit einem Sechs-Meter-Boot über den Atlantik gesegelt. Sie war eine der ersten Frauen, die an dem Rennen teilnahmen, vier Wochen hatte sie damals gebraucht. »Das Meer war eine gute Schule für mich«, sagt sie und lacht lebensfroh.

Ich frage sie, was damals das Anstrengendste für sie gewesen sei.

»Das Alleinsein, alles alleine machen zu müssen. Ihr habt's gut, der eine kann in Ruhe schlafen und der andere geht Wache.« Unglaublich findet sie, wie wenig Sachen wir mithaben: »Damit seid ihr zu dritt drei Jahre lang ausgekommen? Da hatte ich alleine ja mehr mit für vier Wochen.«

Nach sieben Tagen verlassen wir Brest. Carola hat von dem Fitness-Studio, in dem sie früher gejobbt hat, eine E-Mail bekommen. Darin bieten die Besitzer ihr eine halbe Stelle als Sportlehrerin an. Schon unterwegs haben wir mitbekommen, dass es mit Arbeitsplätzen in Deutschland inzwischen noch düsterer aussieht als bei unserer Abfahrt. Das Stellenangebot ist eine Chance, die sich Carola deshalb nicht entgehen lassen will. Auch, weil wir nur noch ein paar hundert Euro haben. Das ist alles, was wir außer dem Boot und unserem Hausstand noch besitzen. Keine Versicherungen, kein Sparbuch für den Notfall, keine Aktien oder sonst was. Aber Schulden haben wir auch nicht. Außerdem rückt der Einschulungstermin näher. Die Episode mit dem Heizkörper hat mich nachdenklich gemacht: Wieviel Zeit wird Andreas brauchen, um sich an das geregelte Leben an Land zu gewöhnen? Ein bisschen Vorlaufzeit bevor die Schule losgeht, würde die Umstellung bestimmt erleichtern. Wir schaffen es bis Nieuwpoort, einem großen Yachthafen an der belgischen Küste, bevor das Wetter wieder schlecht wird. Dort feiern wir Andreas' letzten Geburtstag an Bord, sieben Jahre wird der kesse Bursche jetzt alt. Das Ölzeug passt ihm noch so gerade, Stehhöhe hat er nicht mehr überall in der Kajüte. Sein innigster Geburtstagswunsch geht in Erfüllung: Wir schenken ihm einen Lenkdrachen. Ein Sonderangebot, gerade zur rechten Zeit von Carola entdeckt. Als schon nach dem ersten Tag eine Naht aufgeht, packt Andreas den Drachen kurzerhand in seinen kleinen Rucksack, fragt sich auf dem großen Hafengelände bis zum Segelmacher durch und lässt ihn dort reparieren. Als er zurückkommt, fragt er neugierig: »Was ist ein Spitzbube? So hat mich der Segelmacher genannt.« Ach ja, und er habe nichts zu bezahlen brauchen, denn er habe ja kein Geld dabei gehabt.

Derweil schicke ich ein Fax an die Etap-Werft, den Hersteller unseres Bootes, und lade die Mitarbeiter zu einem Besuch bei uns an Bord ein. Die Werft liegt ebenfalls in Belgien, nicht viel weiter als eine Autostunde weg. Irgendein Mitarbeiter wird sich bestimmt dafür interessieren, wie ihr Produkt nach so einem Härtetest über genau 28 300 Seemeilen aussieht, denke ich. Doch da habe ich mich geirrt. Gründlich. Erst nachdem ich zweimal telefonisch nachgefragt habe, kommt überhaupt eine Reaktion. In einer dürren E-Mail aus drei Sätzen sendet die Werft uns eine Gratulation und eine Absage. Man sei zu beschäftigt, Messetermine, leider. »Die könnten auch Kunststofffenster herstellen«, meint Carola böse.

Doch ich will mir von so was nicht mehr die gute Laune verderben lassen. Nur noch ein paar Meilen, dann ist unsere Runde um die Erde komplett. Nichts kann schöner sein, und ich genieße diese letzten Meilen in vollen Zügen. Wir machen noch mal einen kurzen Zwischenstopp in Blankenberge, warten ein paar Stunden, bis der Tidenstrom uns wieder in die richtige Richtung schiebt. Mit dem Dunkelwerden verlassen wir den Hafen, segeln in der ruhigen, mondlosen Nacht langsam am hell erleuchteten Zeebrügge vorbei, queren den Großschifffahrtsweg nach Antwerpen und nehmen am Leuchtturm Westkapelle Kurs auf die Roompotschleuse. Nachts um drei Uhr machen wir am Wartesteiger vor der Schleuse fest. Einen dicken Weltumseglerkuss für meine liebe Carola und meinen lieben Andreas, dann fallen wir hundemüde in die Kojen. Am nächsten Morgen sind wir früh wieder auf den Beinen und warten eine ganze Weile auf die Einfahrt in die Schleuse. Nordsee ade. Wir werden zusammen mit einem Fischkutter geschleust, die Straßenbrücke über uns dröhnt, wenn ein Lastwagen drüber fährt, ich habe wieder meine hellblaue Pudelmütze auf. Dann sind wir durch die Schleuse durch und machen auf der anderen Seite an einem Schwimmsteg fest. Noch liegt Morgennebel über der Oosterschelde, aber die Sonne wird ihn bald verdrängen. Wir lassen uns Zeit, frühstücken in aller Ruhe. Am liebsten würde ich jetzt die Zeit anhalten.

»So, aufräumen«, bestimmt Carola. Ich schüttel die Bettdecken im Cockpit aus, wie unzählige Male zuvor auf unserer Reise. Ja, das ist das Einzige, für das ich nie eine Lösung gefunden habe; zum Ausschütteln der Decken ist die Kajüte einfach zu klein. Es ist kurz nach zehn Uhr morgens. Eine große deutsche Yacht legt hinter uns an. Laut und in spöttischem Ton ruft der Skipper herüber: »Na, gut geschlafen?« Das hatte ich kommen sehen, nein schlimmer, befürchtet. Ich tue, als hätte ich nichts gehört, zucke innerlich zusammen und denke: Ohne Mut wird nichts gehen. Und wenn es manchmal der Mut der Verzweiflung sein wird.

Die letzten Meilen unter Segeln. Mit leichtem Morgenwind und kräftigem Strom treiben wir bis Colijnsplaat. Am Meldesteiger gehen wir längsseits, machen den WAL fest und fallen uns in die Arme. Carola stößt einen Jubelschrei aus. Mit Selbstauslöser machen wir ein paar Erinnerungsfotos. Dann fahren wir zu einem Liegeplatz, räumen den WAL auf und packen die wichtigsten Sachen in unsere Rucksäcke. Am nächsten Morgen machen wir uns mit der Bahn auf in Richtung Ruhrgebiet, um den Trailer zu holen. Wir sind restlos pleite. Die Kosten für einen Mietwagen, um den Trailer zu ziehen, übernimmt mein Bruder. Zusammen mit ihm und meinem Vater fahren wir zurück zum Boot. Den Kran, der den WAL aus dem Wasser hebt, bezahlt mein Vater.

In Brambauer schieben wir den WAL wieder in die Hofeinfahrt. Carola arbeitet halbtags im Fitnessstudio, und ich gehe mit Andreas zur Schuleingangsuntersuchung. Eine strenge Ärztin testet Andreas: Bewegungsentwicklung, Wahrnehmungsfähigkeit, Sozialverhalten, alles bestens, Andreas besteht den Test mit Bravour. Nur ich falle durch. Denn nachdem Andreas von unserem Törn erzählt hat, fragt mich die Ärztin voller Sarkasmus: »Was treibt Sie eigentlich?« Ja, ich weiß die Antwort und ich würde sie am liebsten wütend herausschreien: Sie! Sie! Sie! Aber ich halte den Mund, lächle nur ein bisschen blöde und sehe zu, dass wir hier wegkommen.

Als der Winter vor der Tür steht, baue ich aus ein paar Kanthölzern und Wellplastik ein Dach über den WAL. Dann bocke ich den

Trailer auf und schraube die Räder ab. So steht das Boot auch jetzt noch da, zwei Meter neben unserer Haustür. Ein bisschen was müsste dran gemacht werden: Die Schotten einlaminieren, eine neue Selbststeueranlage montieren, vielleicht klappbare Ruder bauen, auch eine Politur könnte der WAL gebrauchen. Dann wäre er wieder bereit, auf große Fahrt zu gehen. Einen neuen Job habe ich noch nicht gefunden.

Oft klettere ich über eine Leiter an Bord und verschwinde für Stunden in der Kajüte. Und genau hier habe ich den größten Teil des Manuskriptes für dieses Buch geschrieben. Für Andreas.

Bibliografische Information der Deutschen Nationalbibliothek
Die Deutsche Nationalbibliothek verzeichnet diese Publikation in der Deutschen Nationalbibliografie; detaillierte bibliografische Daten sind im Internet über http://dnb.d-nb.de abrufbar.

1. Auflage
ISBN 978-3-7688-2598-6

Fotos: Carola und Hans Habeck
Umschlaggestaltung: Buchholz/Hinsch/Hensinger, Hamburg
Satz: Fotosatz Habeck, Hiddenhausen
Druck: Clausen + Bosse, Leck
Printed in Germany 2009

Delius Klasing Verlag, Siekerwall 21, D - 33602 Bielefeld
Tel.: 0521/559-0, Fax: 0521/559-115
E-Mail: info@delius-klasing.de
www.delius-klasing.de